개혁개방의 총설계사 鄧小平의 南巡講話

덩샤오핑의 남방순회 담화실록

우송잉吳松營 지음 | 김승일 옮김

B 범우

이 책을 읽는 분에게

　금년 봄에 장관까지 지낸 대학 총장 한 분과 중국의 역대 정책문제에 대해서 대화를 하려 한 적이 있다. 그때 역자가 먼저 중국인들의 소수민족정책에 대한 지혜로움과 합리적 접근 방법을 이야기하려고 하자 이내 손사래를 치며 중국에 대해서는 말할 것도 없다는 듯이 말을 끊어버렸다. 중국사를 전공한 역자의 입장에서는 정말 어처구니없는 해프닝이었다.

　역자는 평상시 그가 중국정부가 지원하는 중국학 지원기금을 활용하여 일부 교수들과 해외를 방문했다는 등의 말을 듣고 있었기에 나름대로 그가 중국에 큰 관심을 가지고 있는 줄만 알았다. 그러나 그의 예상 밖의 발언은 정말 큰 충격이 아닐 수 없었다. 그래도 한국에서 최고의 지성인이고 나라를 위한 정책을 폈으며, 더구나 중국 측의 덕까지 보았다는 사람의 중국관이 그 정도라면 다른 사람들의 중국관은 과연 어떨까 하는 궁금증까지 일어났다. 사실 그동안의 경험을 통해서 대부분의 한국인들이 거의 다 그와 비슷한 생각을 가지고 있다는 것을 느끼고는 있었지만, 그의 이런 인식을 대하는 순간에는 정말 아연해지지 않을 수 없었다.

　대부분 이러한 생각을 하는 사람들의 기준은 다름 아닌 환경상의 청결정도, 문화상의 차이에서 오는 사고방식과 생활방식, 시민의식의 차이 등이 잣대의 기준이 되고 있음도 어느 정도는 이해하고 있다. 그러나 이러한 잣대로 상대를 평가하는 것은 그야말로 자기 얼굴에 침을 뱉는 격이라 하지 않을 수 없다. 그것은 우리 스스로를 돌아다보면 곧 알 수 있는 문제이기 때문이다. 언제부터 우리가 중국보다 잘 살았고 깨끗했으며, 좋은 환경에서 살았던 것일까? 6·25전쟁, 천안함 사건, 연평도 포격사건, 동북공정, 중국어선의 침해와 불법 어로, 인권 유린 문제 등 그 어느 것 하나 제대로 중국에 대항하지도 못하면서 뒤에서 궁시렁대는 우리가 아닌가 말이다. 그렇기 때문에 쓸데없는 편견과 자가당착에 의한 눈으로 중국을 보아서는 언제나 중국의 눈치를 봐야 하거나 그들로부터 무언의 종속화만 강요당할 뿐이라는 사실을 잊어서는 안 될 것이다.

　중국의 역사를 보면 수많은 왕조가 바뀌었고, 영웅호걸들이 나타나고 사라졌지만, 그러는 가운데서도 엄청난 문화와 정신을 축적해오면서 영토를 확장해 왔고, 인구를 증가시켜 왔으며, 수많은 민족이 어우러져 하나의 거대한 그들만의 세계를 이끌어 왔다고 하는 역사적 사실과 현실을 왜 못 보는지 안타까울 뿐이다.

　이 책은 바로 중국의 현대사라는 큰 바다의 한 가운데서 침몰되기 직전의 중국을 끌어올린 중국인 영도자의 결단과 혜안을 우리에게 잘 보여주는 책이다. 1949년 지나온 역사의 잘못을 모두 청산하겠다고 사회주의 인민공화국을 건립하였으면서도 권력투쟁이라는 소용돌이에 휘말리면서 중국은 또다시 깊은 수렁으로 빠져들어가 버렸다. 이런 중국을 오뚝이 같이 일어선 자신처럼 다시 일으켜 세우기 위해 덩샤오핑은 모든 비현실적 잔재를 일소하고 국민의 생계문제를 해결하면서 냉전의 대립 속에서 주도권을 잡기 위해 압박을 가해오는 국제관계의 비정한 틀로부터 벗어나기 위해 개혁개방이라는 비책을 꺼내들었던 것이다.

그러나 좌파분자들이 "개혁개방은 사회주의를 부정하고 자본주의를 지향하는 정책"이라고 반기를 들면서 저항해 오는 바람에 개혁개방의 초기 열기는 식어갔고 엉거주춤하면서 정국의 돌아가는 눈치를 살펴야 하는 상황으로 이어졌다. 그러자 "사회주의를 견지하지 못하고 개혁개방을 하지 않으면 경제를 발전시키지 못하고, 인민의 생활을 개선시키지 못한다면 우리는 오로지 죽음의 길만을 걸어가고 말 것이다"라고 생각한 덩샤오핑은 개혁개방의 모델지역이 있던 선전(深圳) 등 4개의 지역을 순회하면서 그동안 개혁개방 정책을 주도해오던 이들 지역 영도자들에게 자신감과 의지를 심어주며 새롭게 재 약진할 수 있는 불씨를 다시 지펴주어야겠다고 결심하기에 이른다. 바로 이러한 결심이 어떤 것이었는지를 설명해 주는 책이 바로 이 책인 것이다. 당시 덩샤오핑의 핵심적 주장은 다음과 같았다.

"자본주의와 사회주의의 구분은 계획에 있는 것이 아니라 시장에 있다는 문제를 알아야 한다. 사회주의에도 시장경제가 있고, 자본주의에도 계획통제가 있다. 시장경제를 하는 것이 반드시 자본주의 길이라는 점으로 알아서는 안 되고, 또 그렇게 되지도 않는다. 계획과 시장 모두가 필요하다. 시장을 노크하지 않으면 세계의 정보를 하나도 알 수가 없고, 스스로 낙후되는 것을 감수해야 한다."

바로 '중국식 사회주의'가 지향해 가야 할 방향을 정의한 말로서, 그가 주장하는 '실사구시'적 혜안이며, 중국을 고난의 함정으로부터 구해낼 수 있는 방법이었던 것이다.

이러한 지도자의 결단과 방향 제시가 지금까지 중국의 역사를 이끌어 왔던 모든 지도자들에게서 보이는 공통점이라고 할 수 있다. 이러한 지혜를 우리는 이 책을 통해 느끼고 공감해야 할 것이다. 그래야만이 앞에서 제시한 양국 간의 문제들을 해결할 수 있는 방안도 찾을 수 있다고 생각된다.

한 시대를 풍미하며 온갖 고난과 생사를 넘나들면서도 오늘날의 중국을 있게 했고, 향후 세계의 운명을 짊어지고 갈 수 있는 터전을 닦아 놓은 덩샤오핑의 진면목, 즉 그의 통찰력, 결단력, 미래를 보는 혜안, 현실에 대한 문제의식 등을 이 책 속에서 충분히 볼 수 있다는 점에서, 앞으로 중국과의 관계를 중요시 여기는 한국인이라면 반드시 봐야 할 책이라고 생각한다.

끝으로 이 책을 번역 출판하도록 도와준 북경인민출판사와 범우사 관계자 여러분께 감사를 드린다.

2012년 8월 1일 옮긴이

차례

이 책을 읽는 분에게 · 5
제1장 천둥번개 같은 기운이 생겨나다 · 11
제2장 선전(深圳)이 〈세기행世紀行〉을 연주하다 · 21
제3장 '역(站)'이라는 글자가 빠진 선전역의 역명 · 36
제4장 선전이 바라던 덩샤오핑의 〈세기행〉 · 47
제5장 선전에 도착한 후에도 앉지를 못하다 · 55
제6장 전체 일정을 수행하며 기록하는 중임을 맡다 · 70
제7장 8년 전의 이야기 · 76
제8장 국제무역빌딩에 봄 천둥이 치다 · 96
제9장 일반 군중들이 진인眞人을 보다 · 113
제10장 평가한 말은 "곡조가 틀리지 않았다"였다 · 119
제11장 기록하는 일에 곤란한 문제가 생기다 · 129
제12장 발언인 마음대로 진정한 말을 하다 · 135
제13장 화차오성(華僑城)에서의 즐거움 · 145
제14장 오로지 '정책'이라는 두 글자 · 156

제15장　운치가 넘쳐났던 시앤후(仙湖)식물원　· 162

제16장　오르지 못한 홍파사(弘法寺)　· 170

제17장　"많은 사람에게 아직 죄를 짓지는 않았다"　· 177

제18장　"기존의 관례를 깨서는 안 되네", "신속하게 하게나"　· 188

제19장　덩샤오핑은 마치 선전에 오지 않은 듯했다　· 206

제20장　돌아서서 가지 못하는 길　· 210

제21장　대담하게 변통하여 "기존의 관례를 깨뜨려라"　· 217

제22장　우리를 초조하게 한 '평정平靜'　· 226

제23장　한 통의 전화―봄바람은 이미 위먼관(玉門關)을 지나갔다　· 235

제24장　덩샤오핑이 위성텔레비전에 출현하다　· 243

제25장　베스트셀러 책을 탄생시키다　· 248

제26장　한 폭의 초상화가 선전시의 표상이 되다　· 252

제27장　《역사의 선택》　· 263

제28장　예측하기 힘든 내정　· 273

후기　끝 없는 길 찾기　· 288

마치는 말　· 292

제1장

천둥번개 같은 기운이 생겨나다

1989년은 국제적 형세가 변화무쌍했던 1년이었다. 사람들은 봄과 여름이 교차하는 시절에 중국에서 공화국 건립 이래 없었던 미증유의 정치적 풍파가 발생했던 사실을 잊지 않았을 것이다. 그것은 중국 전체를 진동시켰고, 전 세계를 놀라게 했다. 그 '다사다난 했던 가을'이 있었던 해에 그 때를 경험한 중국인들은 지금도 그때의 기억을 떠올리려 하지 않을 것이다.

인간세상에서 일어나는 모든 일이나 그와 관계되는 인과관계는 어떤 때는 자연계에 비해서 얼마나 복잡한지를 모른다. 일장의 정치풍파는 때때로 망망대해에서 일어나는 강력한 태풍과도 같아 사람들이 감지할 사이도 없이 시작되곤 하였다. 그러나 파도가 조용해지게 되면 놀라울 만한 역량이 그 속에서 태어나곤 한다. 그렇기 때문에 선량한 사람들의 소박한 바람인 중국에서의 개혁이 추진되고 부패가 척결되어 자기가 원하는 세상에 이르기를 갈망하는 시대가 도래했던 것인지도 모른다. 그러나 사태의 변화는 궁극적으로 원하는 것과 달리 이루어지곤 하는 법이니, 중국이라는 커다란 배가 개혁개방이라는 항로에서 길을 잃어버리게 되었다는 점이 바로 그러한 현상일 것이다. 그렇게 되어 놀란 마음은 풍파가 지나간 후에도 얼른 미로를 벗어나지 못하고, 중국은 과연 어느 곳으로 가야 할지 방황하며 머뭇거리게 되자 당과 백성들은 서로의 얼굴만을 바라보며 체념한 듯 멍하니 있게 되었고, 이는 국제사회의 논란꺼리가 되었다.

세계적 형세가 전개되어 가는 방향에 대해 당시 서방 대국의 정치가들은 낙관적으로 보고 있었다. 심지어 어떤 사람은 전쟁이 곧 발생할 것이고, 그러면 승리는 곧 자기들 눈앞에 있을 것이라고 마치 황제나 된 것처럼 단언하기도 했다. 그들은 계속해서 정치, 경제, 군사를 포함하는 각종 기기를 선전 도구로 이용하면서, 중국은 사상혼란으로부터 사회혼란으로 이어질 것이고, 그렇게 하다보면 국가는 분열이 될 것이므로 그런 속에서 어부지리만 얻으면 된다고 생각하며 이러한 사태를 책동하는 자도 있었다.

서방 강국들의 바람, 확실히 말해서 그들의 음모는 여러 해를 거치며 계획을 도모한 끝에 먼저 사회주의 동구유럽을 계속해서 무너뜨렸다. 루마니아, 폴란드, 헝가리 등에서 끊이지 않고 동란이 일어나 국가를 집정하고 있는 공산당을 무너뜨리고 '민주'정권을 세웠으며, 또한 어떤 국가는 무정부상태로 몰아넣기도 했다. 이러한 국가들은 예외 없이 경제가 도태하는 현상이 나타나 백성들의 생활수준을 급속하게 떨어뜨렸다.

세상 사람의 눈을 멀게 한 것이 고르바초프인데, 그는 1989년 봄에 세계적 대국이며 강국의 대통령 신분으로 중국을 방문하여 중국공산당과 정가로부터 최고 수준의 접대를 받았었다. 그러나 이해 봄부터 주변 국가들이 하나 둘씩 독립을 선포하면서 도미노현상처럼 되어 모든 사회주의 국가들이 무너져 내려갔던 것이다.

1990년 5월 고르바초프는 최후로 대통령신분으로서 미국 대통령 부시와 핵무기 확산금지에 관한 협의에 사인했다. 그가 소련으로 돌아가자마자 이미 후원에 불이 붙었다는 것을 발견하게 되었다. 소련공산당의 내부 투쟁은 아주 격렬했다. 민족 간의 모순은 더욱 첨예화되어 갔다. 민원이 비등하게 되고 최고 권력을 상징하던 대통령도 스스로의 지위와 통제능력을 상실하고 말았다. 8월 29일 소련 최고 소비에트 위원회는 "잠시 동안 소련 전 경내에서 소련공산당의 활동을 중지한다"고 결의하였다. 그 다음해 여름 그루지아, 리투아니아, 에스토니아, 우크라이나, 벨라루스, 아르메니아, 몰도바 등은 예전에는 아주 친밀한 동반자였음에도 계속해서 독립해 나갔다. 최고 소비에트 정권도 기름이 소진되어 위기상황에 대처하는데 급급해 할 정도가 되었다. 그러다가 마침내 1991년 겨울 건국 70주년의 초강대국 소련이 무너져 버렸던 것이다.

　소련공산당의 붕괴와 소련의 해체는 그 내부적 요인에 있었다고는 하지만, 그러나 미국 등 서방 대국들은 장기적으로 소련에 대해 '관심을 가지며' 관망만 하지는 않았다. 이 모든 것은 후에 비밀이 해제된 문건들에 의해서 증명되었다. 대처 부인이 영국 수상에 부임한 후 그녀는 곧바로 1991년 11월에 미국 석유학회의 1차 회의 상에서 큰 소리로 "우리들은 소련을 어떻게 해체시킬 것인가?"라는 주제로 대담했다. 서방의 각국은 군사상에서가 아니라 경제상에서 소련의 붕괴를 조장해 냈던 것이다.

　그렇다면 중국에 대해서 서방국이 손을 쓰지 않을 것이라고 누가 장담할 수 있었겠는가? 1989년 정치 풍파 중 덩샤오핑이 핵심이 된 중국공산당 영도계층에서는 강경하고 단호한 조치를 취했다. 비록 커다란 대가를 치루는 한이 있더라도 이러한 조치는 취할 수밖에 없었던 것이다. 그러자 미국 등 서방 20여 개 국의 경제 봉쇄와 제재를 받아야 했다. 그리하여 중미관계는 1972년 이래 가장 나쁜 상황으로 빠져버렸다. 그렇지만 이렇게 되었어도 중국공산당은 사악함을 믿지 않고, 도깨비를 두려워하지 않은 채 집정당으로서의 위치를 유지하는데 온 힘을 기울였다. 중국정부는 덩샤오핑이 당시 제시한 "냉정히 관찰하고(冷靜觀察), 위치를 확고히 하고(穩住陣脚), 침착하게 대응하고(沈着應付), 능력을 감추며 실력을 배양하고(韜光養晦), 본성을 지키고(善于守拙), 앞에 나서지 말라(決不當頭)"는 방침으로 국가의 주권과 존엄을 유지 보호하였고, 중국 국내의 정치 형세를 신속하게 안정되도록 하였다.

마치 병든 사람에게 원기 회복이 필요하듯이 이때의 중국은 오로지 발전하는 것만이 올바른 도리였던 것이다. 그러기 위해서는 그저 개혁개방을 한 발자국 더 확대하여 기회를 잡아 내공을 잘 단련시켜야만 국제적 경쟁에서 패할 수 없는 지위에 이르게 될 수 있는 가능성이 있었던 것이다. 그러나 1년 반이 지나도 국내의 여론과 사조思潮는 오히려 사람들에게 혼란과 미혹만을 가져다주었고, 그러자 정서는 더욱 심각해져 갔다. 사상영역 방면에서는 어떻게 된 영문인지 평화와는 반대적 정서로 변해가는 말들이 더욱 난무하게 되었다. 그렇지만 그럴수록 중국공산당은 계속적으로 국민들이 어떻게 진지하게 소련의 교훈을 받아들여야 하는가를 각성시키면서 그런 전철을 다시는 밟지 않도록 피해야 하는 쪽으로 힘을 기울였다. 여러 기관에서도 계속해서 각종 학습반을 만들어 중점적으로 이와 관계있는 문건들을 배우고 이해할 수 있도록 했으며, 주제는 자연히 '부르주아 자유주의화 반대', '반평화적 변환에 대한 반대'였다. 가을에 한 신문이 '군중으로부터 온 편지'를 발표하면서 강경하게 "저들 개혁개방을 주장하는 자들이 '사회주의를 할 것인가(姓社)? 자본주의를 할 것인가(姓資)?'를 묻지 않는 것은 정치상의 멍청한 벌레가 아니라, 이는 고르바초프와 옐친 무리에 반응하는 벌레이다"라고 강경하게 지적했다. 그러자 일순간에 신문, 라디오, 텔레비전에서는 연속해서 반복적으로 각종 각양의 글들을 발표하기 시작했다. 그러면서 계급투쟁의 '착오적 경향'에 대해 주의를 기울이지 않는다고 비평했다. 어떤 글에서는 대외 개방 이후에 "자산계급의 자유화 사조가 범람하여 커다란 재앙을 가져오게 될 것이다"라고 하는 주장을 열거하기도 했다. 주제는 바로 "자산계급의 자유화를 반대하고, 평화적 전환을 반대하는 것이 당장의 가장 중요한 임무이다"였다. "여론이 먼저 행동한다"고 하는 논리에 따라 여러 종류의 현상들이 표명하게 되었고, 더 가다가는 중국이 '좌'쪽으로 전환되는 큰 걸음을 내디딜 가능성이 크게 되었다.

중국은 어느 곳으로 가야 할 것인가? 이는 중국공산당인과 매 한 사람 한 사람의 중국인들이 모두 생각하고 있던 문제였다. 이때 700자가 안 되는 사직서를 통해 '깨끗함, 민첩함, 소박한 방식'으로 직위에서 "전격적으로 물러난다"고 한 덩샤오핑이었지만, 완전히 은퇴한 것이 아니라 여전히 활력으로 충만된 그의 사상은 그의 만년 세월에도 찬란한 빛을 발하고 있었던 것이다. 그러나 어느 곳으로 갈 것인가 하는 이 첨예한 문제에 있어서는 그의 사상 정서도 교란되고 있었다. 그렇지만 그는 거의 한 쪽 일변도로 여론이 넘어가는 상황에 이르자 계속해서 냉정하게 관찰하면서 사고하고 있었다. 그러면서 그는 민감하게 일종의 감춰져 있는 다른 종류의 경향을 느끼게 되자 그는 공산당원으로서의 책임감을 갖고 중국 개혁개방의 총설계사가 되기로 작정하고 용감하게 일어서게 되었던 것이다. 그리하여 중의를 배척하는데 힘쓰면서 뱃머리를 올바로 잡기 시작했고, 중국이라는 큰 배가 계속해서 광명의 피안을 향해 나아갈 수 있도록 인도하게 되었던 것이다.

1990년 말 덩샤오핑은 자주 담화를 내놓기 시작했다. 그는 그러한 담화 중에 "시기를 잘 파악하도록 해서 우리들의 발전문제를 해결토록 해야 한다"면서, 어려운 일에 도전하는 모험심을 두려워하지 말고 개혁개방을 추진하여 "개혁개방이 더욱 앞으로 나아갈 수 있도록 하여, 어떤 어려움에도 저항할 수 있고 이를 감내할 수 있는 대담성을 더욱 강화시켜야 한다"고 강조했다. 그러면서 그는 새로운 영도자들이 이러한 걱정을 배제시키고 경제 건설을 중심으로 해서 더욱 더 개혁개방을 견지하고 4항의 기본원칙을 견지하는 기본노선(간칭해서 '하나의 중심, 두 개의 기본점')이 동요되지 않게 해야 한다고 했다. 1990년 3월 3일 덩샤오핑은 중앙의 몇몇 영도자들과 담화를 했는데, 여기서 그는 "적당한 정도의 발전 속도를 실현하도록 하고 눈앞의 일을 하는데 있어서 함정을 파서는 안 되며, 넓은 전략을 통해서 문제를 분석하는 안광을 가지고 구체적인 조치를 내놔야 한다"고 강조했다. 또한 그는 "중국은 패권주의, 강권적인 정치 압력을 감당해 낼 수 있는지 없는지, 우리들의 사회주의제도를 견지하면서 비교적 빠른 성장 속도를 쟁취하여 우리의 발전전략을 실현할 수 있는지를 밝혀내는 것이 관건이다[1]"라고 강조했다.

이 해 3, 4개월이 지난 후에 중앙은 여러 차례의 회의를 열었다. 전국 "양회(전국인민대표대회, 전국정치협상위원회)", 전국사상정치공작회의, 조직공작회의 등이 이들 회의에 포함되었다. 경제방면에서 문제를 다스리며 정돈하는 정세는 이미 2년이 넘게 진행되었다. 발전 속도는 눈에 띄게 떨어졌다. 유관 자료를 보면 이러한 경향이 잘 나타나 있다. 1984년부터 1988년까지의 국내생산 총액은 5년 평균 10.8%씩 증가했

---

1) 중공중앙문헌연구실 편, 《등소평 사상 연보 1975-1997》, 중앙문헌출판사, 1998년, 449쪽.

고, 1989년에는 3.9%, 1990년에는 5% 성장하여 간신히 중앙에서 요구하는 수준에 이르렀을 뿐이다. 1991년에 이르자 3년 동안의 연 국내총생산액은 1.5조 위안(元) 내지 2조 위안 사이였다. 매년 실질적으로 들어오는 외국자본 이용은 100억 달러 좌우였다. 수출입은 실제상 감소만 했고, 증가하지 못했다. 많은 국영기업, 기업 그룹의 생산이 불황이었고, 심지어 도산하기까지 했다. 그러자 많은 직공들이 직장을 잃게 되었다. 모든 국영경제는 침체되어 거의 불황을 맞이하게 되었다. 인플레이션은 1988년에 19%로 팽창하더니 1990년에는 15%좌우로 떨어졌다. 그러나 여전히 일반 백성들의 탄식은 그치지를 않았다. 9월에 열린 중공중앙공작회의에서는 "비교적 돌출했던 현상은 경제적 효율이 내려갔다는 것인데, 이로 인해 국가 재정이 곤란해졌다"고 지적했다.

 1990년 12월 24일 덩샤오핑이 다시 한 번 중앙의 몇몇 책임자 동지들과 담화하면서 특별히 다음과 같은 것을 강조했다. "우리들은 반드시 이론상에서 이해해야 한다. 자본주의와 사회주의의 구분은 계획에 있는 것이 아니라 시장에 있다는 문제를 알아야 한다는 말이다. 사회주의에도 시장경제가 있고, 자본주의에도 계획 통제하는 것이 있다. 시장경제를 하는 것이 반드시 자본주의 길이라는 점으로 알아서는 안 되고, 또 그렇게 되지도 않는다. 계획과 시장 모두가 필요하다. 시장을 노크하지 않으면 세계상의 정보를 하나도 알 수가 없고, 스스로 낙후되는 것을 감수해야 한다." "개혁개방이 더욱 앞으로 나아가려 한다면 어떠한 어려움에도 저항해야 하고, 그렇게 하면 이를 감당할 수 있는 능력이 더욱 강해지는 법이다.[2]"

---

2) 중공중앙문헌연구실 편, 《등소평 사상 연보 1975-1997》, 중앙문헌출판사, 1998년, 452-453쪽.

1991년 1월 28일에서 2월 18일까지 덩샤오핑은 상하이로 가서 설을 보냈다. 말이 설을 쇠러 간 것이지, 그 쉬는 모습이 이전의 태도와는 완전히 달랐다. 그는 공장을 시찰했을 뿐만 아니라, 기업을 참관하고 개혁을 심화시키는 것과 관계있는 담화를 계속해서 발표하였다. 그는 "개혁개방을 강조하는 말을 계속해야 한다. 이를 한 사람이 말하는 것으로는 부족하다. 우리당이 말을 해야 하고, 몇십 년 동안을 말해야 한다"고 했다. 그는 상하이 인민들의 사상이 더욱 해방되기를 희망했고 더욱 대담해지기를 바랐으며, 발걸음을 더욱 빠르게 내딛자고 했다. "두려움을 극복하고자 한다면 용기가 필요한 것이다. 어떤 일이나 언제고 누구나 시도를 해봐야 비로소 새로운 길을 개척할 수 있게 되는 것이다[3]"라고 강조했다.

  일을 처리하는 과정에서 애매하게 되어 눈앞의 일을 헤아릴 수조차 없게 전개되어 가는 어려운 중미관계 속에서 덩샤오핑은 거시적인 안목으로 전국을 종람하면서 시종 일리가 있고, 이로움이 있고, 절도가 있는 투쟁을 견지했다. 1989년 11월 7일에서 10일까지 미국 전 국무장관 키신저가 중국의 초청에 응하여 중국을 방문하자, 부총리 겸 외교부 부장 치앤치천(錢其琛)은 키신저의 정치가로서의 용기와 전략적 원견을 가진 인물이라고 찬사를 퍼부었다. 그는 중미 관계가 아주 곤란한 시점에 면임한 시각에 베이징에 왔고, 신속하게 중미 간의 몇 개월에 걸친 유쾌하지 못한 갈등을 해결하기를 희망했다. 덩샤오핑과 장쩌민도 각각 별도로 키신저를 만났다. 이후 미국 대통령 특사, 대통령국가안전사무차관보 브라이언트가 중국을 방문하자 덩샤오핑이 또한 그를 인민대회당에서 회견했다. 그리고 중미관계의 중요성을 강조했다. 그리고 반

---

3) 《등소평문선》 제3권, 인민출판사, 1993년, 367쪽.

년 간 지속되어온 양국 간의 분규와 갈등을 신속히 해결하기를 희망했다. 덩샤오핑은 그에게 부시 대통령에게 "동방의 중국에서 어떤 한 퇴직한 늙은이가 중미관계의 개선과 발전에 관심이 많다"고 전해주길 바란다고 정중하게 요청했다.

그러나 강대한 미국은 거의 당시 세계적으로 인구대국인 중국 영도자의 우호적인 태도에 대해서 개의치 않는 듯했다. 덩샤오핑이 말한 '중국의 퇴직한 늙은이'라는 말에 대해서 일언반구도 응수하지 않았던 것이다. 미국을 위수로 하는 서방 7개국은 소련을 해체시키면서 동독의 장벽을 무너뜨린 후, 런던에 모여 자본주의 민주의 승리를 경축하면서 중국공산당을 빨리 붕괴시키려는 연구를 하며 사회주의를 철저히 멸망시키려는 전략을 짜는 데만 진력하고 있었다. 그리하여 모든 선진국가들을 동원하여 중국의 경제, 정치, 군사에 대한 봉쇄와 문화적 침투를 시도했다. 미국을 위수로 하는 서방의 7개국은 심지어 집단적으로 중국에 대한 경제 봉쇄, 무기 금수 등을 선포하기까지에 이르렀다. 그러자 실제적으로 중국 내부의 여러 사람들은 역사적, 현실적 정치의 교훈 속으로 총 단결하여 평화적으로 전환하는 일이 가장 중요한 일임에도 이에 반대하며 개혁개방의 항로를 헤쳐 나아가고 있는 중국 함대의 방향을 돌리고자 시도하였던 것이다. 당연히 대외적으로 개방을 확대하는 일과 체제 개혁을 심화하는 일, 그리고 시장경제를 추진하는 일을 말도 못하게 요구하였다. 국제정세 및 국내정세가 내분으로 인해 복잡한 형세에 이르게 되자 당 내외에서의 사상 인식도 통일되기가 어렵게 되었다. '완전히 중앙과 일치를 유지하는 것'이 불가능게 되었던 것이다. 개혁개방 중에 나타난 새로운 현상인 "사회주의를 걸어갈 것인가?", "자본주의를 걸어갈 것인가?" 아니면 "잠시 멈춰 설 것인가?"하는 것이 개혁개방과 연계되면서 논쟁이 끊이지를 않게 되었다. 이러한 경향은 당 내외·각 지방·각 계층에서 끊임없이 지속되어 갔다.

중국의 정치생활에는 사람들로 하여금 재미있게 하는 현상이 하나 있다. 그것은 "작은 길의 소식이 하늘에 날아 오른다"는 것으로 "하늘에는 선이 대단히 많으나, 형상은 보이지를 않는다"고 하는 것이다. 당정 간부들은 당 대회 전후에, 백성들이 식사 후 차를 마시면서 말한 것, 들은 것 전부가 상부에서 내려온 문건 혹은 정보나 당 간행물의 소리와는 전연 다르다고 말했다. 어떤 것은 심지어 한 쪽을 잘라버려 말이 전도되어 있는 것까지 있었다고 했다. 비록 그 당시에는 오늘날과 같은 인터넷이 없었지만, 이러한 여론 정서는 널리 반영되었기에 우리들은 스스로가 처한 환경과 미래에 대해 걱정하지 않을 수 없었고, 특히 국가의 전도와 운명에 대해서 심히 우려하지 않을 수 없었다. 해외에서 중화민족의 운명에 관심을 가진 애국 동포들·화교·화인·국제적 우인 모두가 자국 내의 우리보다 더 큰 걱정과 근심에 휩싸여 있었다. 그러나 많은 고급 간부들을 포함한 수많은 당원들, 그리고 많은 백성들은 그저 모두가 관망만 하면서 마냥 어떻게 되겠지 하는 마음으로 기다리기만 하고 있었던 것이다……

제2장

선전(深圳)이 〈세기행〉을 연주하다

1989년 봄과 여름이 교차하는 시기의 정치 풍파 속에서 가장 심각한 상처를 받은 것은 '개혁개방의 선봉장'이었던 선전 특구였다.

선전이 받은 것은 '내상'으로, 이는 사람들이 정치 풍파 이후 국가와 민족의 심각한 형세에 대한 걱정과 곤혹스러움이었다. 이러한 엄중한 형세는 선전 특구의 사회경제 발전으로 하여금 심각한 상처를 받게 했다. 1989년 하반기 이후 "선전은 바로 자본주의를 제고시키는 곳", "선전은 바로 국가의 특수 정책을 살찌게 하도록 의지하는 곳", "선전은 수정주의의 온상"…… 등 각종 비평, 질책이 베이징과 상하이 내지 전국 각지로부터 밀려들어 더욱 맹렬히 천지를 덮고 있었다.

"중국의 미래는 과연 어찌 될 것인가?", "선전의 특구는 과연 이대로 나아갈 수 있겠는가?" 외국 상인들은 우려와 방황을 하는 가운데 투

〈세기행〉 해설서 표지

자했던 그들의 자금을 분분히 철수해 갔다. 수많은 공장이 가동을 멈췄다. 많은 기반 시설 공정 또한 차가운 바람이 쌩쌩 불었다. 이미 기초 공사가 되어 있는 곳이나 공사가 벌어지던 곳에는 흙더미 속에 철근만이 비바람을 맞고 있었다. 마치 피눈물을 계속해서 흘리고 있는 것만 같았다. 해외 사람이건 내지 사람이건 감히 선전으로 오려고 하지를 않았다. 1984년 덩샤오핑이 처음 선전을 시찰한 후부터 사방팔방에서 선전 특수를 참관 고찰하고자 사람들이 쇄도했으나, 선전 4개 향 8개 리里는 매일같이 기업을 설립하려는 열기로 가득 차 있었는데, 이제 그런 사람들의 그림자와 발자국 소리는 전혀 들리지 않게 되었다. 어떤 호텔과 여관들은 입점율이 10%에도 못 미쳤다. 오지에서 온 노동자들도 무리를 지어 고향으로 돌아갔다. 선전시당위원위와 시정부가 할 수 있는 각종 조치를 취했으므로 그나마 선전시의 경제는 어느 정도 성장을 해 나가기는 했다. 1988년 선전시의 생산총액은 73.75억 위안이었고, 1989년 선전시 전체의 생산총액은 97.81억 위안이었으며, 1990년 선전시의 생산총액은 135.85억 위안으로 증가 속도는 약 35%였다. 그러나 이러한 증가율은 특구로 지정된 이래 가장 낮은 수치였다(1979-1993, 선전시의 생산총액은 46.5%였다). 이 22년 동안 전체 시에서 실제적으로 이용한 외자는 10억 달러도 못 되었다. 선전은 어느 곳으로 흘러갈지 모르는 하나의 물줄기와 같았다. 사람들의 인심은 흉흉해졌고, 위아래 할 것 없이 걱정하는 마음으로 가득 차 있었다.

그러나 선전의 많은 순수한 이상을 갖고 중국공산당에 참가했던 당원들, 뜨거운 피로 가득 차 있던 중국의 아들과 딸들, 선전 특구의 거친 땅을 개척했던 일꾼들은 오히려 용기를 냈고 국가와 민족에 대한 강렬한 책임감을 가지고 있었다.

선전 경제특구가 성립된 이래 역대의 중국공산당 선전시당위원회는 모두 명확한 구호를 가지고 있었다. 즉 "선전은 전국인민의 선전이고, 전국은 선전을 지지하며, 선전은 전국을 위해 복무한다"는 구호였다. 이러한 구호를 선전사람들은 전 공산당, 전국, 전 민족이 갖는 전체적 국면을 가름하는 의식으로 전환시키고자 하는 기치로 승화시켜 갔다.

어느 날 선전시당위원회 선전부 양광후이(楊廣慧) 부장이 나와 선전 광샤(廣廈)문화공사의 부총리 류치광(劉奇光)을 사무실로 불러 시당위원회에서 보내온 논리가 충분하며 내용이 아주 당당한 4개항의 기본원칙을 전달해 주었다. 동시에 또한 형식상에서도 생동적이며 활력 있게 개혁개방을 선전하고, 또 4개항의 기본원칙을 텔레비전 정론政論 편으로 제작하여 선전할 수 있는지 없는지를 연구하라고 했다. 토론하는 가운데 우리는 반드시 만들어 내야 한다고 생각하게 되었고, 개혁개방은 강국으로 가는 과정에서 반드시 거쳐야 할 길임을 선전해야 한다고 느끼게 되었다. 당연히 동시에 필수적으로 4개항의 기본원칙은 공산당이 집정하는 근본적인 사항이라는 점을 견지하는 선전도 해야 했다. 우리들의 의식이 일치했던 것은 개혁개방을 선전하는 것은 물론이고, 또한 4개항의 기본원칙을 선전하는 것도 물론이었으나 모두 전통적인 딱딱한 설교와 주입식 방식을 사용해서는 안 된다고 생각했다는 점이다. 이때 양광후이가 한 마디 덧붙였다. "개혁을 선전하려면 먼저 선전방식에 대한 개혁부터 해야 한다"고 했다.

선전광샤문화공사에는 '중국의 최고 촬영제작조'가 소속되어 있었는데, 그들은 '농촌개혁 삼부곡' 등 몇 가지 좋은 개혁개방을 선전하는 필름을 촬영 제작한 적이 있었다. 이를 책임진 사람은 류치광(劉奇光)이라는 사람으로 원래는 톈진(天津) 텔레비전방송국에서 일했던 사람이었다.

그의 말에 의하면 "선전은 새로운 인재를 사랑하고 아낀다. 당신이 생각하고 있는 것을 생각하는 대로 만들면 된다. 이것이 바로 정도이다. 이렇게 하면 일하기가 용이하고 능히 실현할 수가 있다"고 했다. 그는 영화제작에 능한 사람으로서 선전에 온 이래 하는 일에 대해 매우 만족해하고 있었다. 류치광은 후에 시당위원회 선전부 아래에 있는 '신문영시중심新聞映視中心'의 주임이 되었다.

나는 1981년 광둥성 잔장(湛江) 지위支委 선전부에서 선전시당위원회 선전부로 이전했다. 과장으로부터 부처장, 처장, 부부장으로 되었고 내부의 선전과 외부에 대한 선전, 신문출판 업무를 책임졌다. 실질적으로 만일 십수 년 전에 광둥 서쪽의 한 당위원회 기관에서 일할 때의 사상정치 관념을 가진 나였다면, 아마도 경제특구에 대해서 비평했을 것이고, 개혁개방을 반대하는 데 합창을 하는 동료들 중에 끼여 있었을 것이다. 그러나 현재는 그렇지가 않다. 나는 이미 40 불혹을 넘긴 중년이다. 그리고 십수 년 전부터 중국의 개혁개방에 참가한 경험을 통해, 더구나 경제특구의 건설을 실천해 오는데 참가함으로써 나는 선전이 아주 가난하고 낙후한 변경의 작은 소도시에서 하나의 현대화된 대도시로 발전했고, 일반 백성들의 생활이 아주 크게 개선되었으며, 중국의 개혁개방은 중국 역사의 필연적인 일이라는 것을 깊이 보았기 때문이다. 나는 실천하는 중에 생각하게 되었고, 사고하는 중에 느끼게 되었다. 마르크스-레닌주의, 마오쩌둥 사상을 어떻게 하는 것이 진정으로 실천해 내는 것인지, 그들의 사고를 어떻게 실천 중에 결합해 낼 것인지에 대한 사고를 포함하여, 정치경제학에 대한 나 개인의 견해를 가지게 되었다. 종합해서 말하면 나는 정치사상 상에서는 말할 것도 없고, 철학사상 방식 상에서도 국가와 민족, 그리고 인민대중의 진정한 감정에 대해서도 아주 큰 변화가 일어났던 것이다. 동시에 또한 전에 없었던 용기와 충동을 갖게 되었다. 중화민족의 부흥을 위한 이상과 공산당원으로서 인민을 위해 복무해야 한다는 약속을 전심전력하여 이행하는 차원에서, 비록 눈앞의 형세가 아무리 곤란하더라도 응당히 몸을 일으켜 이러한 곤란함을 퇴출시키는데 힘써야 한다고 하는 마음이 일어나게 되었던 것이다.

양광후이와 나, 그리고 류치광은 여러 차례의 연구를 통해 텔레비전 정론政論편을 촬영하기로 결정했다. 처음에 정한 제목은 "사유규거四維規矩 구주방원九州方圓"이라고 했고, 주제사상은 4개항의 기본 원칙을 선전하고자 했던 것이다. 또한 개혁개방의 기본 국책을 선전하는데 힘쓰고자 함에서였다. 먼저 우리들의 생각이 미친 것은 국가 사회가 우선 반드시 안정되어야 한다는 것으로, 덩샤오핑이 말한 "안정이 모든 것을 압도한다[穩定壓倒一切]"와 같은 생각이었다. 한 나라에 십 수 억의 인구가 있는 국가가 만일 정치적으로 안정되지 못한다면 이는 근본적으로 경제 발전이나 인민 군중의 생활을 개선한다는 것은 이야기도 꺼낼 수가 없는 일이었던 것이다. 그러나 그저 안정되기만 하는 것도 옳은 방향은 아니었다. 거기에는 반드시 발전이라는 것이 따라야만 했고, 반드시 4개항의 현대화가 건립되어야 했으며, 중화민족의 위대한 부흥이 실현되어야만 했다. "발전하는 데에만 도리가 있다"는 것이 그것이었다. 따라서 4개항의 기본원칙을 견지할 필요가 있었던 것이다. 또한 반드시 계속적으로 개혁개방을 진행해나가야만 했다. 그래야만 경제가 발전되고 인민생활을 개선할 수 있는 가장 중요한 위치에 올라설 수 있었던 것이다. 텔레비전 정론편은 극본을 창작하는 단계에 들어갔다. 우리는 창작과 편집, 필름을 제작하는 인원들과 토론할 때 4개항의 기본 원칙은 입국의 근본이고, 개혁개방은 강국으로 가는 길임을 반복해서 강조했다. 따라서 반드시 4개를 견지해야 한다는 말 중 4개항의 기본원칙의 중요성을 견지해야 함을 설명했다.

우리 세 사람이 나누어서 한 일은 양광후이는 총책임을 맡아 시당위원회의 중요 영도자들에게 보고하는 일과 시당위원회의 지지를 얻어내는 일이었으며, 선전부와 중앙 유관 부문과 대화하여 그들의 지지와 배합을 얻어내는 일을 책임졌다. 류치광은 모든 제작 업무에 대해 총괄하면서 이에 필요한 중요한 자료를 섭외하는 일, 그리고 이를 제작하기 위해서 베이징에 오래 체재하면서 제작해야 했는데 이러한 일도 그가 담당했다. 나는 오로지 촬영하는 일에 매달렸고, 두 사람이 하는 일과 연계하면서 일상적인 일을 반복하였다.

텔레비전 정론편의 이름에 대해서 실제 제작하는 과정에서 반복적인 토론을 해감으로서 마지막으로 중앙선전부 연구실 영도자의 지도 아래 우리들은 장차 프로그램 이름을 〈세기행, 4개항 기본원칙 종횡담〉으로 결정했다. 편명을 정하자 텔레비전 프로그램의 주제사상, 표현방식, 수법 또한 더욱 명백하게 되었다. 우리는 여러 차례 창작과 편집 분야의 전문가들과 교류하면서 반복적으로 연구하며 '종횡담'상에 자막을 넣기로 결심했다. 중화민족이 가꾸어온 여러 세기의 역사 및 중국 개혁개방이 시작된 지 10여 년의 과정을 모두 표출해 내고 특히 선전 경제특구의 건립 이래 발전해 온 상황을 표출해 내기로 했다. 또한 소련, 동구 내지 기타 제3세계 국가의 상황과 비교하여 형상, 생동감, 투철한 정신을 설명하여 우리들이 생각한 주제사상을 표현해 내고자 했다.

당시 선전특구에는 각 분야의 인재가 매우 부족하였다. 우리들은 '다른 사람들의 머리'를 빌려야 한다고 생각하여 베이징으로 가서 중앙당교의 교수와 젊은 교사들을 초빙해왔고, 전국의 젊은 청년작가들을 초빙해와 자막을 만들도록 하였다. 또한 《당지앤(黨建)》 잡지사와 중앙텔레비전방송국 등에서 유명한 텔레비전 편집자, '81'영화제작소 등에서 편집제작 방면의 전문가를 초빙해와 편집토록 했다. 중국 신문기록 영화제작소, 중앙텔레비전 방송국 등은 본전에 가까운 돈만 받고 많은 진귀한 자료 및 아직 세상에 알려지지 않은 역사기록물 영상 등의 자료를 우리들에게 제공해 주었다. 중앙선전부 사무실, 연구실, 신문국 등도 우리들의 일에 대해 큰 지원과 지지를 해주었다. 중앙선전부 연구실 주임 주퉁(朱通)은 친히 우리들의 총 기획을 맡아주었다. 주통은 이론적인 지도와 우리들이 일을 하는데 여러 부문의 일곱 영도자들과 통할 수 있도록 길을 터주는 등 실제상으로 누구도 대체할 수 없는 커다란 역할과 작용을 발휘해 주었다.

구체적으로 베이징에서 각 전문가, 학자들을 초청하여 자문을 구하는 일은 총책임자인 류치광이 담당했다. 경비가 부족했기 때문에 촬영에 임하는 사람들의 잠자리, 교통과 일하는 환경 및 생활 등에서 많은 불편이 따랐지만 참으면서 일을 진행했다. 그러나 전문가와 학자들의 도움을 빌릴 때마다 그들에게 어느 정도의 보수를 주어야 했지만 그는 그런 형편이 안 된다는 것을 알고 있었기에 오로지 성실한 태도로써 그들의 자문을 구했고, 또한 말로써 그 고마움을 대신하느라 입품도 많이 팔아야 했다. 1990년 설을 전후해서 마침 우리들의 촬영 작업은 가장 긴장된 단계에 들어서고 있었다. 류치광과 각 부문 담당자들은 설도 잊은 채 업무에 힘을 기울였다. 여러 날 동안 날씨가 너무 추워 움직일 수 없을 지경인데도 오리털 모자를 뒤집어 쓰고 기계 설비를 갖춰 눈으로 뒤덮인 촬영장으로 향하곤 했다.

〈세기행〉의 총 편집에 지정된 나는 이왕 일을 맡은 바에야 전심전력해서 책임에 부응해야 한다고 생각했다. 나는 먼저 이론가 및 문학가들 그리고 텔레비전 편집제작자들에게 배워야 한다고 생각했기에 그들을 스승으로 대했고 새로운 지식과 텔레비전 예술이 무엇인지에 대해 보충했다. 그러는 가운데 그들과 좋은 관계를 유지할 수 있었고 서로를 존중하게 되었다. 동시에 우리가 정해놓은 주제사상에 따라 사상 절차상에서 주의를 하고 여론에 부응하고 좋은 방향으로 이끄는데 관심을 기울였다. 동시에 나는 시위원회 선전부에서 뉴스 선전을 주관하는 부부장을 찾아가 텔레비전 제작에 필요한 경비 문제를 상의했고, 또한 기타 다른 부서와도 계획에 따른 일을 상의하여 구체적으로 해결하고 결정지었다. 먼저 경비문제를 해결했다. 앞에서 말했듯이 20여 년 전에 제작한 텔레비전 정론 필름은 아직도 신선한 일이었다. 그러니 당시 시의 재정에 이 항목의 경비가 없었던 것은 당연한 일이었다.

제작 경비를 조달하기 위해서 나는 류치광을 데리고 선팡(深房)그룹의 이사장인 뤄진싱(駱錦星)을 찾아갔다. 이 사람은 개혁개방의 선봉에 선 기백 있는 사람이었다. 선전은 1980년대에 큰 저애(沮礙)를 받아 충격이 컸을 때 제1차로 땅을 공개적으로 팔아야 했는데 이때 제일 먼저 땅을 사들인 사람이 뤄진싱이었다. 그는 우리들의 자세한 설명을 들은 후 곧바로 10만 위안을 지원해 주었다. 나는 또한 같은 선전부 사무실과 상의하여 그 산하에 있는 인쇄공장, 음반회사 등으로부터 10만 위안을 지원받았다. 이렇게 해서 20만 위안이 모이게 되어 〈세기행〉의 촬영이 정식으로 시작되게 되었던 것이다. 경비가 실질적으로 너무 빡빡했기 때문에 촬영 팀은 베이징에서 아주 값싼 초대소(여관)에서 지내야 했다. 그리고 되도록 아껴서 사용했다. 그렇게 했지만 경상비가 절대적으로 부족했기 때문에 걱정이 태산 같았다. 그래서 우리들은 연고가 있는 곳이면 찾아가서 경비 지원을 부탁했는데, 그 중 선전신화무역그룹 등 기업의 지원을 받을 수가 있었다.

지식, 오락, 예술을 배우는 가운데 우리들은 충분히 선전의 조건을 이용하여 경제특구 이래의 실천경험과 교훈을 성실히 종합하였으며, 또한 천방백계로 국내외의 진귀한 역사적 사실과 자료를 찾아냈다. 외교부에서 오래도록 외교관을 지낸 간부와 소련대사관의 관계를 통해서 소련 내에 있는 레닌 관련 진귀한 역사자료를 찾아냈다. 또한 촬영 팀을 안후이성에 파견하여 샤오강(小崗)[1] 농민들의 토지 도급에 관한 자료도 찾아내어 촬영토록 했다. 또한 장시(江西) 난창(南昌)에도 가게 해서 "덩샤오핑 소도(鄧小平小道)" 등도 촬영토록 했다.

창작과 제작의 후기 단계에서 우리들은 다방면으로 각 전문가, 근로자, 시민 등의 의견을 들었고, 칭화(淸華)대학, 베이징대학 등의 교수와 학생 대표들에게 촬영한 것들을 보여주어 그들의 의견을 들었다.

종합적으로 말한다면 전체적으로 생동감 있는 언어와 사례들을 총괄하여 160분짜리를 4집으로 나누어 편집하였다. 정치, 예술, 사상, 형상으로 나누어 화해와 통일을 내용으로 하여 편집했다.

반년이 넘는 노력과 고난의 촬영을 통해서 TV정론편인 〈세기행世紀行―4개항 기본 원칙 종횡담〉을 1990년 5월에 촬영과 제작을 완성했다. 이 TV정론편은 "중공 선전시당위원회 선전부 촬영 제작"이라고 붙였고, 덩리췬(鄧力群)이 총 고문, 주통(朱通)이 총 기획, 샤오잉(曉鷹)과 류

---

[1] 안후이(安徽)성 샤오강(小崗)촌. 겨울이면 아사자가 발생하곤 하던 이 마을은 78년 주민 18명이 불법적으로 토지를 가구별로 나눠 경작하기로 하는 비밀 계약을 했다. 적발돼 죽임을 당하면 자식은 이웃이 돌본다는 비장한 각오였다. 시도는 성공했고, 당국으로부터 인민공사를 폐지케 하는 모델로 추앙받았다.

1987년 12월 1일 중국 토지 경매 시 제1차 거래가 성립되고 있는 현장. 경매 팻말을 들고 있는 사람이 뤄진싱(駱錦星)이다

칭(留青)이 원고 정리, 천훠팡(陳獲芳)이 총 편도編導, 우송잉(吳松營)이 총 편집, 류치광이 총 제편制片, 양광후이가 총 감독이라고 기록했다.

〈세기행〉은 1990년 5월 12일 북경인민대회당에서 시사회를 가졌다. 전국인민대표대회 부위원장 시종쉰(習仲勳), 니즈푸(倪志福), 레이졔칭(雷洁琼), 중앙선전부, 광띠앤부(廣電部), 단중앙團中央 및 중앙당교中央黨校, 사학계, 신문계, 대학교수 및 대학생 등 200여 명이 시사회에 참석했다. 그리고 그들은 〈세기행〉에 대해 그 가치를 다 인정해 주었고 찬양해 주었다.

5월 12일 저녁 〈세기행〉은 중앙텔레비전방송국의 황금시간대에 방영됐다. 4집을 연속해서 4일 동안 방영했다. 이 방영은 전국적으로 엄청난 반응을 몰고 왔다. 매일 저녁 중앙텔레비전방송국에서 〈세기행〉

을 방영할 때마다 전국이 많은 도시, 농촌 등에서 가가호호 〈세기행〉의 주제가를 부르는 소리가 들려왔다. "당신은 하나의 불씨, 조용히 잠들어 있는 대지를 환하게 불타오르게 한……" 당시 국가 부주석인 중공 중앙정치국원 왕전(王震)이 중앙텔레비전방송국에서 최초로 방영한 〈세기행〉을 보고나서 중앙판공청을 통해 우리들에게 〈세기행〉 전편全篇을 자신의 집으로 보내달라고 통지해 왔다.

왕전이 집에서 3시간 30분에 걸쳐서 〈세기행〉을 다 보고는 크게 칭찬해주었다. 또한 여러 아주 진귀한 수정 의견을 제시해 주기도 했다. 예를 들면 "송칭링(宋慶齡)에 대해 클로즈업시켜 달라"고 한 것 등이었다. 또한 "당신들이 이를 수정한 후에 덩샤오핑 동지에게 보내서 보도록 하겠다"고도 말했다.

과연 얼마 후에 중앙판공청이 또다시 우리들에게 통지하기를 덩샤오핑 동지가 〈세기행〉을 보겠다고 전해와 우리는 말할 것도 없이 즉각 보냈다. 후에 그 노인은 전 집안사람들을 모아 놓고 〈세기행〉을 두 번이나 보았다고 들었다. 또한 이런 종류의 프로그램은 제작하기가 쉬운 일이 아닌데 잘 만들었다고 말했다고도 들었다.

1990년 6월 11일 전국총공회總工會, 공청단工靑團중앙, 광밍(光名)일보사, 중선부中宣部 신문국이 연합하여 수도에 있는 각계 인사들을 초청하여 〈세기행〉에 대한 좌담회를 개최했다.

중고위中顧委 위원 덩리쥔(鄧力群), 전국총공회 서기처 서기 장궈샹(張國祥), 당중앙서기처 리커창(李克强), 《광밍일보》 총편집 장창하이(張長海), 중선부 연구실 주임 주퉁(朱通), 신문국장 왕푸루(王福如), 교육국장 탕샤오민(唐紹明), 《당지앤(黨建)》 당기관지 사장 다이단(戴丹) 등 및 과학기술계, 사회과학계, 경제계의 전문가와 베이징대, 칭화대, 인민대, 북경사

범대, 북경과기대학 등의 교수와 학생 등 50여 명이 좌담회에 참석했다.

많은 사람들의 발언 중에 〈세기행〉은 4개항의 기본원칙 중 제일 중대한 것은 정치성 주제를 예술적으로 형상화했다는 것이었는데, 이에 대해 모두 공감하였다. 이는 장차 중국혁명과 세계 혁명의 세기적 계시록이라고 할 수 있으며, 이를 통해 사람들로 하여금 깊이 성찰할 수 있도록 발동시키는 원동력이 됐다고 하여, 사람들이 분투해 나아갈 수 있도록 촉구케 한다는 인식을 같이 하기에 이르렀다.

이후 1년여 시간 동안 〈세기행〉은 또한 중앙텔레비전방송국에서 2회에 걸쳐 방영되었다. 전국 각지에 있는 160여 텔레비전방송국에서 〈세기행〉을 방영했다. 어떤 방송국에서는 이를 반복해서 방영하기도 했다. 중국청년출판사에서는 1990년 7월에 〈세기행〉의 해설문을 출간했다. 이어서 전국 각지에 있는 100여 개의 신문사에서 〈세기행〉의 해설문을 발표했다. 사회 각계에서는 이 TV정론편에 대해 평론하기를 TV예술 및 사상이론을 다른 각도에서 조명한 것이라고 〈세기행〉을 찬양하는 평론을 계속해서 내놓았다. 1991년 2월 24일 오후에 마침 선전을 시찰하던 중앙정치국원이며 국가부주석인 왕전이 선전에 있는 영빈관에서 〈세기행〉을 만든 양광후이, 우송잉, 류치광, 심천시당위원회의 주요 영도자인 리하오(李灝), 리요웨이(勵有爲), 린주지(林祖基) 등을 접견하면서 〈세기행〉같은 높은 수준의 텔레비전프로그램을 제작하여 전국에 아주 좋은 영향을 미치게 한데 대하여 칭찬과 격려를 아끼지 않았다. 양광후이, 리하오는 많은 군중들이 편지를 통해 요구해 온 바에 근거해서 선전이 〈세기행〉의 속집을 촬영하기 위한 준비를 하고 있다고 하자 왕전은 매우 기뻐하며 다시 한 번 격려를 아끼지 않았다.

1991년 5월 〈세기행〉의 해설문이 수정된 후 중국청년출판사가 재판

왕전(王震)이 〈세기행〉을 저술한 인원 및 선전시당위원회 영도를 접견했다.
사진은 왕전과 우송잉이 악수하는 모습. - 장스까오(江式高) 촬영 -

을 인쇄하려고 했을 때, 장쩌민(江澤民), 리펑(李鵬), 리샌녠(李先念), 왕전(王震), 후차오무(胡橋木) 등 당과 국가의 영도자들이 계속해서 〈세기행〉을 찬양하는 제사題詞를 써서 보내주었다. 장쩌민은 제사에서 "인민의 역사를 창조하는 송가頌歌이며, 사회주의의 우월성을 증명해 주는 것"이라고 했고, 리펑은 "찬란히 빛나는 역정이며, 시대의 강한 소리"라고 했으며, 리샌녠은 "백 년 동안 진리를 추구하기 위해 분투한 결과이며, 역사가 크게 변화하는 것을 이끌어낸 세기행이다"라고 했다. 또 왕전은 "영화계가 더 많은 좋은 작품을 만들어 세상에 대해 물을 것을 촉구한다"고 했고, 호차오무는 "〈세기행〉은 흡인력과 설득력이 있는 좋은 작품이다"라고 썼다.

중공중앙선전부와 조직부는 전국에 통지하기를 "각급 당 조직은 〈세기행〉을 많은 군중들이 볼 수 있도록 조치하라"고 요구했다. 그리고 이를 통해 좋은 교육이 이루어질 수 있도록 하라고도 명령했다.

어떤 사람이 통계를 냈는데, 당시 몇억 명이나 되는 사람들이 〈세기행〉을 보았다고 보고하기도 했다. 우리들은 계속해서 전국 각지로부터 5만여 통에 이르는 편지를 각 계층으로부터 받았는데, 그 편지 중에는 〈세기행〉에 대한 찬양, 감상, 몸으로 느낀 소감 등의 내용이 대부분이었다. 한 텔레비전 프로그램이 중국의 대지 위에 커다란 영향을 미치게 했던 것이다. 중화인민공화국 역사상 공전의 대 히트작이었다고 할 수 있었다. 당시의 역사적 조건 하에서 중국이라는 거대한 함선이 개혁개방이라는 바다에서 순항할 수 있도록 했다고 할 수 있을 정도로 무시할 수 없는 엄청난 작용을 했음을 간과할 수 없는 일이었다.

그러나 〈세기행〉의 역량은 여전히 모든 중국의 대 형세를 고치기에는 한계가 있었음은 자인하지 않으면 안 될 것이다. 중국의 대지는 넓고도 넓어서 뇌성벽력이 천지를 울리거나 하늘과 땅이 뒤집어질 수 있는 일들이 부지기수로 일어날 수 있기 때문이다.

光輝的历程
时代的强音
为《世纪行》题
李鹏 一九九一年六月八日

百年奋斗求真理
历尽沧桑世纪行
为《世纪行》题 李先念

祝影视界有更多的佳作问世
王震

世纪行是一部有吸
引力和说服力的好作品
胡乔木 一九九一年三月

당과 국가 영도자들이 보내온 〈세기행〉에 대한 축하의 글

제3장

'역(站)'이라는 글자가 빠진 선전역의 역명

덩샤오핑은 두 번째로 선전을 방문하기 반년 전에 친필로 선전의 새로운 기차역의 역명인 '선전(深圳)'이라는 두 글자를 썼다. 덩샤오핑의 글씨는 묘하게도 내가 베이징 중남해에서 받아가지고 돌아왔던 것이다.

1990년 4월 퇴직한 이래 덩샤오핑은 각 지방에서 부탁이 들어오는 제자題字를 거의 쓰지 않았다. 1991년 중국은 여전히 "사회주의인가(姓社)?" "자본주의인가(姓資)?"하는 논쟁으로 곤란한 상황에 처해 있을 때였다. 그런 가운데서도 덩샤오핑이 흔쾌히 선전의 새로운 기차역명을 썼다는 것은 아주 특수한 의미가 있는 일이었다. 선전의 뤄후(羅湖) 기차역은 아주 오래된 광둥(廣東)과 지우룽(九龍)을 잇는 철도로 소위 광지우(廣九)철로의 변경 역이었다. 또한 중국에서의 남대문에 해당하는 중요한 해안지역이기도 했다. 중국이 개혁개방 전에 홍콩과 중국의 내지 사이의 수출입을 담당하는 항구로 주로 물자를 운송하던 곳이었고, 특히 중국 내지에서 홍콩으로 가는 각종 양식, 기름, 고기, 채소 등의 생활필수품이 운송되던 곳이었다. 모두가 뤄후역을 필수적으로 지나가야 했다. 그러나 원래의 선전 뤄후역의 시설은 낙후되어 있었을 뿐만이 아니라 그저 예전의 을씨년스런 모습 그대로 남아 있었다. 대합실은 그저 100㎡정도였고, 선로는 정선正線이 2선, 출발선이 4선이 있었다. 이는 선전 경제특구의 발전된 모습을 보여줄 수가 없었고, 더구나 중국이 계속해서 개발을 확대해 가고 경제발전이 추진되어 나가고 있는 상황 하에서 그러한 형세에 적응해 갈 수 없는 설비였다.

거기에다 설상가상으로 홍콩이 중국으로 환속되는 날짜를 얼마 남겨 놓지 않은 시점이었다. 홍콩과 해외의 동포들이 또한 외국인 친구들이 중국의 내지로 들어오는 관문 곧 남대문이라 할 수 있는 이곳으로 들어올 때 좋지 않은 인상을 주게 될 수도 있는 것이었고, 중국 내지는 이보다 더 심할 것이라고 느끼게 할 수도 있는 곳이었다.

중앙의 허락을 받아 선전의 새로운 기차역은 1989년 11월 23일 개수를 위한 기공식이 열린 날이었다. 이로써 대규모 수리 확장 공사가 시작되게 되었던 것이다. 선전시 시당위원회의 서기이며 시장이었던 리하오가 친히 선전 기차역 건설 영도조직의 조장이 되어 주었다. 이는 비단 당시로서는 큰 경제건설의 하나였을 뿐만 아니라 특히 중요한 성격을 가지는 정치적 임무였기 때문에 선전시당위원회, 시정부, 철로부문, 시공회사 모두가 전력을 기울여 일을 추진해 갔고, 크게 지원해 주었다. 따라서 선전의 신 기차역의 건설은 순조롭게 진행되어 1년 반도 지나지 않아 신 기차역의 공정이 기본적으로 완성되었다. 남은 것은 장식하는 일뿐이었다.

1991년 초 어느 날 리하오는 기차역으로 가서 공정의 진척 상황을 검사했다. 이때 새로운 기차역의 건설을 구체적으로 담당했던 궈성린(郭勝林)이 리하오에게 선전역의 역명을 써달라고 부탁했다. 그러자 리하오가 웃으면서 "나는 적절한 사람이 아닐세. 적절한 사람이 아냐"하며 이리저리 생각을 하더니 "만일 가능하다면 덩샤오핑 동지에게 부탁하는 것이 제일 좋을 듯한데…… 아무렴 그렇게 하는 것이 좋지! 좋고

덩샤오핑이 역 이름을 쓴 선전기차역

말고"라고 하였다. 그러자 그 자리에 있던 사람들 모두가 박수를 치며 찬동하지 않는 사람이 한 사람도 없었다. 그러나 그와 동시에 덩샤오핑 동지에게 글씨를 써 달라고 청할만한 방법이 없다는 점이 고민거리가 되었다.

그러나 리하오는 1950년대 초기에는 베이징 중앙기관에서 근무한 적이 있는 국무원 부비서장 출신이었다. 그는 "다른 일에 착수해야 한다고 하는 구실을 대어 덩샤오핑 동지를 만나면서 글씨를 써달라고 해야겠다"고 생각했던 것이다.

1991년 4월 말 나는 마침 베이징에서 전국음상출판정돈공작회의에 참가하고 있었다. 회의가 빨리 마쳐졌을 때 나는 리하오의 비서인 류인화(劉潤華)로부터 선전에서 걸려온 전화를 받았다.

"우(吳) 부부장입니까? 중앙판공청에서의 통지입니다만 덩샤오핑 동지가 이미 선전 새로운 기차역의 역명을 써놓았다고 합니다. 리 서기께서 부부장님이 중앙판공청으로 가서 덩샤오핑 동지의 휘호를 가지고 속히 돌아오라고 하십니다."

나는 아주 기뻐하면서

"알았네, 알았어. 마침 우리 회의가 오늘 다 끝났으니 자네가 중앙판공실에 연락할 수 있는 구체적 방법을 알려주게나."

하였다.

다음날 오전 10시 정각에 나는 차를 타고 중난하이(中南海) 서문에 도착했다. 중앙판공청의 동지가 나의 신분증을 보더니 나를 데리고 비서국 2층에 있는 한 사무실로 데리고 갔다. 나로서는 처음 중앙판공청과 연계하는 일을 하는 것이었다. 중난하이로 들어가자 커다란 화원을 보는 것 같았다.

중앙판공청 동지는 나에게 매우 열정적으로 대해주었다. 더구나 그는 〈세기행〉이 중앙의 영도자들로부터 고도로 중시를 받은데 대해, 그리고 전국에 미친 영향에 대해 아주 감격해 하는 말투로 대해주었고, 선전시 당위원회 선전부는 정말 일을 잘한다고 칭찬해 주기도 했다. 그러면서 묻기를

"자네는 바로 〈세기행〉을 진두지휘한 총편집이 아닌가, 정말 위대하네 그래."

또 다른 부처장 한 사람은 나로 하여금 중난하이 여기저기를 구경할 수 있도록 배려해 주었다. 그러나 나의 마음속에는 어서 빨리 덩샤오핑 동지가 써놓은 글씨를 받고 싶은 마음뿐이었다.

비서국 동지들이 나의 마음을 알았는지 덩샤오핑 동지의 글씨를 내게 보여주었다. 한 장의 신문 크기만 한 화선지에다 오로지 '선전(深圳)'이라는 두 개의 커다란 글자만이 쓰여 있었다. 우리는 원래 덩샤오핑 동지에게 '선전역(深圳站)'이라는 세 글자를 써 주기를 희망했었다. 또한 낙관도 날짜도 아무것도 쓰여 있지가 않았다. 다행히 '중공중앙판공청

비서국'이라는 도장이 찍혀 있었다. 마치 한 장의 공문서 같았다. "이는 덩샤오핑 동지가 선전 새 기차역의 이름이다"라고 설명해 주는 듯했다. 이 문건은 선전시당위원회가 보관하면서 사용토록 하라고 요구했다. 또한 당지의 당위원회 기관지 상에 발표해도 된다고 했다. 나는 문건 수발부 상에다 정중하게 사인한 후 비서국 동지가 조심조심 덩샤오핑 동지의 글씨를 접어서 비서국 문건을 넣는 봉투에 넣은 후 나에게 가지고 가서 선전시당위원회에게 가져다주도록 했다.

나의 심중에는 말할 수 없는 감격으로 가득 차 있었고, 그러는 가운데 중앙청 판공실 비서국을 떠나 중난하이를 나왔다. 길에서 나는 별안간 깨달은 바가 있었다. 덩샤오핑이 이때 친히 선전이라고 글씨를 썼다는 것은 그 뜻이 절대로 일반적인 것이 아니라고 하는 생각이 들었던 것이다. 특히 '선전역'이라고 쓰지 않고 '선전'이라고만 쓴 것은 그 뜻이 더 깊은데 있다고 생각했다. 나는 덩샤오핑의 글씨를 가지고 선전으로 돌아갈 수 있다는 이 임무는 그야말로 나에게 있어서 더할 나위 없는 영광이었다.

나는 묵고 있는 곳으로 돌아와 얼른 짐을 싸면서 덩샤오핑의 글씨가 든 봉투는 작은 가방 중간쯤에 보관하고 초대소를 나오는 수속을 했다. 그날 오후 나는 곧바로 수도비행장으로 가 비행기를 타고 그 날 오후로 광저우의 바이윈(白雲) 비행장에 내렸다. 비행기에서 내린 후 나는 버스를 타고 시내로 들어와 다시 기차를 타고 선전으로 돌아왔다.

그때 선전시당위원회는 매우 소박한 기관이었다. 일할 수 있는 조건도 따라서 현재처럼 현대화된 그런 분위기가 아니었다. 간부들의 생각도 지금의 간부처럼 그렇게 복잡하게 많은 일을 할 처지가 아니었다. 비록 이처럼 중요한 문건일지라도 차를 보내서 비행장까지 와 이를 접수하는 그런 일은 생각지도 못했던 시기였다. (이 일이 끝난 후에 같은 직장의 동지가 우스개소리로 이는 바로 하나의 성지聖旨인데, 당신은 참 담도 크네요. 정말 큰일을 했어요 라고 말했다) 선전 기차역에 도착한 후 나는 곧바로 버스를 타고 통신령(通新嶺)에 있는 시당위원회 숙소 지역에 도착하자 날은 이미 어두웠다.

당시에는 버스 노선과 배차 시간이 너무 적어서 버스에 타고 있는 사람들이 아주 많았다. 그야말로 사람 아래 사람이 있었고, 사람 위에 사람이 있었다. 내가 짐 가방을 들고 버스에서 내리자 짐 속에 있는 중요한 문건을 돌보는데만 정신이 없어서 윗주머니에 넣어두었던 두 장의 '대단결(인민폐 10원을 지칭함)'을 도둑맞기까지 했다. 나는 비록 누군가가 내 상의를 더듬거리는 것을 느꼈으나 두 손으로 단단히 쥔 가방을 놓을 수가 없었다. 내가 마침 막 버스에서 내릴 때 한 20대 청년이 내가 짐 가방을 꼭 쥐고 긴장하여 쩔쩔 매는 것을 보자 안에 많은 돈이 들어 있거나, 아니면 귀중한 물건이 들어 있다고 생각했는지 많은 사람이 타고 있는 혼란한 틈을 타서 나의 짐 가방을 빼앗으려는 듯이 다가왔.

내 마음속은 상당히 급해져서 온 힘을 내어 정류장에 내리자마자 큰 걸음으로 짐가방을 단단히 쥔 채, 또 다른 한 손으로는 가방 주위를 감싸 안은 채로 걸어갔으나 그 청년과는 2미터 정도의 차이밖에 나지 않았다.

이때 어떤 사람이 큰 소리로 "도둑놈 잡아라! 도둑놈 잡아!"하고 소리를 치자 많은 승객들이 도둑놈을 쫓아가기 시작했다.

내 마음 속에는 오로지 짐 가방 안의 중요 문건에만 관심이 쏠려 있었기에 다른 일에는 관심을 두지 않고 빠른 걸음으로 통신령(通新嶺) 3동의 집으로 돌아왔다.

저녁에 나는 리하오 서기의 비서인 류인화에게 전화를 건 외에 시당 위원회 비서장 런커레이(任克雷)에게 전화하여 그들에게 덩샤오핑 동지의 글씨를 갖고 돌아왔다고 말했다.

다음날 아침 나, 런 비서장과 류 비서 모두 리하오 서기 집으로 와 모였다.

리하오는 마침 아침을 먹으려고 준비하고 있었다. 응접실에서 나는 덩샤오핑의 글씨와 문건을 그에게 건네주었다. 리하오는 곧바로 덩샤오핑의 글씨를 탁자에다 펼쳐놓았다. 그리고 자세히 보더니 시간이 지나도 한 마디 말을 하지 않는 것이었다. 아마도 덩샤오핑이 왜 선전에서 요구한대로 '선전역(深圳站)'이라고 안 쓰고 그저 '선전(深圳)'이라고만 썼는지를 생각하는 듯했다. 분명히 그 속에는 어떤 뜻이 들어 있을 것이라고 생각하였던 것 같았다.

덩샤오핑이 왜 석자로 쓰지 않고 두 자만 썼는가? 이는 필묵을 절약하느라고 그리 쓴 것은 분명히 아니었을 것이다. 넓은 의미의 '선전'은 중국 개혁개방의 전초병(排頭兵)이라는 의미일 것이고, 중국 특색의 사회주의 현대화 건설의 시험 무대라는 뜻이었을 것이다. 이는 당시는 말할 것도 없이 금후에도 선전은 '부차적인 역할을 하는 역(靠站)' 혹은 '정지하는 역(停站)'이 되어서는 안 되고, 반드시 어떤 어려움이나 장애도 돌아보지 않고 오로지 앞으로 나아가기만 하라는 그런 의미였을 것이다.

나와 런커레이도 모두 그를 따라 다시 한 번 천천히 덩샤오핑의 글씨를 보았다. 나 스스로도 중난하이에서 볼 때보다 더 자세히 보았다. 총체적으로 보아 역시 덩샤오핑의 글씨는 힘이 넘쳐흘렀다. 90세가 다 된 노인이라 '선(深)'자 아래의 '목(木)'부 파임이 좀 떨린 듯하여 마치 한 사람이 서 있을 때 두 다리가 약간 비스듬히 기울어진 것처럼 약간 균형이 안 맞는 것 같은 느낌이 들었다.

사실 당시 그곳에 있던 몇 사람들은 명확히 '선(深)'자 우측의 파임이 어느 정도 높게 쓰여져 약간 문제는 있다고들 생각했지만, 그러나 이를 설명하기는 어려웠다. 나는 마침내 참지 못하고 손가락으로 '선'자의 아래 측에 있는 '목'변의 그 파임을 가리키며 솔직하게 말했다. "이 한 획을 조금만 아래로 찍었다면 아주 좋았을 텐데"하고 말했다.

리하오가 내 말을 듣더니 "허허" 웃으면서 나의 눈을 바라보면서 가부를 알 수 없다는 듯했다. 그런 후에 비서를 불러 다시 접으라고 한 다음 다시 문건을 넣었던 봉투에다 넣었다. 그리고 런커레이에게 주고 처리토록 했다.

리하오가 런커레이에게 말했다. "중앙판공청 비서국이 요구한 문건 처리 방법에 따라 보관하고 잘 처리토록 하시오. 그리고 기차역 궈성린 등과 특구 신문사들에게 통지하도록 하시오."

리하오 집에서 나온 후 나는 런커레이와 류인화에게 말했다. "자네들은 내가 완전히 임무를 수행했음을 증명해 줘야 하네. '성지聖旨'를 잘 가지고 와서 원만하게 건네주었으니 말이네."

런커레이와 류인화는 모두 머리를 흔들면서 웃었다.

두 자의 큰 글자를 복사해서 편액을 제작하는 곳에 주면서 이 글자에 따라 만들어 달라고 주문했고, 동시에 또한 《선전특구보》에게 통지하여 기자가 와서 촬영토록 했으며, 규정에 따라 보도하도록 했다. 덩샤오핑이 쓴 글씨 원본은 시당위원회 판공청 당안실에 보관토록 했다.

선전시 옌톈구(鹽田區) 위원회 서기 궈용항(郭永航)이 2011년 6월 1차 회억을 하던 중에 2000년 초 그는 시당위원회 판공청 회의처 처장을 담당하고 있었는데 당안실 문 앞을 지날 때 열쇠가 훼손되어 있던 곳에 자료가 한 무더기 쌓여 있었는데, 그 중에 중앙판공청 비서국이라고 쓴 큰 봉투에 "선전시당위원회 리하오 동지가 친히 열어보다"라고 하는 글자가 쓰여 있었다고 했다. 그는 이것을 곧바로 들고 열어 보니 그 안에 덩샤오핑 동지가 쓴 '선전'이라는 원본 글씨가 들어 있었다고 했다. 그는 또한 폐지 더미를 계속 찾으니 또 다른 하나의 편지봉투를 발견했는데, 그 안에는 1992년 봄에 덩샤오핑 동지가 선전을 시찰할 때 담화한 일부 내용이 담겨 있는 녹음테이프가 들어 있었다고 했다. 그는 곧바로 상부 기관에 보고하였고, 이는 다시 선전시 당안국에서 전문가를 파견하여 이곳으로 와서 두 개의 중요한 당안을 수령해 갔다고 했다. 당안국의 한 국장이 명령을 내려 그 중요한 두 문물을 수령해 갈 때 너무나 감격하여 손을 모두 떨었을 정도였다고 했다. 이 두 건의 중요한 역사자료는 모두 예전에 내가 직접 건네주었던 것이다. 궈용항은 나와 이 일을 이야기할 때 우리 두 사람은 모두 감격해 마지않았다.

1991년 국경절 날 선전 기차역의 건설장은 여전히 바빴다. 건설에 임하던 사람들은 휴가를 즐길 새도 없었다. 마지막 건설 공정이던 내부 장식을 하는데 한창 바빴기 때문이었다.

10월 12일 맑은 아침 수많은 손님들이 새로운 기차역 하늘 빛 남색천 위쪽에 황금빛이 발하는 상감된 '선전'이라는 두 개의 큰 글씨를 바라보았다. 그러나 그 글자가 덩샤오핑이 친히 쓴 글이라는 것을 아는 사람은 거의 없었다.

선전의 새로운 기차역이 정식으로 준공되었다. 제1기 공정은 인민폐 2억 위안이 투자되었고, 6만 제곱미터 면적 중 대합실이 5천 제곱미터였고, 4개의 탑승대와 8개의 철길이 생겨 수송인원이 이전보다 배나 증가했다.

  오후 4시에 선전 새 역사 큰 건물에서는 장엄한 낙성식이 거행되었다. 중공중앙정치국 위원이며 국무원 부총리인 톈지윈(田紀云)이 이 행사에 참석하여 테이프를 끊었다. 국가철도부 부장 리선우(李森茂), 선전시장 정량위(鄭良玉)가 치사를 하였다. 이 낙성식에 참여한 사람 가운데에는 국무원 유관부문, 광둥성, 광저우 군 책임자, 홍콩과 광둥의 유명 인사, 싱가포르, 이집트, 쿠웨이트 등 국가의 주화사절들이 참석했다. 낙성식 중 가장 감동을 주었던 것은 신청사 중앙에 선홍색 비단 천으로 둘러싸여 있던 '선전'이라는 두 개의 금색으로 된 글자를 공개하는 순간이었다. 그리고 이 글씨는 덩샤오핑 동지가 친히 선전의 새로운 역사를 위해 쓴 것이라고 선포할 때였다. 중공중앙정치국상임위원, 국무원 총리 리펑은 그날 행사가 끝나자(오전에는 선전 비행장 항공기 개통 기념식, 오후에는 예팅(葉挺) 장군의 아들 예화밍(葉華明)이 이사장으로 있는 선페이(深飛)공사 투자 의식에 참석함) 특별히 선전의 새로운 기차역으로 와서 시찰하였다.

  만추의 계절이 왔고 바람은 급해졌으며 하늘은 높았다. 새로운 기차역의 높은 곳에 걸려 있는 '선전'이라는 두 개의 큰 글자는 금빛을 번쩍이며 내비치고 있었다. 서쪽으로 넘어가는 석양빛과 어우러져 하늘에 비친 붉은 빛이 대지의 만물을 내비치고 있었다. 이러한 모습은 사람들로 하여금 꿈속을 헤매고 있는 듯한 착각을 일으키게 하여 마치 가상세계에 머물고 있다는 느낌을 갖게 하기에 충분했다.

  새로운 기차역의 낙성식을 거행하기 전에 나는 덩샤오핑 동지가 쓴 '선전'이라는 글씨가 어떻게 걸려 있는가를 보기 위해 갔다. 보는 순간 '선(深)'자 아래 의 '목木'자 우측 변의 파임이 내려와 있어 두 글자가 단정하게 되어 있어서 보기가 아주 좋았다.

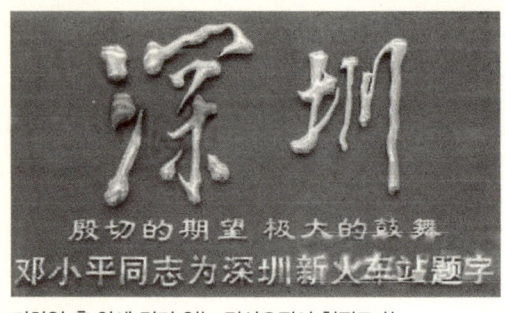

기차역 홀 안에 걸려 있는 덩샤오핑이 친필로 쓴
'선전(深圳)'이라는 글씨

1992년 1월 19일 오전 덩샤오핑이 탄 버스가 기차역 전면에 나타났을 때 큰 딸 덩린(鄧林)이 기차역 대 청사 위에 상감기법으로 쓰여져 있는 푸른 유리 상자 안에 있는 '선전' 두 개의 큰 글씨를 가리키며 부친께

"아버지 보세요. 이거 아버지가 쓴 글씨에요. 사람들이 말하기를 아주 글씨가 좋대요."

둘째 딸 덩난(鄧楠)이 곧바로 신이 나서 부친께

"이는 아버지 것이니까 아버지에게 저작권이 있는 것이에요"

라고 말했다. 그러자 차에 타고 있던 사람들 모두가 웃어댔다.

덩샤오핑도 웃음 띤 얼굴로 자신이 쓴 '선전'이라고 쓴 두 큰 글자가 자신이 썼다는 것을 암묵적으로 표하였다. 아마도 덩샤오핑의 내심에는 다른 사람들이 모르는 의미가 있음을 떠올리고 있었을지도 몰랐다. 선전이라는 글씨를 써주기로 동의했을 때, 나는 그가 반드시 자신이 만들어낸 특구에 다시 한 번 가보기로 결정했음을 나름대로 느끼고 있었다.

제4장

선전이 바라던 덩샤오핑의 〈세기행〉

선전 경제특구는 덩샤오핑이 창의하여 만들어 낸 것이다. 덩샤오핑의 유명한 말 가운데 "역시 특구를 설치한 것은 잘한 일이었어. 과거로 치면 산간닝구(陝甘寧區)가 바로 특구였지. 중앙에 돈이 없었으니 자제들 스스로가 만들어낸 것이었지만, 죽음에서 벗어날 수 있었던 하나의 혈로였으니까1)" 이후 선전특구는 개혁 선상에서 '죽음에서 벗어나는 하나의 혈로'를 탐색하는 곳이 되었고, 그러한 과정에서 어려움을 만나기도 했지만, 덩샤오핑에 의해 지원되고 보호되어 첩첩으로 쌓인 어려운 난관을 벗어날 수 있었다.

선전 사람들은 덩샤오핑에 대한 감정이 다른 사람들과는 전연 다르다. 선전 사람들은 덩샤오핑에게 감사해 하며 그를 열렬히 사랑하고 있다. 개혁을 하는 길에 부딪쳐야 하는 장애, 만나야 하는 곤란은 자연히 별을 바라보고 달을 바라보며 기원하는 수밖에 없었지만, 그럴 때마다 덩샤오핑이 와서 구해주었던 것이다. 그 결과 선전은 정말로 바라기만 하던 덩샤오핑의 〈세기행〉이 실현된 곳이 되었던 것이다.

1991년은 중국의 1989년 정치적 풍파가 이미 지나간 지 1년 반이나 되는 해였다. 그러나 국제와 국내적으로 모든 형세는 여전히 낙관할 수 없는 상황이었다.

---

1) 林祖基主編, 《鄧小平與深圳經濟特區》, 海天出版社, 2008, 4쪽.

베를린 장벽이 무너지고, 동독, 헝가리, 폴란드 등 동구 사회주의 국가들이 연속적으로 무너졌다. '사회주의의 가장 큰 형'인 소련의 반사회주의 세력도 암적으로 요동치고 있었고, 그러한 움직임은 일어났다가 없어지고, 없어졌다가는 일어나고 하는 일이 반복되고 있었다. 미국을 우두머리로 하는 서방 대국들은 이러한 움직임을 부추기고 있었기에 그러한 격량은 더욱 고조되고 있었다.

1991년 10월 11일 서방 7국의 재무장관들은 소련 대표를 이끌고 방콕에서 이틀간에 걸쳐 연석회의를 진행했다. 한마디로 이 참에 완전 도태시키겠다는 의도였다. 표면상으로는 "소련이 직면해 있는 심각한 경제적 곤란을 도와주겠다"는 것이었지만, 실제로는 소련에게 실현 불가능한 서방의 자유 시장경제를 실행하라고 촉구했던 것이다. 이는 소련의 사회주의 제도를 전반적으로 붕괴시키겠다는 의도였다. 10월 13일 회의가 끝나자 소련대표단 단장 아프린스키(亞夫林斯基)가 기자들에 대해 "우리들이 공동으로 생각했던 목표는 이미 이루기에 너무 멀리 와 있다"고 말했다. 영국 재정장관인 로만 라몽드(諾曼拉蒙特)는 "이번 회의가 매우 유용했다"고 했다. 두 달이 지난 12월 25일 고르바초프가 소련 대통령을 사직함에 따라 70여 년간의 소비에트 사회주의 정권은 막을 내렸고, 소련이라는 하나의 세계적 강국이 지구상에서 없어지고 말았던 것이다.

의심할 것도 없이 소련과 동구국가들의 급변은 중국의 여러 사람들을 정신없게 만들었다. 더욱 걱정스럽게 했던 것은 대외 개방 이후 서방 자본주의의 침투와 공격이었다. 이는 중국을 쉽게 변하게 할 수 있었고, 강산이 그들의 손에 쉽게 장악될 수 있었기 때문이었다. 어떤 '원로 동지'는 심지어 고함을 지르며 "희생당하는 것은 두렵지 않다"고 결심하면서 "평화적인 변화를 반대하는 세력에 대한 강철 장성을 쌓기 시작하자"고도 했다.

전국 범위에서 "사회주의인가(姓社)?" "자본주의인가(姓資)?"에 대한 논쟁이 여전히 일파만파로 번지고 있던 상황이었다. 그러나 선전 경제특구에서는 계속해서 '자본주의를 제창하고' '평화적인 변화'의 전형, 살아 있는 과녁이 되고자 했다.

선전의 여러 간부들은 심지어 내지로 출장 가는 것을 두려워할 정도였다.

왜냐하면 어느 기관엘 가도, 혹은 초대소의 직원들도 선전에서 왔다고 하면, '자본주의에 오염된 사람'이라며 두려워하는 등 선전사람들에 대해서 다른 시각으로 보았으며, 어떤 기관의 사람들은 적기는 하지만 아예 피하기까지 했다.

바닷가에 사는 사람들 사이에는 "물이 새는 배는 앞 파도에 부딪친다"는 속담이 있다. 이는 바로 "엎친데 겹친다(禍不單行)"라는 말이다. 1991년의 중국 대지는 홍수, 가뭄, 화재가 빈번하게 동서남북에서 보편적으로 일어나 그야말로 매우 심각한 상황에 처해 있었다. 여름철에는 장강과 회하에서 큰물이 나 장수(江蘇), 안후이(安徽) 등 성 대부분이 홍수로 잠겨버리는 피해를 보았다. 국무원은 비록 인민폐 22억 위안(당시 재정 수입의 0.7%)와 14억kg의 식량을 내놓았으나, 이는 계란으로 바위를 치는 것이나 다름없는 일이었다. 특히 서북, 화북지역 및 후난(湖南), 광둥(廣東), 광시(廣西) 등 남쪽 성들에서의 가뭄이 심했고, 어떤 지역에서는 메뚜기 떼가 극성을 부리는 등 재해가 끊이지를 않았다. 전국의 많은 지역에서는 곡식의 실제 생산이 매우 적어졌고, 서부지역의 많은 현, 진鎭 등 일급기관 및 사업장에서는 재정 곤란이 일어나 월급을 주지 못하는 상황으로까지 이르고 있었다. 해외의 자본가들은 당연히 비록 중국의 낮은 가격의 노동력과 토지, 광산 등 풍부한 자원에 대해 탐하고는 있었으나, 오히려 중국의 계속적인 '정체停滯'와 '무산계급의 전정專政'을 두려워했기에, 국내외에서 돌아가는 사태만 관망하고 있었지 중국에 발을 들여 놓지는 못했다. 원래 있던 많은 '삼자三資'기업들도 분분히 문을 닫음으로써 대량의 외국 자본이 오히려 철수하고 있는 상황으로 나아갔다.

그러다 보니 덩샤오핑 이 퇴직한 노인이 그저 가만히 들어 앉아 있을 수만은 없게 되었다. 1991년 봄 상하이에 도착한 그는 소위 '담화'를 시작했다. 상하이는 말할 것도 없이 인구수에서, 경제적 총량 면에서 중국 최대의 도시였다. 덩샤오핑은 상하이의 지위와 역할을 통해서 전국에 영향을 줌으로써 중국의 개혁개방을 추진해 나가도록 하고자 했다.

1991년은 신미년 '양띠 해'였다. 중국공산당 상하이 시당위원회 기관보인 《계팡(解放)일보》는 덩샤오핑의 담화정신에 근거하여 2월 15일부터 4월 12일까지 약 2개월여의 시간을 통해 '황푸핑(黃甫平)'이라고 서명한 4편의 평론을 연속적으로 발표했는데, 그 제목은 〈개혁개방을 행하는 '우두머리 양'〉, 〈개혁개방은 새로운 사고를 원한다〉, 〈개방을 확대하는 의식을 더욱 강화하자〉, 〈개혁개방은 도덕을 겸비한 많은 간부들이 필요하다〉 등이었다. 그 요지를 종합하면, 그것은 바로 양띠해이기에 양의 우두머리가 양들을 몰고 다니듯이 개혁개방을 이끌 양의 우두머리처럼 되자는 것이었고, "자본주의는 계획이 있어야 하고, 사회주의는 시장이 있어야 한다는 것으로 사회주의 상품경제의 발전과 사회주의 시작은 자본주의와 마찬가지로 간단하게 동등하게 일으킬 수 있다"고 하는 개혁개방에 대한 새로운 사고가 필요하다는 것이었으며, 만일 "사회주의를 할 것이냐, 아니면 자본주의를 할 것이냐는 쟁론에 구속되게 되면, 오로지 개혁개방은 실패를 하게 될 것이고, 스스로 발전할 수 있는 좋은 기회를 잃고 말 것이다"라는 등등의 의미였다. 이 말은 당시의 중국인들에게 밝은 빛을 던져주는 사상의 불꽃이었다. 의심할 것도 없이 침체되어 있고 고민 중에 있던 중국인들에게 한 줄기 섬광같은 지혜를 내보여 주었던 것이다.

그러나 전국의 몇몇 신문 및 《반위예탄(半月談)》 잡지에서 이 '황푸핑'의 문장에 대해 찬동하거나 지지해 준 것 외에는 절대다수가 반응조차 하지를 않았다.

덩샤오핑은 그저 가만히 앉아 있을 수만 없었다. 그는 다시 한 번 선전으로 가기로 결정하고 그 스스로 선전에 도착한 후에 같은 뜻을 발표했다. 즉 〈지금의 중요한 시기에 나는 다시 말하고 싶다〉고 하는 제목의 발언이었다.

덩샤오핑이 다시 왔다. 선전 사람들이 마침내 바라던 바를 이룬 것이다. 이는 비단 100만인의 선전 사람들만이 아니라 국내외의 수많은 사람들이 모두 바라던 큰일이었다. 그는 이미 88세나 되는 고령의 노인이었다. 이러한 그의 움직임은 20세기 이 위대한 인간의 생애 중 사람들로 하여금 잊을 수 없는 가장 중요한 출행이었던 것이다.

선전시당위원회는 1991년 후반기에, 그 동안의 관례에 따르면 이러한 중요한 통지문은 시 1급 간부와 유관한 당정간부의 주요 책임자들에게 전달되기 시작하는 것이 관례였다. 거기에다 "절대로 비밀을 유지하라"고 강조하는 것이 당연한 일이었다. 그러나 "덩샤오핑이 또다시 온다"고 하는 소식은 선전시당위원회, 시정부판공실 안에서만 멈추지 않고 널리 퍼져 나갔다. 모든 사람들이 기뻐했다. 이때 선전의 간부들은 만나기만 하면 서로 인사를 하면서 "노인네가 또 오신다는군요"하는 것이 일반적인 인사가 되었었다.

선전시당위원회는 곧바로 부서별로 덩샤오핑을 잘 접대할 수 있도록 연구하기 시작했다. 특히 내부적으로 한 가장 특징적이고 큰일을 찾을 수 있도록 요구했다. 예를 들면, 선전영빈관인 구이원(桂園)별장에 대한 재 보수, 노인에게 보고할 자료, 안전 경호에 대한 배치 등등이 포함되었다. 매 사람마다 각자 나누어서 자신이 책임질 일을 맡아서 준비했다. 1992년 음력 설이 조금 지나서 시당위원회 몇 명의 주요 영도자와 판공청, 공안국, 선전부 등 부문의 책임자들이 전문적으로 접대하는 업무팀을 또한 성립시켰다.

날짜는 점점 더 다가오고 있었다. 접대하는 일에 대한 준비는 점점 더 긴장한 가운데에서 진행되고 있었다. 선전시당위원회 서기 리하오, 시장 정량위 등이 자주 오가면서 모든 준비 상황의 진행과정에 대해 묻기도 했고 검사하기도 했다. 접대하는 전담팀의 업무도 갈수록 긴장되어 가고 있었다. 주요 준비 상황으로는 상급영도자들이 덩샤오핑의 선전에서의 행정(行程), 어느 곳을 참관할 것인가에 대한 안배에 대한 건의, 어떤 방식으로 그들에게 어떤 준비를 해야 할 것인지를 통지하는 업무 등이 포함되어 있었다.

나는 덩샤오핑이 선전을 순찰하는 기간 동안 선전과 신문 각 방면에 대한 업무를 나누는 책임을 맡았다. 주로 모든 취재 기자들에 대한 통제와 관리가 주요 업무였고, 중점은 선전 당지의 기자들이 쓴 기사 원고에 대한 심사와 통제에 두었다.

1992년 설이 조금 지나서 선전시당위원회는 중앙판공청으로부터 정식으로 전보 통지문을 받았다. "덩샤오핑 동지가 남방으로 가서 휴식을 취할 것이니, 접대와 안전경호에 만전을 기해 달라"고 하는 내용이었다. 동시에 명확하게 각 신문사별로 기자를 파견하여 그를 따라다니며 취재하지 말고 신문보도를 하지 말라고 하였다.

그러나 광둥성 당위원회와 선전시당위원회의 영도자들은 덩샤오핑이 이곳에 오는 중요한 의의를 잘 알고 있었다. 그래서 기자를 파견하는 문제에 있어서 성과 시의 당위원회 영도자들은 전력을 기울여 이 문제를 해결하고자 했다. 그리하여 덩샤오핑의 시찰을 수행하는 중앙판공청의 책임자는 성과 시의 당보 기자, 텔레비전방송국에서 신뢰할만한 기자 등이 그를 따라 취재하는 것을 허락받았다. 그러나 여전히 엄격하게 제한되었던 것은 사실이었다. 아마도 이러한 허락을 한 것은 기자들이 취재하지 않게 되면 진귀한 역사자료가 남겨지지 않을 것이라는 점이 두려웠기 때문이었을 것이다.

1992년 1월 17일 나는 《선전특구보(深圳特區報)》의 사장인 취후이원(區匯文)과 선전텔레비전방송국 사장 루샤오자오(盧曉昭)에게 중요한 접대와 보도를 해야 할 임무가 있으니 곧바로 이에 적합하고 믿을만한 기자 명단을 추천해 줄 것을 통지했다. 비밀을 유지하기 위해 전화에서는 덩샤오핑이 선전에 온다는 사실을 말하지 않았다.

선전에는 큰 신문사인 《선전상보(深圳商報)》가 있었는데 이 소식을 들은 후 자신들의 기자도 이름에 올려달라고 강력하게 요구해 왔다. 나는 당연히 이에 대해 지지해 주었다. 사람이 많으면 역량 또한 커지는 법이니 이후 보도를 하게 되면 그 영향도 그만큼 클 것이라고 생각했기 때문이었다. 그러나 나 자신이 결정할 문제가 아니라고 생각했기에 다시 상급기관에 보고하고 그들의 답을 들어야 했다. 그러나 최후의 답은 "《선전특구보(深圳特區報)》와 선전텔레비전방송국에서 파견한 기자들을 취재에 허락한 것은 특별한 예로써 절대로 기자 명단을 더 늘여서는 안 된다"는 것이었다.

　나는 여러 해 동안 선전과 여론을 듣는 전선에서 일한 감각과 경험에 비춰 노인이 이미 88세인데다가 두 번째로 특구에 온다는 점, 그리고 이때의 방문은 절대로 일반적인 의의를 띠는 행보가 아니라는 점에서 이들의 의견을 들어야 했다. 그리고 반드시 신문보도가 아주 잘되어야 했는데, 특히 시당위원회 기관보인 《선전특구보(深圳特區報)》는 반드시 취재에 달인을 파견할 것이라고 믿었기에 재삼 고려해서 나는 다시 취(區) 사장에게 전화했다. 즉 부총편(副總編) 천스톈(陳錫添)과 촬영부 주임 장스까오(江式高)를 이번 취재기자 명단에 올리라고 지정해 주었다.

　그날 오후 퇴근할 때 천스톈과 장스까오가 시당위원회 건물 5층에 있는 나의 사무실로 왔다. 나는 그들을 향해서 그들이 해야 할 임무에 대해서 말해주었다. 그러면서 덩샤오핑이 두 번째로 선전을 시찰하러 온다고도 말해주었다. 그러므로 19일 출근하기 전에 선전 영빈관으로 와서 왔다고 보고하도록 했다. 천스톈과 장스까오는 듣자마자 이러한 중대한 보도 임무에 자신들이 참여하게 되었다고 모두 즐거워하는 형색이 뚜렷했다.

　우리들은 모두 중대한 경사스러운 날을 맞는 것 같은 희열에 들떠 마음속에는 비할 수 없는 감격으로 출렁이고 있었다.

제5장

선전에 도착한 후에도 앉지를 못하다

1월 19일 호전 9시 덩샤오핑의 전용열차가 선전에 도착했다.

덩샤오핑은 딸 덩롱(鄧榕)의 부축을 받으며 열차 안에서 나왔다. 영접나온 광둥성 당위원회 서기 셰페이(謝非), 선전시 당위원회 서기 리하오, 시장 정량위 등 성과 시의 책임자 및 광저우 철로국, 광전철로공사의 주요 책임자 등과 일일이 악수를 했다. 9시 10분 선전 영빈관에 도

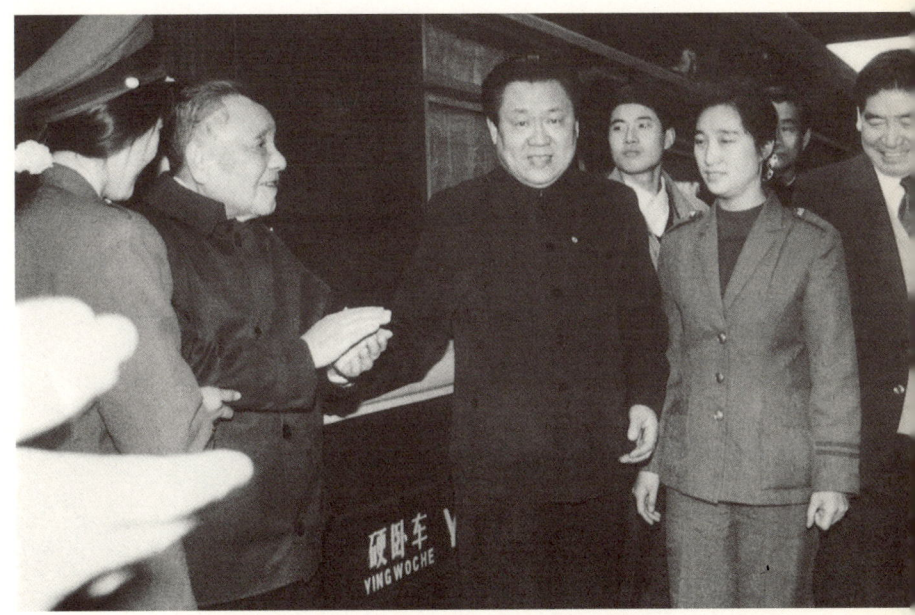

덩샤오핑이 전용열차를 타고 선전에 도착한 모습 - 장스까오(江式高) 촬영 -

제5장 선전에 도착한 후에도 앉지를 못하다 55

착했다. 덩샤오핑과 가족들이 머무는 곳은 특별히 수리되어 있었고, 그다지 호화스럽지는 않지만 편안한 구이원 별장이었다.

덩샤오핑이 이미 90세 가까이 된 노인이라는 점을 고려하여 또 며칠 간 기차를 타고 왔기에 휴식이 필요했던 것이다. 그래서 덩샤오핑이 선전에 도착한 첫날은 오로지 휴식만 취하는 시간을 갖도록 안배하였고, 다른 곳을 시찰하는 어떤 활동도 하지 않도록 배려했던 것이다.

그러나 덩샤오핑은 방 안에서 잠시 좌정하더니 곧바로 셰페이와 수행하는 사람들에게 "선전에 도착했는데, 내가 어찌 앉아 있을 수만 있겠나, 여기 저기 다녀보고 싶군 그래"라고 말하였다.

셰페이가 이 말을 듣자마자 어찌 말을 해야 할지 알 수가 없는 듯했다. 그는 그저 덩샤오핑에게 좀 편히 쉬시면서 조금 기다리라고 한 후, 말하자마자 얼른 나가 수행원들과 의논을 했다. 덩난과 왕뢰이는 모두 노인네가 전용열차 안에서 충분히 쉬셨으니 정신이 맑으신 상태인지라 외출해도 된다고 말했다.

봄빛이 밝게 빛났고 봄바람도 훈훈하게 불어왔다. 이때 선전의 자동차는 아주 적었다. 높은 빌딩도 지금처럼 그리 많지가 않았다. 낙후된 오랜 시내 가운데 있는 선전영빈관은 녹색 잎으로 우거져 있었고, 나무 밑의 그늘이 넓게 드리워져 있었으며, 많은 꽃들이 붉게 피어 있었고, 푸른 버드나무가 늘어진 채 매달려 있었으며, 작은 다리 아래로는 물이 흘러가고 있었고, 굽은 길의 통로는 검게 나 있었다. 당시에는 이곳이 선전특구에서 가장 안전한 곳이었고, 휴식할 수 있는 청아한 명승지였다.

9시 25분 덩샤오핑은 정신을 가다듬고 딸 덩린과 셰페이의 부축을 받으며 리하오가 수행하는 가운데 먼저 영빈관 앞을 산보하였다.

덩난은 부친에게 1984년 봄 그들이 처음 선전특구에 왔을 때도 선전 영빈관이었다고 말했다. 그리고 당시의 여러 풍경 등에 대해서도 말했다. 덩샤오핑이 선전을 떠난 지 며칠 뒤에 비로소 선전에 글씨를 써준 것 등도 이야기했다. 덩샤오핑은 이 말을 듣고도 별로 개의치 않으며 8년 전 자신이 썼던 글에 대해 말했다. "선전의 발전과 경험은 우리들이 경제특구를 건립한 정책이 정확한 것이라는 것을 증명할 것이다"라며 한 자 한 자 정확하게 말했다.

덩샤오핑은 한편으로는 산보하고 한편으로는 셰페이 등과 이야기했다. 셰페이가 "현재 선전은 이미 높은 건물들이 많이 들어섰고, 빠른 시간 내에 홍콩과 마찬가지 지역이 될 것입니다"
라고 말했다.

그러자 덩샤오핑이
"그러나 다들 각자의 특색이 있을 것이네"라고 말했다.

이어서 여러 사람들은 광둥의 기후, 인문풍경 등에 대해 이야기했고, 그 후 광저우의 난후(南湖) 빈관(賓館)과 선전 영빈관이 건축 상에서나 주위 환경 상에서나 나름대로 특색이 있다는 점에 대해서도 담소했다.

셰페이가 잠시 후에 선전시를 시찰할 수 있도록 안배했다고 말하자 덩샤오핑이 웃으며
"그러면 시를 너무 시끄럽게 하지 않겠소?"

셰페이가 곧바로
"아닙니다, 아닙니다."
하면서 노인에게 말했다.

"광둥, 선전의 인민들이 모두 어르신을 생각하고 있어요. 많은 간부들이 어르신의 접견만을 기다리고 있습니다. 마치 한 부대가 줄 서 있

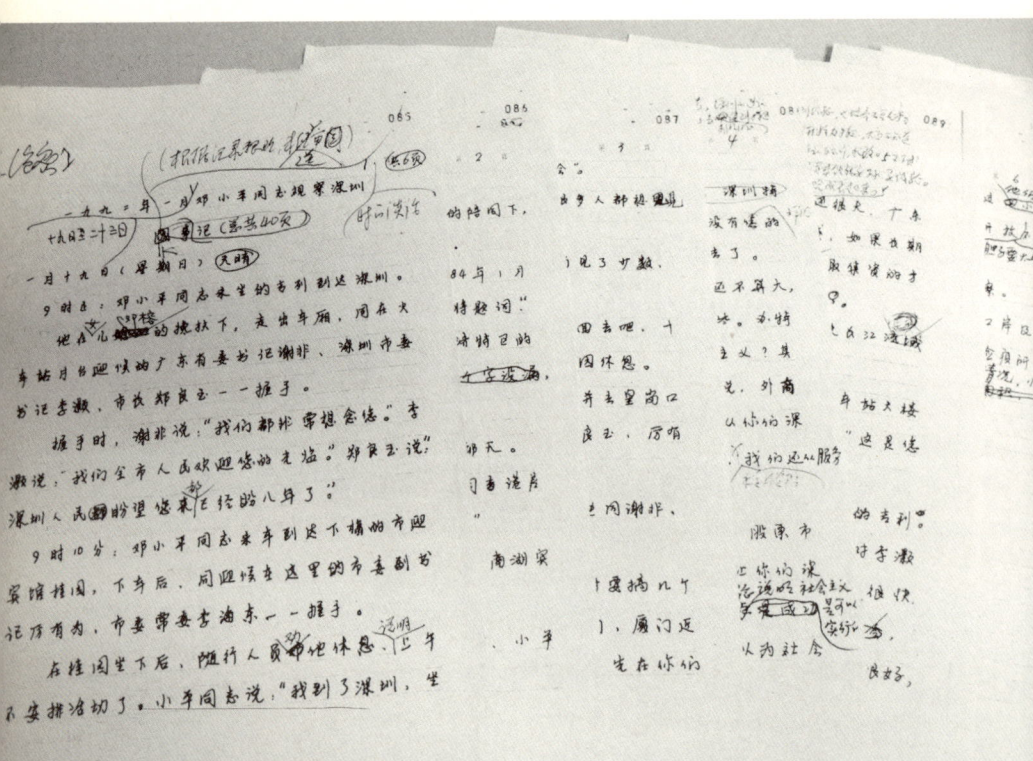

1992년 덩샤오핑이 남방을 순시했을 때 담화한 내용을 기록한 원고 사본

듯이 말입니다."

그러자 덩샤오핑은

"안 봐도 돼요. 왜냐하면 소수인만 보게 되면 많은 사람들에게 죄를 짓게 되는 것과 같으니 그저 나가서 좀 걷기나 하면서 시내 구경이나 합시다."

라고 말했다. 9시 40분 딸 덩난이 아직 산보하는 흥취감이 채 가시기도 전에

"돌아가세요. 10시에는 시내로 들어가 시내구경을 해야 하니까요."

그러자 덩샤오핑은 딸의 수행 하에 구이원 별장으로 돌아가 잠시 휴식을 취했다.

오전 10시 덩샤오핑은 셰페이, 리하오, 정량위, 리여우웨이, 리하이

셰페이 등 광둥성과 선전시의 영도자들이 덩샤오핑을 수행하면서 영빈관 안을 산보하고 있는 모습

동 등 성과 시의 책임자들이 수행하는 가운데 차에 올라 선전시의 모습을 시찰하기 시작했다.

중형버스를 타고 덩샤오핑은 한편으로는 시내를 구경하고, 다른 한편으로는 개혁개방과 특구의 문제를 해결하는데 필요한 의견 등 많은 중요한 담화를 했다.

덩샤오핑은

"왜 선전, 주하이(珠海), 산터우(汕頭), 샤먼(廈門)에 경제특구를 세웠는가? 우선 연해지역이 갖는 특징을 고려했던 것인데, 선전은 홍콩에 가까이 있고 주하이는 마카오에 가까우며, 샤먼은 타이완에 가깝고, 산터우는 화교들의 고향이면서 타이완에 가깝기 때문이지요. 그래서 이 몇 개 지방에 특구를 세운 것입니다."

리하오는 한편으로는 시의 외형에 대해서 소개하였고, 한편으로는 덩샤오핑에 대해 선전 특구 10년 동안의 거대한 변화를 축약하여 설명하였다.

덩샤오핑이 그러한 설명 중간에 말을 끊더니

"선전이 만일 개혁개방을 하지 않았더라면, 현대화 건설이 언제나 될지 몰랐을 것이네"

라고 말했다.

리하오가

"선전의 실천은 어르신의 결정이 완전히 옳았다는 것을 명확하게 증명해주는 것입니다. 만일 어르신의 지지가 없었더라면, 선전특구는 아마도 1984년에 이를 실천하는데 실패했을 겁니다"

라고 말했다. 그러자 덩샤오핑은 다음과 같이 말했다.

"특구를 만드는데 받은 저항은 그다지 크다고 할 수 없었지요. 농촌에서 토지청부제를 실시하는데 받은 저항이 이보다는 더 컸을 것이오. 특구를 만드는데 여러 사람들이 의심을 갖기는 했지만, 걱정하는 것은 이것이 자본주의를 하자는 것인지 아닌지 하는 데 있었어요. 사실 정권이 내 수중에 있었기에 두려울 것은 없었지만요. 어떤 사람이 말하길 외국상인들이 많은 돈을 투자하면, 자본주의 쪽으로 흐르지 않겠느냐고 했지요. 당신들 선전의 상황에서 좀 보세요. 공유재가 4분의 3을 점하고 있고, 외국상인들이 투자한 돈은 4분의 1에 지나지 않나요? 그러니 그렇게 걱정할 필요가 없는 것 아닌가요?"

담론을 하는 가운데 선전에서 주식을 발행하는 문제에 이르자 덩샤오핑은

"주식시장도 많은 사람들이 걱정하는 것은 자본주의를 하는 것이라는 점인데, 그래서 여러분들에게 선전과 상하이에서 먼저 이를 시험해 보게 하는 것이에요"
하고 말했다.

"또한 보아하니 당신들의 실험은 성공한 것 같은데, 자본주의가 사용한 여러 가지 것들을 사회주의에서도 사용할 수 있다는 것을 증명한 것 아닙니까?"
라고도 했다.

덩샤오핑은 또

"많은 것들을 과감히 시험해 보세요. 시험해 보지 않으면 경험을 배울 수 없고, 인재를 배양해 낼 수가 없어요. 특구를 처음 시작할 때 어떻게 해야 할지 몰랐지요. 그래서 일단 한 번 해보고 서서히 알아가자고 했던 것이에요. 실험을 통해서 증명할 수 없는 것이 있으면, 곧바로 고치면 됩니다. 어떤 사람이라도 물에 들어가지 않으면 수영을 배울 수

这几个地方搞特区。

李濑说，举办经济特区是正确的，深圳特区的实践证明，您的决策是正确的。没有您的支持，深圳特区早在1984年就办不下去了。

小平同志说，办特区遇到的阻力还不算大，搞农村承包责任制遇到的阻力更要大些。办特区有些人怀疑，担心这是不是搞资本主义？其实，政权在我们手中，怕什么？有人说，外商多投资一块钱，就多一分资本主义。从你们深圳的情况看，外商投资只占四分之一，我们还从思想上会了一部份，没有什么好担心的。

当谈到股票问题时，小平同志说，股票市场也有不少人担心是资本主义，所以让你们深圳和上海先搞试验。看来，你们的试验是成功的，证明资本主义的一些东西，也可以为社会

1992년 덩샤오핑이 남방을 순시했을 때 담화한 내용을 기록한 원고 사본 (1/2)

是十年的高速·许多亏损企业，亏损，已无力偿还，也始终无以为继。
滚动有一部分，从哪里也是周转不灵的，开始力挺，大力扶持，穆亏为盈
是大搞，做一个，呼吁与打通了。做好这些事，做好0上下下
主义所用。   于是新的新的事实事实就是不是特殊。
这样我们成绩表0

谢非 书记说，全国改革阻力还很大。广东
有些方面迈不开步。银行存大于贷，如果长期
贷不出去，银行就要亏本，我们现在
建议采取筹资的方
法，把闲散的资金集中起来搞建设。

小平同志说，这是可行的。将来长江流域
的开发也可算用这种办法的方式来筹资。

车子行至火车站前，邓林指着火车站大楼
上"深圳"两个大字，对小平同志说："这是您
的题字，人们都说写得好。"

邓楠风趣地对小平同志说："这是您的吉利。
现正与美撒切尔夫人谈判，这也是您的知识产权。"
谈到经济发展的问题时，小平同志对李灏
说：亚洲四小龙发展很快，你们的发展也很快。
广东 要用20年的时间赶上四小龙。接着
又 补充说："新加坡的发展很快，社会秩序很好，

1992년 덩샤오핑이 남방을 순시했을 때 담화한 내용을 기록한 원고 사본 (2/2)

제5장 선전에 도착한 후에도 앉지를 못하다

가 없는 것과 같아요. 생각한 본래의 의도를 배우고자 한다면 바로 물에 들어갈 필요가 있는 것이고, 그리고 곧바로 시도를 해 봐야 하지요. 이러한 간부가 곧 성장할 수가 있는 것입니다. 선전은 많은 간부를 배양해 냈지요. 이것이 바로 그들이 성공적으로 임무를 마쳤다는 것을 증명해 주는 겁니다"
라고 말했다.

셰페이가 보고하기를

"금융개혁을 막는 세력이 아주 큽니다. 광둥 이쪽에서는 여전히 발을 내딛지 못하고 있습니다. 은행이 많은 돈을 저축해 놓고 있는데, 만일 은행이 대출을 해주지 않는다면 은행이 바로 손해를 보는 것 아닙니까? 그러니 다른 방법을 채용해서라도 자금을 집중시켜 건설방면에 투자하게끔 해야 하는 것 아닙니까?"
라고 말했다. 덩샤오핑이 곧바로 답하기를

"그렇지요. 바로 그렇게 하는 것이오. 장차 창장(長江)유역의 개발을 하려면 주식같은 식으로 자금을 모아 집중적으로 투자해야 할 겁니다"
라고 말했다.

중형버스가 선전 새로운 기차역을 지나자 딸 덩린이 선전역 역사 위에 걸려 있는 '선전(深圳)'이라고 쓴 두 개의 큰 글자를 가리키면서 부친에게 말하기를

"아버지 보세요. 저 글씨가 아버지께서 손수 쓰신 글자입니다. 사람들이 아주 잘 쓴 글씨래요"

둘째 딸 덩난이 또한 웃으며 "지식재산을 가져야 합니다"라고 말했다. 덩샤오핑이 이 말들을 들으며 기차역 위에 걸려 있는 '선전'이라는 큰 글자를 바라보면서 미소를 지었다. 비교적 번화한 허핑로(和平路)에

들어서자 사람들은 또다시 경제발전 문제에 대해서 말하기 시작했다.

덩샤오핑이 셰페이, 리하오를 향해

"아시아 '4마리 용'의 발전이 아주 빠르다고 말하는데, 자네들은 20년 안에 '4마리 용'을 따라잡기 바라네"

라고 말했다. 잠시 후에 덩샤오핑이 다시 보충하기를

"'4마리 용' 중 싱가포르가 비단 경제발전만 빠른 것이 아니라, 사회질서도 비교적 좋은 편이네. 자네들은 두 가지 문명 건설 방면에서 모두 '4마리 용'을 넘어서도록 해야 할 겁니다. 그렇게 해야만 비로소 중국의 특색 있는 사회주의가 있음을 보여주게 될 수 있지요. 개혁개방을 할 수 있으려면 담이 커야 해요. 그래서 감히 시도를 해볼 수 있는 것이고, 마치 다리 작은 여자처럼 되어서는 안 된다 이겁니다"

라고 말했다.

10시 35분 자동차는 덩샤오핑을 선전의 황강(皇崗) 해안으로 안내했다. 선전의 출입관리국, 세관, 동식물검역소에서 일하는 사람들이 먼저 덩샤오핑을 향해서 황강해안의 기본 상황을 보고했다.

덩샤오핑은 한편으로는 보고, 다른 한편으로는 들으면서 황강 해안의 건축면적, 건설에 투자한 과정, 통관능력 등에 대해 물었다. 그런 후 뤄마주(落馬洲) 선전하(深圳河)에 서서 멀리 펼쳐져 있는 풍경을 바라보면서 앞으로 5년여 내에 조국으로 돌아올 홍콩의 상황을 관망하는 듯했다.

아마도 그의 마음속에는 '1국2체제'를 해야 한다는 구상이 떠오르고 있었을 것이다. 홍콩은 금후에도 상당기간 자본주의의 길을 걷게 될 것이다. 이는 비단 돌아온 홍콩을 안정되고 번영되게 할 뿐만이 아니라, 홍콩은 중국의 창구 중의 창구로서 역할을 할 것이고, 홍콩은 부단히 선전특구에 대해서만이 아니라 모든 중국으로 들어오는 자금, 기술, 그

뤄마저우(落馬洲) 대교의 교각에서 덩샤오핑이 대안에 있는 홍콩을 깊은 감회 속에서 바라보고 있는 모습 — 장스까오(江式高) 촬영 —

리고 관리경험 등에 있어서 계속적으로 중요한 작용을 발휘할 것이라고 생각하고 있었을 것이다.

또한 그는 1982년 9월 인민대회당에서 영국의 대처 수상과 만났을 때, "1997년 중국은 홍콩을 회수할 것입니다. 중국이 회수하려는 것은 단순히 새로운 국경만을 넓힌다는 것이 아니라 홍콩과 지우롱(九龍)의 모든 것을 가져온다는 것을 포함해서 하는 말입니다. 이러한 점을 명확히 해야 합니다. 중국과 영국은 바로 이 말을 전제로 해서 담판을 진행해야 합니다. 서로 상의하고 토의하는 것이야말로 홍콩문제를 해결하는 방식이자 방법입니다. 만일 중국이 1997년 즉 중화인민공화국 성립 48주년이 되는 해에 홍콩을 회수할 수 없게 되면, 어떤 중국 영도자나

设的目标迄达还没完全实现。我们要进一步深化改革，扩大开放，还要克服不少的困难和阻力，要进一步解放思想。我们的目标是要按邓小平同志说的在内地造几个香港，我们要把深圳造成一个社会主义的香港。

听了李灏同志简要的汇报后，邓小平同志作了重要讲话。

邓小平同志说："广东二十年要赶上亚洲"四小龙"，但是在社会秩序方面不能跟他们比，跟他们学。他们那里腐败的东西多得很。腐败的东西，对社会、对各个方面都是有害的。在"四小龙"里，新加坡的社会秩序算最好。他们管得严，支持我们对89年春夏那场风波的处理。李光耀是有功劳的人，他对国内的问题毫不让步。我们将来发展起来，在社会秩序方面

1992년 덩샤오핑이 남방을 순시했을 때 담화한 내용을 기록한 원고 사본

정부의 한 사람도 중국인민을 향해 교체될 수 없을 것이고, 심지어 세계 인민대중을 향해서도 교체될 수 없을 겁니다"라고 말했다.

이는 그가 중국인민을 대신해서 명확하고 강경한 태도를 영국에 표한 것이었다. '철의 여인'이라고 칭송되던 영국 대처 수상도 할 수 없이 그의 말을 들을 수밖에 없었던 것이다. 그런 후 중국과 영국 정부는 20여 차례의 토론과 담판을 통해 1984년 12월 19일 정식으로 홍콩을 중국으로 반환한다는 '연합성명'에 서명했고, 1997년 7월 1일 중화인민공화국 정부가 홍콩에 대한 주권행사를 회복하게 되었던 것이다. 이로부터 눈 깜짝할 사이에 10년이 지났고, 홍콩이 반환된 지 5년이 지난 시간이었다.

아마도 그는 홍콩이 반환되는 그 날 하루 선전하를 건너 친히 세계적으로 성대한 역사적 장면을 보고자 했을 것이다. 1990년 1월 18일 덩샤오핑은 베이징에서 홍콩의 저명인사 리자청(李嘉誠)을 만났을 때, "내가 1997년까지 살 수만 있다면 바로 중국이 홍콩을 회수한 후에 홍콩으로 가서 우리의 땅을 걸어보고 싶습니다[1]"라고 했다.

그러나 그가 사거한 지 일순간에 2년이 지났다. 그 스스로 진정으로 선전하에 와서 홍콩과 겨우 강하나 사이에 있는 저곳으로 건너가고 싶었을 텐데……

모든 것 일체가…… 덩샤오핑이 선전에 도착한 그 첫날에 이 노인이 '휴식'을 취하는 것조차 아랑곳 하지 않았던 데서 이미 이러한 그의 염원은 증명되고 있었던 것이다. 그는 분명히 중국 개혁개방이 가지고 올 찬란한 대 국면을 이미 염두에 두고 있었음이 틀림없었던 것이다.

---

1) 李羅立主編, 《鄧小平全記錄》, 海天出版社, 1998, 제358쪽.

1990년 1월 덩샤오핑과 리자청(李嘉誠)이 합동 촬영한 사진 　- 장스까오(江式高) 촬영 -

제5장 선전에 도착한 후에도 앉지를 못하다

제6장

전체 일정을 수행하며 기록하는 중임을 맡다

정말 생각지도 못했던 중임이 내게 내려졌다. 덩샤오핑이 선전을 시찰하는 기간 동안 담화하는 기록을 내가 맡으라는 것이었다.

정상적인 상황 하에서는 중앙의 수장이 지방을 시찰할 때면 지방의 당정 간부가 정식으로 기록을 담당할 수가 없는 노릇이었다. 특히 덩샤오핑 같은 중요한 인물의 지방시찰은 더욱 그러하였다. 광둥성 당위원회와 선전시 당위원회가 사전에 영접하는 일을 준비하는 과정에서 전문적으로 시찰상황에 대해 기록하는 사람을 선임하지 않은 것도 그런 이유에서였다. 특히 이번의 시찰은 지방 내부의 사정을 시찰하는 일도 아니었다. 수장이 시찰하는 과정에서 지방 간부가 간단하게 기록을 하는 것은 일후의 일을 좀 편리하게 하기 위한 방법에 불과했던 것이다. 그러나 정식으로는 수장이 담화한 것을 기록하는 일은 절대 있을 수 없는 일이었다. 특히 개인적으로 이를 유출시키게 되면 '조직의 기율을 위반하는 일'이기 때문에 엄중한 처벌까지 받아야 했다. 이러한 사례는 이미 여러 차례나 있었다.

이번에 덩샤오핑이 남방에 와 휴식하는 일은 그의 가족과 가장 측근에서 모시는 비서, 중앙에서 파견한 안전을 책임지는 경호원 외에 기록하는 일을 맡은 전문 간부가 한 사람도 오지를 않았다. 광둥성 방면의 일정을 전적으로 책임지며 선전까지 수행한 사람은 중공 중앙위원, 성위원회 서기 셰페이, 성위원회 부비서장 천카이지(陳開枝), 공안청장 천샤오지(陳紹基) 등 뿐이었다.

중앙신문기록영화편창片廠에서는 영화촬영사 1개조가 있었는데, 그들은 머리부터 꼬리까지 덩샤오핑을 따라다녀야 했다. 덩샤오핑을 최측근에서 모시는 비서 왕루이린(또한 덩 판공실 주임, 중장中將. 우리는 습관적으로 그를 왕 주임이라고 불렀다)이 특별히 소개하기를 그들은 역사자료를 촬영하기 위해 왔다고 했다.

1월 19일 저녁 7시 30분 덩판공실의 왕루이린 주임과 성, 시 영도자들이 영빈관 6호 동에서 첫 대면하는 회의를 열었다. 여기서 그들은 오늘 하루의 영접하는 일에 소홀함이 없었는지를 검토하고 수장이 내일과 모레 시찰하는 행정을 결정하였으며, 상세하게 영접하고 안전하게 경호하는 일에 대해 안배하였다. 광둥성 당위원회 부비서장 천카이지, 공안청장 천샤오지, 나와 선전시의 시 당위원회 판공청, 시공안국, 접대판공실 등 유관 부문 책임자들이 이 회의에 열석했다. 회의를 진행하는 가운데 왕 주임이 "이번 남행 시 우창(武昌)에 잠깐 머물렀을 때 노인네가 아주 중요한 말씀을 하셨습니다. 오늘 아침 선전에 내리시자마자 곧바로 시 모습을 시찰하셨고, 동시에 또한 중요한 말씀을 하셨습니다. 노인께서는 십분 개혁개방에 관심을 갖고 계시고, 선전 특구의 발전 상황에 대해 매우 관심을 갖고 계십니다. 덩 주석은 이미 88세의 고령이십니다. 이번이 그의 두 번째 선전 특구 시찰이신데, 선전시당위원회에서 전문적으로 이번 시찰에 관해 상세히 기록할 사람을 지정해 주십시오. 그렇지 않으면 역사상에서 중대한 손실을 가져올 수 있습니다."

이 일은 그야말로 갑작스런 제안이었다. 셰페이와 리하오 등 성과 시의 영도자들은 서로 얼굴만 쳐다볼 뿐이었다. 또한 그 자리에 있던 몇 명의 업무자들도 서로 바라보고만 있을 뿐 말을 하지 못했다.

"우(吳) 형, 우송잉(吳松營) 동지." 갑자기 어떤 사람이 나를 가리키면서 나의 이름을 불렀다.

왕 주임이 뒷 열에 앉아 있는 나를 바라보면서

"우 동지라면……."

시당위원회 서기인 리하오가 곧바로

"그는 우리 시당위원회 선전부 부부장입니다. 또한 선전에서 아주 유명한 문재文才지요."

왕루이린이 다른 성, 시 영도자들을 보면서 다른 사람들이 새로운 의견을 말하지 않자 곧바로

"좋습니다. 우 동지 자네가 이 일을 책임져야겠소이다. 기록하는 일을 잘 해내시오. 반드시 상세하게 적어야 하고 한 마디도 놓쳐서는 안 됩니다. 또한 아주 정확하게 기록해야 합니다"

라고 말했다.

이 일은 정말로 갑작스럽게 결정된 일이었다. 나는 종래 이러한 장면을 겪어 보지 않았기에 얼른 뭐라고 대답해야 할 줄을 몰랐다. 오로지 자신도 모르게 머리만 끄덕일 뿐이었다.

회의 결과 후 나는 생각할수록 더욱 불안이 커져갔다. 왜냐하면 내 책임이 너무나 막중했기 때문이었다. 내가 당에 들어온 지 20년이나 되었고, 당위원회 기관지에서의 일도 여러 해 해봤지만, 누설하는 문제나 기타 빼먹는 일 등에 대해서 심각하게 생각해 본 적이 없었던 것이 사실이었다. 개인 안위에 대한 일은 작은 일이지만 잘못 이 일을 했다가는 당의 사업에 대해 큰 손실을 끼치는 일이 되기 때문이었다. 이리저리 생각해보고 또 생각해 보았다. 나는 곧바로 송원(松園) 별장으로 시당

위원회 부서기인 리여우웨이를 찾아갔다. 그는 당시 선전시 당위원회 영도자 3인방의 한 사람이었다. 우리들 선전부의 업무는 그의 관할 하에 있었다. 현재 그가 현장을 지휘하고 있었던 것이다.

나는 리여우웨이 방 안으로 들어가자마자 그의 의향을 물어볼 새도 없이 단도직입적으로 물었다.

"여우웨이 동지, 기록하는 일은 반드시 시당위원회 비서장이 책임지는 것이 적합한 일이 아닙니까? 제가 해야 할 일은 선전과 신문보도입니다."

여우웨이는 나를 앉게 하더니 내 말이 끝나기를 기다려 엄숙한 표정으로 말했다.

"아이고, 송잉 동지. 자네 의견은 응당 아까 회의석상에서 제시했어야 하는 겁니다. 이번 결정은 회의석상에서 결정한 큰일인데 우리 시당위원회에서 어찌 마음대로 기록원을 바꿀 수 있겠소?"

"저는……."

"그렇지 않소? 이처럼 중요한 일은 모두가 조직의 질서를 엄격히 지켜야 하는 법이요. 방금 왜 회의석상에서 의견을 제시하지 않았소?"

나는 아무 말도 못하고 잠자코 듣기만 했어야 했다.

리여우웨이는 나를 보면서 온화한 태도로 웃으면서 다시 말했다.

"아무 문제도 없을 것이네. 조직에서는 자네를 믿네. 자네는 책임지고 잘 해 낼 걸세."

이어서 그는 두 페이지에 적힌 원고를 내게 보여주었다.

"이는 샤오핑 동지가 우한(武漢)을 지나 남하할 때 호북성 당위원회 주요 책임자 동지들과 한 담화 내용이요. 자네가 기록하는 업무를 책임져야 하니까 왕 주임이 자네에게 보여줘도 괜찮다고 한 것이네. 그러면 어느 정도 그 상황을 알게 될 걸세."

우리들처럼 문자와 관련된 업무를 하는 사람들은 습관적으로 두 페이지에 걸쳐 쓰여진 큰 글씨를 아주 속히 읽어낼 수 있었다. 그것은 전용열차가 무한에서 잠시 멈췄을 때 덩샤오핑 동지가 허베이성 당위원회 서기 관광푸(關廣富), 성장 궈수이앤(郭樹言)을 접견하면서 한 담화내용이었다. 그 뜻은 "현재 하나의 문제가 있는데, 그것은 바로 형식주의가 많다는 겁니다. TV를 켜면 모두가 회의하는 것만 나오는데, 모두 불만스러운 말만 하고 있습니다. 회의가 많고 문장이 길어지면 말도 또한 많아집니다. 그러면 내용이 중복되고 새로운 말은 많지가 않게 되지요. 형식주의도 관료주의입니다. 되도록이면 시간을 내서 실질적으로 일을 하도록 해야 합니다. 일을 많이 해야지 말만 많이 해서는 안 됩니다."

"샤오핑 동지의 담화는 비록 간단하지만, 그 의미가 아주 큽니다."

나는 감격스러운 마음으로 말을 하면서 원고를 리여우웨이에게 건네주었다. 왜냐하면 이때 역시 절대로 비밀을 보장해야 했기 때문이었다.

리여우웨이가 다시 말했다.

"그렇기 때문에 이번에 반드시 덩샤오핑 동지가 선전특구의 시찰에 대해 기록하는 일을 잘 해 내야만 하는 겁니다. 우리들도 이 일을 하는 데 열심히 지원할 것이니 걱정하지 말고 자네 능력대로 이 일을 잘 해 낼 것이라 믿어 의심치 않네 그려."

그러는 그에게 나는 뭐라고 할 말이 없었다. 그저 이번 일에 대해서 다시 한 번 자각하게 되었기에 그저 머리만 끄덕일 뿐이었다. 사실 덩샤오핑 동지가 선전에 도착하면서부터 우리 선전의 여러 간부들은 노인이 하는 한 마디 말도 빼놓지 않고 기록을 할 필요가 있었다. 기억하기 어려울 경우에는 머릿속에 담아두어야 했다. 이는 일종의 업무상 책임이기도 했고, 습관화된 일이기도 했다. 다만 현재 맡은 책임이 명확해졌을 뿐만 아니라 그 경중이 평시와 같지 않을 뿐이었다.

  5호 동에 있는 숙소로 돌아와서 나는 곧바로 천스톈(陳錫添)에게 예비회의에서 나에게 기록하는 일을 맡으라고 결정한 일에 관하여 이야기했다. 아울러 그와 상의하기를 나와 함께 기록하는 책임을 함께 지자고 요청했다. 왜냐하면 한 사람이 더 기록하는 일에 참여하게 되면 임무를 완성하는데 더욱 정확을 기할 수 있고 내용 또한 명확하게 파악해 낼 수 있었기 때문이었다. 또한 상세하게도 기록할 수 있을 것이기 때문이었다. 그가 신문 기사를 썼던 실력이 있었기 때문이기도 했다. 그는 이러한 나의 제의에 흔쾌히 동의해 주었다. 또한 앞으로 며칠 동안 나와 밀착해서 일하기로 약속했다.

제7장

8년 전의 이야기

1월 14일 저녁 회의 후에 선전시의 영도자가 간절히 덩판공실 왕 주임에게 강력하게 요구한 것이 있었는데, 그것은 덩샤오핑 동지가 선전에 대해 격려하는 글씨를 써주었으면 하는 바람이었다.

왜 선전시에서는 이처럼 절박하게 덩샤오핑의 글씨를 요구하게 되었던 것이었을까?

이는 8년 전의 일에서 이야기가 시작된다. 8년 전 덩샤오핑이 처음 선전을 방문했을 때 선전시 측에서는 감히 노인에게 글을 써달라고 먼저 말할 수가 없었다.

1980년 중앙정부가 정식으로 선전경제특구를 설립한 이래 전국 각지에서는 선전에 있는 외국 상인들에 대해 토지사용권을 주고 있었다. 기초 건설 공정은 도급제로 하고 인센티브는 상한선을 긋지 않고, 고기, 계란, 식용유 등 부식물품에 대한 구매권을 취소하고 양식표 또한 취소하며, 상품가격 등은 시장에서 조정할 수 있도록 하는 시장개혁 조치를 단행했다. 그러자 정부는 1981년부터 "오염된 정신을 뿌리 뽑자"는 운동을 시작했고, 어떤 사람은 정신오염이 개혁개방과 연계해서 일어나는 것이므로 함께 이를 시행해야 한다고 했다.

심지어는 "선전 특구는 바로 정신을 오염시키는 온상"이라고까지 했다. 베이징, 상하이 등에서 들려오는 말도 있었다. 즉 선전의 경제는 올라갔지만, 정신문명은 퇴색했다는 것이었다. 어떤 사람은 신문에다 글을 써서 선전의 어민들이 거주하는 신촌新村을 예로 들어 백성들은 작은 양옥집을 짓고 살며, 집집마다 보살을 모셔놓고 봉건적인 미신을 숭배하고 있다고 쓰기도 했다.

신화사(新華社) 기자조차도 광시(廣西) 류저우(柳州)에 사는 어떤 사람은 진용(金庸)의 무협소설을 본다는 사실을 '비밀문건'을 통해 밀고하기까지 했고, 더불어서 책을 판 자가 "선전시 당위원회 서기 량밍(梁明, 기자가 피보도자의 이름까지 밝힘)이 홍콩으로부터 밀수를 허락했다"고 말하기도 했다고 보도했다.

이러한 각종 부정적인 의견은 자연히 덩샤오핑 쪽으로 전달되었다. 그러자 당의 총비서인 후야오팡(胡耀邦)과 기타 영도자들이 여러 차례 선전 특구를 시찰하면서 선전은 "특수한 상황에 있기 때문에 특수한 방법으로 처리해야 하고(特事特辦), 새로운 일이기 때문에 새로운 힘으로 해야 한다(新事新力)"고 하면서 지지해 주었으며, 중앙정치국 상무위원이며 중앙고위顧委 주임인 덩샤오핑이 친히 경제특구에 가서 시찰하기로 결정했다고 했다.

1984년 1월 중에 선전시 당위원회는 덩샤오핑이 선전에 와서 시찰하고 싶다는 통지를 받은 이후 긴장감을 놓지 않았다. 시당위원회 서기 량샹(梁湘)이 친히 각 부문에 통고하여 각 부문에서는 준비하는 일에 만전을 기하라고 당부했다. 여러 사람들은 개혁개방의 첨병인 선전의 성적을 점검하러 오는 것이라고 생각했다. 그러다 보니 자신들이 맡은 일이 잘못돼서 덩샤오핑이 불만을 갖는 것은 아닌지 걱정들을 했다. 그가 만일 만족하지 않으면 선전 특구는 그야말로 철저히 문을 닫아야 할 것이라고 생각했던 것이다.

이날 오전에 시당위원회 비서장 저우얼캉(鄒爾康)이 나를 찾아왔다. 당시 나는 선전시 당위원회의 "교양·예의·위생·질서·도덕을 중시하고, 마음·언어·행동·환경을 아름답게 하는 것[五講四美]"과 정신문명을 건설하는 판공실 부주임이었다. 저우 비서장이 내게 말했다.

"어민신촌漁民新村은 개혁개방 후 노동을 통해서 부를 이룬 곳이오. 밀수를 하지도 않았고 홍콩으로 도망가지도 않았소. 바로 선진지역의 전형이라고 할 수 있는 곳이라오. 그러나 듣자하니 어떤 백성은 집에다가 닫집(神龕 : 감실이라고도 하는데, 신상이나 위패를 모셔 두는 장 -역자 주)을 차려놓고 매일 재신財神에게 빌고 보살을 모셔놓고 숭배한다고 하는데, 이는 좋은 일이 아니지 않소? 자네가 이곳으로 곧바로 가서 어떤 상황인지 보면서 사상 교육을 통해 이러한 폐단을 고치도록 하세요. 어민들이 부유해진 것은 당연히 당 중앙과 덩샤오핑 동지의 정확한 노선과 방침에 의한 개혁개방 정책이 이루어진 덕택이지 않소? 이를 통해 일할 곳이 많아지면서 노동을 할 수 있게 되어 이룩한 것이지, 신에게 기원하고 보살을 숭배해서 이루어진 것이 아니라는 사실을 가르쳐줘야 할 것이오."

나는 임무를 받자마자 곧바로 문명판공실의 간부를 데리고 뤄후구(羅湖區) 선전하(深圳河) 주변에 있는 어민 촌으로 향했다. 당시의 선전시의 교통상황은 여전히 불편했다. 빵차(麵包車 : 승합차형으로 만들어졌으나 차의 형태만 갖춘 초창기의 차 -역자 주)를 타고 시당위원회에서 어민신촌까지 1시간 반이나 타고 가서야 도착했다. 우리들은 먼저 작은 양옥집들을 찾아가서 집안 내부를 살펴보았다. 확실히 많은 집에서 응접실 정면에다 닫집을 만들어놓고 보살을 모시고 있었다. 어떤 집은 닫집에 등불까지 켜놓아 밝게 하고 있었고, 향냄새가 자욱이 배어 있는 집도 있었다. 이들 가정은 신불神佛에 대해서 특히 성심껏 모시고 있음을 설명해 주기에 충분했다. 촌민들은 다음과 같이 말했다. "이것은 우리 마을의 전통적인 습관입니다. 초하루 날과 보름에 향을 피우고 부자가 되기를 기원하며, 집안이 평안하기를 기원하곤 합니다." 이러한 모습을 보면서 우리들은 몇몇 사람들이 이미 이러한 행위에 몰입되어 매일 같이 의식을 치루고 있다는 것을 알게 되었다.

우리들은 먼저 당 지부 서기인 우바이선(吳栢森)을 찾아가 말했다. 우리의 말을 듣는 이 당 지부 서기의 태도는 매우 훌륭했다. 우리의 설명을 듣자마자 당 지부가 그동안 일을 제대로 하지 못했다고 반성하면서 그동안의 일에 대해 검토하기 시작했다. 또한 촌장인 덩즈린(鄭志林)을 불러 우리들을 데리고 각 가정을 방문하면서 일을 하기 시작했다. 각 가정을 찾아갈 때마다 서기와 촌장이 먼저 우리들이 온 목적을 소개했다. "이분은 시당위원회에서 파견 나온 선전시 교육을 담당하는 동지입니다." 그런 후 그들은 촌민들에게 앞으로 해야 할 일들에 대해서 말해주었다. "우리들의 조상들은 대대로 신을 모시고 보살에게 구원을 청해왔습니다. 그러나 대대로 복을 달라고 담장에 써서 붙여왔으나 곤궁함을 벗어나지 못했으며, 바다에 나간 사람들의 표류를 막지 못했습니다. 이제 해방이 되어 공산당이 있게 되었고, 마오 주석이 영도하는 신 중국이 성립되었습니다. 그래서 우리는 비로소 이 선전하 연안에서 살 수 있게 되었습니다. 과거에는 계급투쟁에서 벗어나 있는 정치변방에 있었지만 고기잡이 작황은 그리 좋지를 않았습니다. 농사를 지으려 해도 땅이 없었습니다. 그러니 가난하기 짝이 없었지요. 하루 세 끼도 제대로 먹을 수 없었습니다. 그래서 당이 개혁개방 정책을 실시하게 됐고, 특구를 만들게 된 것입니다. 그래서 우리 어민 촌도 비로소 여러 가지 일을 할 수 있게 된 것입니다. 모래 채취를 통해 모래를 생산할 수 있게 됐고, 공장을 열게 되어 무역을 할 수 있게 됨으로써 노동을 통해 돈을 모을 수 있게 된 것입니다. 그 덕분에 우리들은 작은 양옥집에 살게 될 수 있게 되었지요. 곧 개혁개방을 통해 경제특구가 세워져서 우리 어촌민들이 가장 많은 이익을 보게 되었고 최대 수혜자가 된 것입니다. 그러니 이제 미신에 대해 더 이상은 믿지를 말고 당을 사랑하도록 하며, 나라를 더욱 사랑하도록 하고, 사회주의 신사상을 사랑하도록 해야겠습니다."

우 서기와 덩 촌장은 간명하면서도 명확하게 오늘날 잘 살게 된 도리와 누구에게 감사해야 하는지를 잘 설명해 주었다. 우리 기관의 동지들이 하는 사상교육보다 훨씬 더 정확했고 설득력이 있었다. 나아가 '시당 위원회 동지'들이 와서 감독하고 재촉하니 촌민들은 분분히 당의 호소에 응당히 따를 것을 표명했다. 그리하여 봉건적인 미신을 없애기로 하는 등 풍속을 바꾸기로 했다. 어떤 촌민은 곧바로 닫집을 끌어내리기도 했다. 오후 5시가 넘자 우리가 어촌을 떠나야 했다. 그러나 떠나기 전에 마지막으로 마을을 순시했다. 그러자 어떤 집에는 신불을 모시던 닫집을 내다버리고 벌써 마오쩌둥 주석의 상을 올려놓은 집도 있었다.

신년이 곧바로 돌아올 것이므로 어떤 촌민은 자신의 집 문에다 봄을 맞이하기 위한 대련으로 된 글씨를 붙여놓고 있었다. 그 내용은 "공산당을 잊지 말고, 부를 이루게 해준 덩샤오핑 동지에게 감사하자"는 내용이었고, 횡으로 쓰여진 글씨에는 '공산당만세'라는 글귀가 쓰여져 있었다. 우리 문명판공실文明辦公室의 몇몇 직원들은 이를 보면서 당연히 기뻐했고 만족해했다. 그러면서 우리는 교육사업을 원만하게 완수함으로써 개혁개방이 얼마나 좋은 일인지, 그리고 이를 통해 백성들에게 이익을 가져다 주어야만 당의 말을 잘 듣게 할 수 있다는 사실을 명확하게 알게 되었다.

1984년 1월 24일 오전 덩샤오핑은 왕전, 양상쿤, 광둥성 책임자 등이 수행하는 가운데 선전을 시찰했다. 오후에 선전 신원(新園)빈관(賓館, 이후 확대 건축하여 '선전영빈관'으로 개명함) 6호 동 회의실에서 선전시당위원회 서기이며 시장인 량샹(梁湘)이 시당위원회에서 일하는 사람들을 소개했다. 이어서 덩샤오핑에게 선전에다 특구를 설립한 지 2년 동안의 외자 유치 상황, 인프라 건설 상황, 체제 개혁 상황 등에 대해서 보고했다. 그런 후에 "우리들은 비록 어느 정도의 성적을 올리기는 했으나, 샤오핑 동지의 요구와 희망과는 아직 많은 차이가 있다고 봅니다. 우리들이 진작부터 샤오핑 동지가 선전에 오시기를 고대했던 것도 장차 특구가 해야 할 일에 대해 지시해 주시기를 바랐기 때문입니다"라고 보고했다.

덩샤오핑은 보고를 들으면서 여러 가지 질문을 했다. 이때의 태도가 매우 엄숙하였기에 회의장의 분위기는 일순 비장한 감이 흘렀다.

그러나 량샹이 재차 친절하게 말했다.

"샤오핑 동지께서 저희들에게 지시를 내려주십시오"

덩샤오핑은 그래도 덤덤하게 말했다.

"나는 그저 와서 시찰을 할 뿐입니다. 여러분이 말을 하면 나는 그저 들을 뿐입니다. 모든 말을 머릿속에 잘 넣어두고 있습니다"

덩샤오핑은 베이징에서 선전 경제특구에 대해서 반대하는 의견들을 필시 많이 듣고 있었음에 틀림없었다. 그러기에 이러한 그의 태도는 "너희들의 보고만 듣고 앉아 있을 수만은 없다"라고 하는 표현이기도 했다. 즉 그의 머릿속에는 그러한 반대 의견들을 보고하는 말만 듣고 그의 머릿속에서 다 지워버릴 수가 없었던 것이다. 그러기에 그는 현장에 가서 실질적으로 보고 조사해 봐야 믿겠다는 태도였다.

　몇 분이 지나도 회의장의 엄숙한 분위기는 가시지를 않았다. 량상은 오로지 중앙과 성당위원회의 다른 영도자들의 의견을 눈빛으로 구할 수밖에 없었다. 그러한 분위기가 지속되자 회의는 여기서 멈추자고 하는 말이 어떤 영도자의 입에서 흘러나왔다.

　오후 4시 10분 덩샤오핑은 차에 올라 숙소를 출발했다. 가는 길에 특구의 건설하고 있는 모습들을 볼 수가 있었다. 그러는 중에 막 짓고 있는 뤄후상업구에 있는 22층짜리 국제상업빌딩의 옥상에 올라가서 선전 시내의 위용을 시찰했다. 당시 국제무역빌딩과 기타의 고층 건물은 여전히 건설 중에 있었다.

사진 좌측에 있는 쌍둥이 건물은 하이펑위앤(海豊苑) 빌딩이고, 시공 중에 있는 빌딩은 선전국제무역빌딩이다.

새로이 완공한 건물인 국제상업빌딩은 선전의 신도시 구역에서 가장 높은 빌딩이었다. 덩샤오핑은 이 빌딩의 옥상에서 허리 정도 올라와 있는 담벽에 의지해서 각 방면의 모습을 쉬지 않고 보고 또 보았다.

마치 량상이 빈관에서 회의할 때 보고한 시의 분위기를 검증하기라도 하려는 듯한 모습이었다. 선전 경제특구는 성립된 지 3년이 지나고 있었다. 공업품의 총생산 가치는 매년 늘어나 6천만 위안에서 7억 위안으로 늘어났고, 재정수입도 늘어나 2천만 위안에서 3억 위안으로 늘어났다. 새로 낸 큰 길도 55갈래나 되어 총 길이가 85km나 되었다. 그리고 건물은 18층 이상의 건물이 60동이나 되었다. 이에 따라 직공들의 생활과 농민들의 생활도 많이 개선되어 "홍콩으로 도망가는 물결(逃

덩샤오핑이 당시 선전시에서 가장 높은 빌딩인 국제상업빌딩에 올라 특구의 건설 상황을 시찰하고 있는 모습.

港潮)"이 없어지게 되어 국경지역의 사회가 안정되게 되었다. 88세의 덩 샤오핑은 아주 세밀하게 관찰했다. 그는 한편으로 시찰하면서 다른 한 편으로는 뭔가를 생각하는 듯했다. 수행원들이 날씨가 추워지고 바람이 불자 건강에 위해가 갈 것을 두려워하여 그에게 외투를 입히려 하자 한 손으로 이를 거절하기도 했다.

덩샤오핑은 여전히 듣고 보기만 했다. 상황을 설명하려고 수행한 성과 시의 책임자들에게 "잘 봤네"라고만 할 뿐 한 마디도 평가하는 말은 하지를 않았다.

1월 25일 오전 9시에 덩샤오핑은 선전중항中航기술수출입공사를 시찰했다. 선전 특구에 없던 전자공업이 있게 된 것을 보았던 것이다. 이 회사의 발전 속도는 매우 빨랐다. 이미 소프트 자기디스크(磁盤)를 생산하고 있었다. 또한 국내에 기술을 제공할 수 있는 서비스를 하고 있으며, 수출을 통해 외화도 벌고 있었다. 덩샤오핑의 얼굴에 조금씩 웃는 모습이 나타났다. 그는 기쁘기까지 한 듯한 표정으로 컴퓨터 앞에 앉아서 컴퓨터와 사람이 장기를 두고 있는 모습을 보기도 했다. 만일 그의 딸이 이를 바라보고 있는 노인에게 가자고 재촉하지 않았다면 그는 아마 일어나지 않았을지도 모를 정도로 푹 빠져 있었다. 그러나 선전 특구의 업무에 관한 의견은 여전히 한마디도 하지 않았다.

이어서 덩샤오핑은 또한 선전의 뤄후에 있는 어민 신촌을 시찰했다. 그는 과거 어민들이 거주하던 물 위에다 대나무를 엮어 지은 초가집을 본 적이 있었다. 또한 선전과 주변에 나란히 세워져 있는 작은 양옥집이 나란히 서 있는 동네를 보았다. 당연히 문 앞에 붙어 있는 많은 대련으로 쓰여져 있는 글귀들도 보았다.

즉 "공산당을 잊지 말자. 부를 이루게 해준 덩샤오핑에 감사하자"라

덩샤오핑이 어민촌 촌민 우바이선(吳栢森) 집을 둘러보고 있는 모습 – 장스까오(江式高) 촬영 –

는 표어들이었다. 이러한 표어들을 보자 그제서야 덩샤오핑은 비로소 안면에 봄바람이 불 듯 환해졌다.

뤄후구의 푸청진(附城鎭) 당위원회 서기 탕진선(湯錦森)과 어민신촌 당지부 서기 우바이선(吳栢森)은 일찌감치 동네 입구에 나와서 우리를 기다리고 있었다.

이 두 사람은 바오안(寶安)에서 오래 살았기 때문에 이곳을 잘 알고 있었기에 앞에 서서 덩샤오핑을 안내했다. 아주 열정적으로 그러면서도 자랑하듯 개혁개방 몇 년 간의 발전 상황을 소개했다. 이곳의 건설 발전과 백성들의 생활개선 상황까지 걸으면서 자세히 설명했다. 우바이선은 아주 신이 나서 "덩 백부님 저희 집으로 가시지요. 손님으로 모

제7장 8년 전의 이야기 **85**

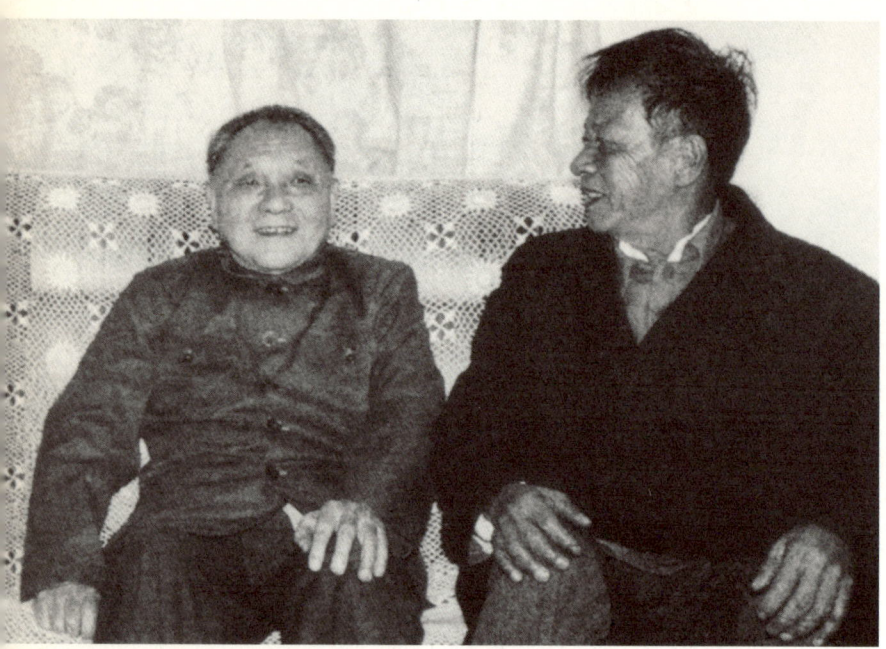
덩샤오핑과 우바이선이 친근하게 담소하고 있는 모습

시겠습니다"라고 덩샤오핑을 초청했다.

덩샤오핑은 이를 흔쾌히 받아들였다.

우바이선의 집에는 냉장고, 컬러TV, 스테인레스 주방기기, 전자 가스렌지 등을 볼 수 있었다.

덩샤오핑과 중앙의 기타 수장들 또한 전 촌락의 인구가 얼마나 되고 1년 평균 수입은 얼마나 되는지 등에 대해서 물었다.

우바이선은 "1983년 전 촌락의 평균 수입은 인민폐로 2,800위안이었고, 각 노동자별 연 수입은 5,970위안이며, 월 평균수입은 498위안이고, 집집마다 만위안호(萬元戶)입니다. 이 모든 것이 당 중앙과 덩 백부님께서 실시한 개혁개방 정책의 덕입니다"라고 감사해 했다.

"당신의 수입이 중앙의 영도자들보다 더 높습니다 그려."

배속한 한 수행원 중 한 사람이 말했다. 그 자리에 있던 모든 사람들이 모두 웃었다. 덩샤오핑도 내심에서 나오는 기쁨을 참지 못해 웃음을 자아냈다.

"중국의 농촌들이 선전 어민 신촌처럼 이러한 생활을 할 수 있으려면 아마도 100년은 더 걸릴 겁니다"
라고 덩샤오핑이 말했다. 그러자 옆에서 있던 량샹이 곧바로 말했다.

"주석의 영도와 중앙의 정확한 노선이 있으면 이 목표는 더욱 빨리 실현될 수 있을 겁니다."

딸 덩난이 또한 말하길
"그렇고말고요. 그렇게 오래 가지는 않을 것이에요."

덩샤오핑이 여러 사람을 보더니 성색을 하며 말하길
"이번 세기를 지나 다음 세기 50년쯤 지나야 될걸……."
라고 말했다. 이 개혁개방의 총설계사는 선전 특구 개혁개방의 총대를 멘 선구자로서 그동안 이룩한 성적을 인정했을 뿐만 아니라, 중국이 샤오캉(小康) 생활로 매진해야 한다는 조감도를 이미 구상하고 있었음을 말해주는 것이었다.

곧바로 점심시간이 될 것이므로 덩샤오핑은 비로소 자리를 떴다. 동네 입구에서 탕진선, 우바이선이 악수를 할 때 덩샤오핑의 표정은 매우 기쁜 표정이었고, 짐을 내려놓은 듯한 가벼운 마음인 듯했다.

그러나 선전시 당위원회 책임자 동지들은 여전히 덩샤오핑에 대해 평가를 해달라고 하는 준비와 용기를 내지 못하고 있었다.

1월 26일 아침 덩샤오핑 일행은 선전이 신원빈관을 나와 스커우(蛇口)로부터 배를 타고 중산(中山)과 주하이(珠海)로 갔다. 선전만 옆에 있던 난산구(南山區)를 지날 때 량상이 차창 밖으로 보이는 왼쪽 편에 있는 한 조각 빈터를 가리키면서 덩샤오핑에게 말하기를 "해변을 끼고 있는 이 지역을 '허우하이(後海)'라고 합니다"라고 말했다. 이어서 "위쪽의 빈터는 현재 선전대학을 건설하고 있는데, 내년 9월에 완공해서 이 새로운 학교구역에서 정식으로 개교를 하려고 합니다"라고 말했다.

선전대학은 1983년 개교하였다. 그해 가을에 개학했을 때 조건이 변변치 않아서 원래 바오안현 당위원회가 있었는데 후에 선전시 당위원회 임시판공 지역으로 삼았던 임시 교육구였다.

덩샤오핑이 량상이 지적하는 방향으로 바라볼 때 해변의 그 큰 공지는 아직 황량한 채였다. 심어져 있는 나무 또한 몇 그루가 되지를 않았다. 그는 한참을 본 후에도 말을 하지 않았다.

차 속에 있던 수행한 베이징과 광둥의 영도자들이 량상에 대해 말했다. "정말 가능합니까? 금년 1월도 곧 지나갑니다. 곧바로 설이 다가올 텐데 이 짧은 기간에 선전대학이 정말 건립돼서 새로운 교사로 옮겨올 수 있을까요?"

량상은 아주 자신 있게

"가능합니다. 우리는 전심전력해서 이 일을 완성할 겁니다. 좋은 대학을 만들어서 특구를 건설하는데 필요한 인재를 배양할 겁니다. 실제로 더 이상 늦출 수가 없습니다"라고 말했다.

덩샤오핑이 고개를 끄덕이기는 했으나 여전히 말은 하지 않았다.

선전인의 개척정신과 의욕에 힘입어 그해 6, 7월에 난산 허우하이에 선전대학 교지가 건설되었다. 이미 제1기 공정이 완성되었던 것이다. 학교 강의동, 사무실동, 기숙사, 교직원 숙사가 건립되어 1천여 명의 학생들을 수용할 수 있게 되었고, 200명의 교직원들이 수용되게 되었다.

기초적으로 새롭게 개교한 한 대학으로서의 모습이 갖춰지게 되었던 것이다. 9월 선전대학은 신입생을 모집하기 시작했다. 이사해 오던 그날 이제 막 창립된 지 반년 된 선전TV방송국이 전력을 기울여 녹화 테이프를 하나 만들었다. 량샹이 전문가를 베이징의 중난하이로 파견해 덩샤오핑에게 보고한 것은 당연한 일이었다. 이 또한 선전 특구가 발전하는 건설 모습의 한 아름다운 이야기였던 것이다.

덩샤오핑을 태운 차량 행렬은 9시 30분에 스커우(蛇口)공업구에 도착했다. 이곳은 링딩양(零仃洋)에 가까운 선전만에 임해 있었다. 원래는 몇 km²의 모래사장과 황폐한 산야로 되어 있었던 한 조각의 땅이었다. 선전이 특구가 된 후에 이곳은 교통부의 홍콩초상국이 경영 관리하는 것으로 기획되었다. 그러나 특수한 정책과 현명한 조치로 인해 몇 년 동안에 상인들을 불러들여 자금을 들여와 공업과 교통을 발전시킴으로서 훌륭한 성적을 거둔 곳이 되었다.

《선전특구보》의 자료 촬영기자 장스까오의 회억에 의하면, 그는 덩샤오핑을 수행하여 스커우에 와서 취재를 했고, 또한 그가 가는 길을 따라서 가다가 해변에 고정적으로 정박해 있는 퇴역한 한 척 유람선인 '해상세계'에 이르렀다. 스커우공업구 관리위원회의 사무 빌딩 위에서 스커우의 건설 발전 상황을 관찰한 후 공업구관리위원회 주임 위안징(袁庚)이 덩샤오핑을 배 위로 초청하여 오찬을 했다. 그런 후에 또한 수행한 선전시 시당위원회 서기인 량샹을 가리키며 말했다.

"우리 이곳은 저분이 있는 곳보다 별로 맛있는 요리가 없습니다"
하고 말했다. 량샹이 아무런 준비를 하지 못한 채 이에 대한 답변을 하지 못하였다.

그러자 덩샤오핑이 웃으면서 오히려 위안징에 대해서

"내 생각에는 여기도 저 사람 있는 곳과 별 차이가 없네 그려."
라고 말했다.

이러한 상황을 통해 나는 덩샤오핑이 요 며칠 동안 실제 시찰하면서 경제특구의 결정이 완전히 정확했다고 하는 확신을 가지게 되었음을 느끼게 되었다는 것을 알아챌 수가 있었다. 즉 그는 심리적으로 아주 가벼운 상태였고 기뻐하는 모습을 엿볼 수 있었던 것이다. 그러한 분위기를 알아차리고 위안징 등은 주저 없이 덩샤오핑에게 '해상세계'라는 글씨를 써달라고 청했던 것이다.

덩샤오핑이 주하이(珠海)에 도착하여 "주하이 경제특구 좋다(珠海經濟特區好)"라는 글씨를 또한 썼다.

이러한 소식을 전해들은 선전시 당위원회 사람들도 비로소 덩샤오핑에게 선전에 관한 글씨를 써 달래야겠다고 하는 용기를 갖게 되었음을 느끼게 되었다. 그러나 문제는 과연 어떤 글씨를 써달라고 할 것인가 하는 것이었다. 여러 사람들은 생각에 생각을 거듭했다. 그래서 덩샤오핑이 스커우에서 썼던 것이나 주하이에서 썼던 것과 비슷하게 써달라고 하기로 하고 덩샤오핑에게 "심천경제특구 좋다(深圳經濟特區好)"라고 써주기를 희망했다. 그리고 이 글씨를 선전시 당위원회 기관보인《선전특구보》에 실리려고도 했다.

1월 29일 덩샤오핑이 중산(中山)에서 주하이로 와 특구를 시찰한 후 광저우로 갔다. 선전에서는 시당위원회 접대처 처장인 장잉(張榮)을 파견하여 덩샤오핑이 내린 광저우주도(廣州珠島) 빈관으로 가게 하였다. 왜냐하면 장잉은 원래 국무원의 기관에서 근무한 적이 있었기에 덩샤오핑 집안 식구들과 그의 주변 사람들을 알고 있었기 때문이었다.

그러나 장잉은 주다오 빈관에서 이틀을 기다렸으나 덩샤오핑은 선전

덩샤오핑이 스커우(蛇口)에서 친필로 '해상세계海上世界'라는 글씨를 쓰고 있는 모습
— 장스까오(江式高) 촬영 —

에 써줄 글씨에 대해서는 아무런 태도도 표명하지를 않았다.

그해의 설은 2월 2일이었고 이 날은 곧 다가오고 있었다. 장잉은 시당위원회가 자신에게 준 임무를 완수하지 못한 채였으로 감히 집으로 돌아갈 생각도 못 하고 있었다. 노인이 태도를 표명하지 않자 그는 덩샤오핑 집안사람들과 그의 신변 근무자들에게 도움을 청하기에 이르렀다.

사실 덩샤오핑은 친히 선전 특구에 와서 시찰한 후 이 '실험지역'에 대한 성과에 매우 만족하였다. 글씨에 대한 사정은 그가 심사숙고하여 가슴 깊숙이 이미 간직하고 있었던 듯했다. 섣달 그믐날 오전에 그는

"선전의 발전과 경험이 우리들이 건립한 경제특구 정책이 정확했음을 증명했다〔沈圳的發展和經濟經驗證明, 我們建立經濟特區的政策是正確的〕"고 썼다. 그리고 낙관에다가는 날짜를 썼는데 자신이 선전을 떠난 그 날인 1월 26일이었다.

《선전특구보》는 설날 당일 제일 중요한 곳에 머릿기사로 덩샤오핑의 글씨를 게재하는 동시에 덩샤오핑, 왕전, 양상쿤 등이 선전과 주하이 경제특구를 시찰했다는 기사를 실어 선전 인민과 전국에 신년을 맞이하는 기념 뉴스로 타전했다.

왜냐하면 덩샤오핑의 이번 남방시찰과 중요한 글씨를 남겼다는 것은 중국 개혁개방의 열기를 더욱 일어나게 할 수 있기 때문이었다. 선전 특구의 명성은 일차적으로 전면적인 '해방'을 맞이했던 것이었다. 1984년 봄여름 기간 동안 중국 경제특구를 참관하거나 고찰하고자 온 각 성과 시, 그리고 각 구와 현의 영도자들, 그리고 각 부문의 간부들, 외국 정부의 요인들이 몰려오기 시작하여 거의 매일 인산인해를 이루었다. 당시 사람들 간에는 유행하는 말이 하나 있었는데, 그것은 "과거에는 다칭(大慶) 다자이(大寨)에서, 현재는 선전(沈圳) 주하이(珠海)에서[1]"라는 말이었다.

그러나 좋은 일에는 항상 마가 끼기 마련이었다. 이곳에 와서 참관하면서 배우려는 사람들은 실로 엄청났다. 그리하여 선전의 정상적인 업무, 생산, 심지어 생활 질서 등에 심각한 영향을 받아야 했다. 시당위원회 서기로부터 해서, 시장, 각 기관의 간부, 또한 많은 저명한 기업 책임자들은 각 방면에서 오는 손님들을 열정적으로 접대를 해야 했고 개

---

1) 1964년 마오쩌둥이 내건 다칭다자이(大慶大寨)에서 나온 말로 "공업은 다칭(大慶)에서, 농업은 다자이(大寨)에서"라는 의미이다.

1984년 2월 2일자, 《선전특구보》 제1면

제7장 8년 전의 이야기

혁개방과 경제 건설의 발전 경험에 대해 설명해야 했기에 거의 정상적인 일을 할 수가 없게 되었던 것이다. 어느 날 시당위원회 서기이며 시장인 량샹은 아침부터 저녁까지 8팀이나 되는 중요한 손님들을 접대해야 했다. 아침 점심 저녁을 모두 장소를 옮겨가며 먹어야 했다. 저녁 7시가 좀 넘어서 우리들은 영빈관 7동 식당에서 중앙의 한 뉴스담당자와 저녁을 먹게 되었다. 량샹이 속히 와서 그를 만났다. 또한 겸허하게 "지금 왔습니다. 안 뵙는다는 것이 실례일 것 같아서요"라고 말했다. 손님을 영접하는 곳에서 예절 성의 간단한 담화를 한 후에 량샹이 곧바로 일어났다. 다른 손님들을 찾아가야 했기 때문이었다. 그러자 연안시기 활동했던 노 간부가 소파에서 일어나면서 넘어지는 바람에 일어나지를 못하게 되었다. 여러 사람들이 그를 부축해서 일으켰다.

1984년 7월 나는 "선전의 접대하는 일이 재앙을 일으키다"라는 글을 썼다. 그리고 《인민일보》와 신화사(新華社)의 '내참(內參2))'에다가 이 문장을 실었다. 후에 듣자하니 중앙판공실과 국가판공실에서는 모두 경제특구를 참관하여 문제점을 고찰한 후 전국 각지에 특구에 대한 접대 요구를 통제한다고 통지했다고 하였다. 이런 것을 보더라도 덩샤오핑이 선전에 대해 쓴 글씨가 주는 영향력이 얼마나 엄청난 것인지를 족히 증명할 수 있을 것이다.

8년이라는 시간은 비록 지나갔지만 덩샤오핑이 처음 선전특구를 시찰했던 정경은 선전인들의 눈에 여전히 역력히 비치고 있었다.

8년 후에 덩샤오핑이 다시 선전에 왔다. 이번에 시당위원회는 미리 사전에 준비해서 일찍감치 덩샤오핑에게 글씨를 써달라고 할 참이었다. 1989년 정치적 풍파가 발생한 지 2년이 지난 뒤에도 여전히 "사회

---

2) 중국공산당 내부 기밀 매체.

주의인가, 아니면 자본주의인가"하는 논쟁이 쉬지 않고 계속되고 있었고, 그러는 와중에 선전은 뒤에서 많은 욕을 먹어야 했다. 이번에 덩샤오핑이 노구를 이끌고 기차에 내리자마자 앉는 것조차 물리치고 여기저기 돌아본 것과 동시에 선전특구에 대한 인정과 격려의 말들은 선전시 당위원회가 덩샤오핑에게 글씨를 써달라고 하는 용기를 갖도록 힘을 북돋아 주었다. 그래서 선전은 자본주의를 지향하고 있다는 죄명을 씻어내고 사회주의의 정기를 선전이 발양하고 있다는 것을 알릴 수 있기를 희망했다.

왕 주임이 이를 듣고는 웃으면서 "덩 주석은 이미 글씨 쓰는 일이 아주 적어졌다네. 내일 국제무역빌딩 높은 곳에 가서 선전시의 시용을 시찰할 계획이 있지 않은가? 주석이 앉은 후에 당신들은 간단하게 보고를 해서 오랫동안 노인이 머물 수 있도록 해주시오. 노인네는 이것저것을 들으면서 여기저기를 보실 것일세. 그러면서 선전에 대해 평가할 것일세. 이는 글씨를 쓰는 것보다 훨씬 더 자세한 평가가 될 것이니 그렇게 하는 것이 더욱 좋지 않겠소?"

왕 주임의 이 말은 여러 사람들의 마음에 쏙 들어왔다. 그날 밤 시당위원회 서기 리하오는 우리들 몇 명의 인재들이 작성한 1만여 자에 달하는 보고서 중 가장 중요한 내용과 통계를 반복해서 보았고 익숙해질 때까지 외웠다. 내일 국제무역빌딩에서 가장 짧은 시간에 보고를 다 해서 덩샤오핑의 말을 많이 듣고자 하였다.

열심히 한다고 해서 사람의 마음에 든다는 것은 어려운 일일 것이다. 그렇지만 덩샤오핑의 선전 담화 중 중국의 개혁개방과 현대화 건설에 대한 담론 및 선전 경제특구가 첨병으로서의 역할을 인정받는다는 것은 아주 중요한 일이었고, 매우 심각한 일이었다.

제8장

국제무역빌딩에 봄 천둥이 치다

1월 20일 선전의 기온은 섭씨 15도 좌우였다. 바람과 햇빛이 아주 화창했고 하늘은 맑고 청량했다. 정말 하늘이 아름다움을 만든 것 같았다.

9월 30분 덩샤오핑은 광동성 서기 셰페이, 선전시 당위원회 서기 리하오, 시장 정량위가 수행하는 가운데 차에 올라 선전영빈관을 출발했다.

9시 35분 덩샤오핑이 탄 차는 국제무역빌딩에 도착했다. 선전물업物業그룹(국제무역빌딩에 속해 있는 회사)의 총경리인 황빙챈(黃秉泉)이 공사의 책임자를 데리고 문 앞에서 영접했다. 덩샤오핑은 딸과 수행하는 사람들의 부축을 받으며 중형버스에서 내려 걸어서 빌딩 안으로 들어갔다. 빌딩 안에 있는 여직공들은 모두가 제복을 입고 양쪽으로 서 있었는데 일행이 들어서자 박수를 치며 환영해 주었다. 또한 "덩 할아버지 안녕하세요"하며 고함을 치며 환영해 주었다. 덩샤오핑은 기쁘다는 듯이 그들에게 손을 흔들어 주었다. 그런 후에 아가씨들이 안내하는 대로 엘리베이터에 올랐다.

9시 40분에 49층에 있는 회전식당에 도착했다. 미리 안배해 둔 식당 중간 쯤에 있는 의자에 앉았다.

선전의 국제무역빌딩은 53층으로 지하 3층 지상 50층으로 옥상은 헬기장이었다. 당시 선전에서는 가장 높은 빌딩이었다. 하늘이 청량한

데다 공기마저 신선했다. 49층에 있는 회전식당은 투명한 유리창문으로 되어 있어 높은 곳에서 아래를 조망할 수 있게 되어 있었고 사방의 풍경을 돌아보는데 아주 편리했고 잘 보였다.

선전 서기인 리하오는 덩샤오핑의 우측에 앉았고, 덩샤오핑의 부인인 주어린(卓琳)은 덩샤오핑의 왼쪽에 앉았다. 그 옆에 앉은 것은 광둥성 당위원회 서기 셰페이였다. 덩샤오핑의 귀는 잘 들리지가 않았다. 특히 오른쪽 귀가 잘 안 들렸다. 딸인 덩난이 부친과 모친 사이에 서서 부친의 귀 역할을 해야 했다. 그녀는 부친을 위해 듣고 번역해서 전달해 주는 역할을 했다. 선전시의 다른 영도자들, 중앙과 광둥성의 수행 인원들은 양쪽 옆이나 뒤에 앉거나 서 있었다. 나와 천시톈은 특수 임무를 띠고 있었기 때문에 덩샤오핑, 덩난, 주어린 바로 뒤에 서 있었다. 기록하는 일에 최선을 다하기 위해서였다.

사람들이 모두 자리에 앉은 후 리하오가 일어나 반쯤 굽힌 자세로 손가락으로 덩샤오핑이 앉아 있는 전면에 걸려 있는 "선전경제특구 기획 모형도"를 가리키며 선전의 면적과 인구, 지리환경 등을 소개했다. 그런 후 간단하게 요약해서 유창하게 덩샤오핑에게 특구를 설립한 이래의 성과에 대해서 설명했다. 특히 8년 동안 이룩한 건설과 발전 상황에 중점을 두면서 설명을 했다. 8년 전 즉 1984년 샤오핑 동지는 선전을 시찰할 때 선전의 사람들은 평균수입이 6백 위안이었으나 작년에는 이미 2천 위안에 달했고, 개혁개방 또한 새로운 진전이 있었으니 계획이 있는 사회주의 상품경제 체제를 건립하게 된 것이라고 했다. 그리고 물가체제의 개혁, 노동합동제도의 개혁, 주거지 분배제도의 개혁, 금융체제의 개혁, 인사제도의 개혁, 증권시장의 신속한 발전, 외환 조정 센터 건립 등의 진행 상황을 설명하였다. 이는 비단 선전의 양대 문명 건설에 대한 시작임과 동시에 매우 좋은 촉진 작용을 하게 했을 뿐만 아니라 전국의 개혁개방에 대해서도 탐색할 수 있는 작용도 발휘했다고 설명했다.

리하오는 덩샤오핑에게 보고하면서 특별히 선전특구의 정신문명 건설과 물질문명 건설이 기본상 같은 속도로 발전해 나가고 있음을 강조했다. 그동안 비단 도시의 문명 정도에서 변화가 있었을 뿐만이 아니라 동시에 가장 눈에 띄는 것은 사람들의 정신면과 사상관념에서 새로운 변화가 발생한 것이라고 했다. 사상변화의 가장 큰 특점은 사람들이 개혁개방에 대해서, 건설에 대해서 중국의 특색 있는 사회주의로부터 벗어나지 않았고 나아가 이에 대한 믿음이 충만해지게 되었으며, 각 항목의 개혁에 대해 받아들이는 바가 비교적 강해졌다고 했다. 그래서 선전

선전국제무역빌딩에서 덩샤오핑 뒤에서 기록하는 일에 열중하고 있는
우송잉(吳松營, 뒷줄 좌측에서 세 번째)과 천스톈(陳錫添, 뒷줄 좌측에서 두 번째)의 모습

사회의 형세는 상대적으로 평온한 상태라고 하였다.

덩샤오핑은 한편으로 듣고 한편으로는 계획도를 보았다. 가끔씩 선전시의 위용을 내다보기도 했다. 그러면서 선전특구의 건설과 개혁개방을 한 지 10여 년 동안, 특히 8년 동안의 발전 속도를 말할 때는 기쁘다는 듯이 쉴 새 없이 고개를 끄덕였다.

리하오는 덩샤오핑에 대해 외국에서 선전의 개혁에 대해서 아주 많은 평가를 했다고 설명했다. 일본의 친구들은 선전의 파급효과 및 효용성이 국내뿐만이 아니라 원동에까지 영향을 주었다고 했다. 싱가포르의 리광야오(李光耀) 총리는 3차례 중국에 왔을 때마다 매번 선전에 와서 친히 경제특구를 창설한 것에 대해 매우 감탄해 했으며, 덩 주석이 이끄는 이 길은 반드시 능히 통하게 될 것이라고 말했다고 했다. 중국은 선전이 없어서는 안 될 것이고, 선전은 개혁개방의 시험장이라고 했다고도 말해 주었다. 리광야오 총리는 또한 자신은 백만 위안의 부자들을 배양했지만, 자신은 백만 위안 부자가 아니며, 성실하고 간절하게 우리들은 반드시 청렴한 건설을 해야 한다고 건의하기도 했다고 말해 주었다.

리하오는 또한 보고하기를

"선전은 진일보적인 해방사상을 필요로 하고 있고 개혁을 심화해야 하며, 선전을 '사회주의적 홍콩'으로 조성할 것입니다."

라고 설명했다.

이때 덩샤오핑이 말했다.

"광둥은 경제상에서 아시아의 '네 마리 용'을 쫓아가려면 20년은 더 필요하다. 그러나 사회질서 방면에는 그들과 비교할 수 없을 것이므로 그들에게서 배워야 한다고 했다. 물론 그들에게도 부패한 것들은 많고 많다. 그러한 부패한 것들은 사회 및 각 방면에 대해 유해한 것들이다. '네 마리 용' 중에서 싱가포르의 사회질서가 가장 좋다고 할 수 있다. 그들의 관리는 매우 엄하고 국내에서 나타난 문제에 대해서는 조금도 양보하지 않으며, 또한 우리들이 1989년 봄여름에 있었던 정치적 풍파를 처리하는데도 지지해 주었다. 리광야오는 아주 공로가 큰 사람이다. 우리들이 장차 발전해 나가려면 사회질서 방면에서 반드시 싱가포르보다 좋아야만 한다"고 말했다.

덩샤오핑은 또 말했다.

"개방 이후에는 여러 부패한 것들도 따라서 들어오게 마련이다. 중국의 여러 도시에서도 부패현상이 일어나고 있다. 예를 들면 마약을 먹는다든가, 매음을 한다거나 하는 것들이 그것이다. 이들 현상은 주의하면 쉽게 잡을 수가 있으므로 그들이 쉽게 발전하지 않도록 해야 한다. 이 점에 대해서 우리들은 반드시 확실히 처리해야 할 것이다. 신 중국을 건립한 후에 공산당이 홀로 영도해 왔고 사회주의 방침을 확립해 왔다. 그렇기 때문에 이들 독소적인 것들은 반드시 일거에 청소를 해야 하고 없애버리도록 해야 할 것이다. 아편을 먹는 것을 소멸시켜야 하고 '흰 가루'를 먹는 것 또한 모두 소멸시켜야 한다. 세계에서 이러한 것들을 누가 능히 소멸시킬 수 있겠는가? 국민당은 이 일을 해내지 못했고, 자본주의도 이 일을 해내지 못했다. 옛 중국에서 윈난(雲南)의 군대는 아주 유명한 '두 가지 총'을 가진 부대였는데, 해방 후에는 '하나의 총' 부대로 변하였다. 룽윈(龍雲)의 아편 중독자들이 그로 인해 조심하게 되었다. 이러한 사실이 공산당만이 능히 부패한 것들을 소멸시킬 수 있다는 사실을 증명하는 것 아닌가 말이오."

이때 회전식당은 마침 홍콩의 새로운 경계를 바라보는 방향으로 돌아가고 있었다. 복무원들이 창 위에 붙어 있는 '홍콩'이라는 두 글자를 가리켰다. 또한 창밖으로 그리 멀지 않은 현대화된 도시를 가리키면서 큰 소리로 말했다. "저기가 홍콩입니다!"

덩샤오핑이 "아!" 소리를 내면서 곧바로 복무원들이 손가락으로 가리키는 곳을 바라보았다.

리하오가 보충해서 말하기를 "저것이 선전에서 가장 가까이에 있는 홍콩 경계에 있는 시가지입니다." 덩샤오핑은 흥미를 갖고 국경 가까이에 있는 산 뒤편의 고층빌딩들을 바라보았다. 날씨가 아주 좋았으므로 산봉우리가 첩첩히 겹쳐 있고, 푸른 나무들의 울창한 광경이 아주 잘 보였다. 심지어는 멀리 있는 빌딩들의 창문까지도 분별할 수가 있었다.

리하오는 덩샤오핑에게 말했다.

"홍콩은 경제발전이 매우 빠릅니다. 국민수입이 연 7천 달러나 된다고 합니다. 선전의 작년 평균 수입이 겨우 인민폐 2천 위안인데 말입니다. 아직 홍콩과는 거리가 상당히 있습니다. 그러나 보통 일반 백성들의 입장에서 보면 선전 인민의 생활이 홍콩에 비해서 안정되고 보장되어 있다고 할 수 있습니다. 예를 들면, 선전의 보통 직공 가정은 기본적으로 5, 60제곱미터의 2개의 방과 응접실이 있는 집에서 생활하고 있는데 비해 홍콩의 보통 직공들은 아마도 2대 3대에 가서도 이러한 거주 조건을 마련하지는 못할 겁니다."

덩샤오핑이 그의 말을 끊더니 흥분한 듯이 오른손으로 들어 다른 한 손을 치면서 큰 소리로 말했다. 그런 후 노인은 마치 준비라도 했다는 듯이 한 마디 한 마디 하나하나 국내외의 중대한 사정에 대한 의견을 말하기 시작했다.

덩샤오핑이 말했다.

선전국제무역빌딩 회전식당에서 한편으로는 앞쪽을 전망하면서, 다른 한편으로는 리하오(李灝)의 보고를 듣고 있는 덩샤오핑 모습

"우리들이 강조한 것은 경제방면만은 아니었소. 이 방면에서 홍콩을 따라잡는 것은 아직 이르오. 자본주의가 발전한 지는 이미 몇백 년이 지났소. 그들에게는 기초가 되어 있습니다. 경제 수준은 확실히 우리들보다 훨씬 높지요. 그러나 사회의 재부 면에 있어서는 불균형 상태에 있습니다. 자본주의는 사회적 재부를 평준화시킬 수가 없지요. 홍콩과 기타 자본주의 사회의 높은 수입에 대해 분석할 필요가 있습니다. 실제적으로 재부의 대다수는 소수의 부자들 손 안에 들어 있기에, 그들의 사회 속에는 가난한 자들이 아주 많습니다. 그저 가난한 것이 아니라 매우 가난하지요. 진정으로 인민생활에 관심을 두는 것은 우리들입

니다. 사회주의가 설사 목전에는 비교적 가난하다고는 하나 우리들이 능히 집중해서 큰일을 해낸다면 적극적으로 백성들의 생활을 개선할 수가 있다는 겁니다. 우리들은 이미 몇십 년간을 낭비했습니다. 만일 중간에 그렇게 많은 시간을 낭비하지 않았다면 우리나라의 현재 모습은 완전히 달라져 있을 겁니다. 만일 다시 시간을 낭비하는 일이 있다면 이는 정말로 큰일이지요."

덩샤오핑은 리하오에게 재차 말했다.

"자네들은 선전을 사회주의적인 홍콩으로 건설해야 하오, 이는 아주 좋은 일이 될 것이오. 자네들이 앞장서서 이를 수행해 주기를 희망합니다."

덩샤오핑이 또 말했다.

"사회질서 방면에서 싱가포르가 한 일은 매우 훌륭합니다. 우리는 그들의 경험을 거울삼아야 하고 동시에 그들보다 더 잘되도록 해야 할 것입니다. 각종 범죄활동을 타도하고 각종 추악한 현상들에 대해서 청소해야 하는데 손을 놓아서는 안 될 것입니다. 마오 주석이 항상 양 다리로 길을 걷고 양손으로 일을 하라고 강조했듯이 우리들도 양손으로 일을 해야 할 것입니다. 한 손으로는 개혁개방을 해야 하고, 다른 한 손으로는 각종 범죄활동을 타도해야 한다는 것이지요. 이들 두 손을 모두 단단히 쥐어야 하고, 약하게 쥐어서는 안 되며, 조금도 양보해서는 안 됩니다."

덩샤오핑이 계속해서 말했다.

"실질적으로 많이 일해야 하고, 쓸데없는 말은 적게 해야 합니다. 현재 회의하는 것이 너무 많아요. 보고되는 문장도 너무 깁니다. 이 모든 것은 잘못된 일입니다. 행동으로 보이고 결과를 얻도록 해야 할 것입니다."

여기까지 말한 덩샤오핑은 창문 밖을 가리키며 선전의 현대화된 시가지의 종횡으로 교차되어 있는 도로와 고층 빌딩을 보면서 소리를 높여 셰페이와 리하오에게 말했다.

"선전의 발전이 이처럼 빠른 것은 실질적으로 열심히 일했기 때문입니다. 말로만 한 것이 아니라는 말이지요. 문장을 길게 써서 된 것도 아닙니다. 실질적으로 일을 해야 하고 쓸데없는 말은 적게 해야 합니다. 형식주의 또한 관료주의입니다. 마오 주석은 길게 회의를 열지 않았어요. 문장도 짧게 썼으며 정갈했지요. 말씀도 아주 요점만 세련되게 하였답니다. 저우언라이(周恩來) 총리가 제4회 인민대표대회 때 보고하는 문장을 마오 주석이 나에게 책임지고 기초하라고 지시하면서 5천 자를 넘기지 말라고 했지요. 나는 그 임무를 완성했습니다. 5천 자면 어떤 내용이라도 다 집어넣을 수 있는 것 아닙니까?"

보아하니 노인네는 많은 사람들이 쓸데없는 말을 하는 것에 대해서 아주 불만스러워 했다. 노인이 남하하는 도중에 우한(武漢)에 도착했을 때 허베이성 서기인 관광푸(關廣富) 등에게 다음과 같이 말했다고 했다.

"현재 형식주의가 너무 많습니다. 얼렁뚱땅 넘어가는 일은 정말이지 싫습니다."

어제 오전에 선전시 위용을 참관하고 영빈관으로 돌아왔을 때 당시의 관계자들의 회억에 따르면 그는 차를 내린 다음 덩샤오핑이 "문장이 너무 길고" 회의 상에서 "쓸데없는 말이 너무 많으며, 심지어 중복해서 말하는 사람이 있다"고 불만스러운 듯 이야기했다고 했다. 또한 "쓸데없는 말로써 하소연하는 것을 가장 싫어했다"고 말했다고도 하였다.

실질적으로 일하는 문제를 말하면서 덩샤오핑은 또한 화제를 대국적인 방향으로 돌려 말했는데,

"소련, 동구의 변화는 우리들이 사회주의의 길을 걸어가야만 하는 것을 설명하는 것입니다. 중국은 절대로 넘어질 수가 없습니다. 중국이 넘어진다는 것은 재난을 의미합니다. 먼저 수억 명의 사람들이 먹을 것이 없게 될 텐데 이는 작은 일이라고 할 수가 없지요. 나는 이전에 어느 미국인과 대화할 때, 중국인은 절대로 혼란스러워져서는 안 된다고 했지요. 만일 혼란스럽게 되면 우선은 백성들이 먹을 것이 없어지게 되고, 그렇게 되면 아마도 수십만 명이 홍콩으로 도망가게 될 것이며, 그러고도 수십만 아니 수백만인이 태국, 말레이시아, 인도 등으로 도망갈 것입니다. 다시 유럽, 미국으로도 엄청나게 많이 도망갈 것이에요. 만일 이러한 상황이 나타난다면 아마도 중국으로부터 도망가는 사람들 중에는 무기를 가지고 가는 사람들도 있을 것인데…… 전쟁을 몇십 년이나 했으므로 중국에 있는 것은 그저 총밖에 없지 않은가 이 말입니다(그러면서 웃자, 다른 사람들도 따라서 웃었다)."

덩샤오핑이 이어서 말했다.

"여러 홍콩 사람들에게 말했지만, 중국이 혼란해지기를 바라지 말라고 했어요. 중국이 혼란해지면 먼저 재앙을 받는 것은 홍콩이기 때문이지요. 20만 명이 들어가게 되면 홍콩은 이를 받아들일 수가 없을 겁니다. 그런데 만일 1백만 명이 간다고 생각해 보십시오. 홍콩은 그저 순식간에 무너지고 말 것입니다."

덩샤오핑이 말했다.

"공산당 제11회 3중 전회 이래의 노선과 방침을 견지해야 하는데 있어서 중요한 것은 '하나의 중심, 두 개의 기본 점'을 견지해야 한다는 점입니다. 사회주의를 견지하지 않거나, 개혁개방을 하지 않거나, 경제를 발전시키지 않거나, 인민생활을 개선하지 않으면, 오로지 죽으러 가는

덩샤오핑이 시찰 중 "사회주의를 견지하지 못하고 개혁개방을 하지 않으면 경제를 발전시키지 못하고, 인민의 생활을 개선시키지 못한다면 우리는 오로지 죽음의 길만을 가고 말 것이다"라는 담화를 하고 있는 모습

길 하나밖에 없다 이겁니다. 기본노선은 100년을 유지해야 합니다. 절대로 요동치게 해서는 안 됩니다. 오로지 이러한 노선을 견지해야만 인민들이 비로소 당신들을 믿을 것이고, 당신들을 옹호할 것입니다. 누구라도 3중전회 이래의 노선과 방침을 변화시키려고 한다면, 백성들은 이에 대해 답하려 하지 않을 것이고, 누구라도 타도되고 말 것입니다."

덩샤오핑이 말했다. 내가 여러 번 말했지만,

"만일 개혁개방의 성과가 없다면 '6·4'이것이 우리들이 나아가지 못하도록 할 것입니다. 나아가지 못하게 되면 바로 어지러워질 것이고, 어지러워지면 곧 내전이 일어날 겁니다.[1]"

---

1)·2) 《등소평문선》 제3권, 인민출판사, 1993, 371쪽.

"왜 '6·4'이후 우리들의 국가가 매우 안정될 수 있을까요?[2)] 사회질서가 변하면 군중들이 큰 의견을 내지 않을까요? 이를 미연에 방지하기 위해서는 우리들은 바로 개혁개방을 견지해야 하고, 사회주의를 견지해야 하며, 인민의 생활을 제고시켜야만 합니다. 그래야만 우리들의 군대에 좋고, 국가 정권에도 좋은 거지요. 그러기에 모두가 사회주의 제도를 보호 유지할 수 있어야만 합니다. 당의 제11회 3중전회 이래의 노선과 방침을 유지 보호해야 한다 이 말입니다. 절대로 동요해서는 안됩니다. 누가 동요를 일으키려고 하면 누구라도 타도되게 될 겁니다."

덩샤오핑이 말했다.

"반복해서 말합니다. 반드시 실질적인 일을 많이 하도록 합시다. 쓸데없는 말은 하지 맙시다. 현재 국제적으로 모두 중국을 중시하고 있습니다. 그러나 우리들은 스스로를 과장해서는 안 됩니다. 자기를 부풀려서도 안 됩니다. 특히 신문 잡지 등은 선전을 할 때마다 더욱 더 신중을 기해야 할 겁니다. 좀 성과를 거두었다고 해서 여기저기서 찬양하는 말을 할 필요는 없습니다. 우리는 오로지 이러한 점을 지켜야 할 것입니다. 지금은 소강小康사회에조차 도달하지 못한 상황이 아닙니까? 만일 이번 세기 말까지 소강사회 수준에 이르지 못하게 되면 중등의 발달한 국가 수준까지는 이르러야 합니다. 그래야만 어느 정도 희망이 있게 됩니다. 이렇게 하는 것도 그리 쉬운 일은 아닙니다. 우리는 시간이 없습니다. 현재 세계시장은 아주 치열해서 그들과 경쟁하는 것이 쉽지가 않습니다. 정신 차리지 않으면 안 된다는 겁니다."

덩샤오핑이 말했다.

"간부와 공산당원들에 대해서 말한다면 청렴한 정치를 하도록 하는 것은 하나의 중요한 대사라고 할 수 있습니다. 이는 진정으로 반드시 실현해야 합니다. 중요한 것은 건전한 사회주의 법제를 지켜나가는 것인데, 이렇게 되어야만 청렴한 정치가 이루어질 수 있고, 영구히 실천되게 되는 것입니다."

덩샤오핑이 말했다.

"나의 기억력은 이전에는 상당히 강했습니다. 현재 나이가 많아 기억력이 예전과 차이가 생겼습니다. 나는 이제 물러나야 합니다. 나이가 들어 잘못을 저지르고 싶지 않다는 겁니다. 나이 많은 사람에게도 장점은 있습니다. 그러나 큰 단점도 있습니다. 두뇌를 많이 사용하지 못한다는 것이 그것이지요. 고집도 세지고요. 그래서 나이 먹은 사람들은 스스로 각성을 해야 합니다. 나이가 먹으면 먹을수록 잘못을 저지르지 않도록 해야 하고, 더욱 더 겸허해질 필요가 있고, 간섭하는 일이 적어야만 하는 겁니다."

옆에 앉아 있던 리하오가 얼른 말했다.

"중대한 결정은 역시 주석께 의지하고자 합니다."

그러자 덩샤오핑이 말했다.

"내가 물러난 지금 중요한 일에 대해서 할 말이 있으면 하겠지만, 일반적인 것에 대해서는 묻지 않을 것입니다."

덩샤오핑이 말했다.

"요 몇 년이래 현재 중앙은 매우 일을 잘하고 있습니다. 그러나 문제는 아직 많이 있습니다. 언제라도 문제가 적어질 수는 없습니다. 다른 사람에게 일을 하게 해도, 더 많은 사람에게 일을 시켜도 말입니다. 그렇기 때문에 더욱 많은 단련을 해야 하고, 많은 젊은 인재를 배양해야 하는 것입니다. 제국주의자들이 하는 말이 있지요. 우리 당에는 노선배들이 아직 건재하고 있어 중국은 변하지 않을 것이라고요. 곧 그들은 몇 대에 걸친 사람들에게 여전히 기댈 수 있는 희망을 주고 있다는 거지요. 제1대의 핵심 영도자는 마오 주석이고, 제2대의 핵심 영도자는 바로 나입니다. 장쩌민(江澤民) 그들 일대가 아마 제3대가 되겠지요. 그리고 4대, 5대가 있게 될 겁니다. 현재의 대학생들이 이에 포함되겠지요. 뒤를 이을 인재를 배양하지 못해서는 안 됩니다. 100년은 관장을 해야 합니다. 나이 먹은 사람들은 스스로 자리를 물러나 옆에서 도와주면 되는 겁니다. 그러나 다른 사람들이 하는 일을 방해해서는 안 됩니다. 후대 사람들이 하는 일이 잘못되더라도 좋은 마음과 뜻을 가지고 도와주어야만 합니다. 그래서 다음 세대를 배양하는 일에 주의를 기울여야 하는 것입니다. 중국에 문제가 생기면 기타 다른 데서 나타나는 것이 아니라 바로 공산당 내부에서 나타나게 될 겁니다. 소련과 동구의 문제도 바로 공산당 내부에서 일어났습니다. 만일 우리 당에서 문제가 생기면 국가 전체의 문제가 될 겁니다. 그래서 이 문제에 대해서는 각성을 해야 합니다. 특히 오래된 원로 동지들이 이에 대해 자각해야만 할 겁니다. 장長 뭐더라······."

그는 필경 88세의 노인이었다. 말하면서 막히는 곳이 종종 있었다.

덩난이 옆에서 있다가 큰 소리로

"장長······치治······구久······안安"

"맞아 맞아, 장치구안(長治久安 : 장기간 나라가 태평하고 사회 질서와 생활이 안정되는 것 -역자 주)"

덩샤오핑의 얼굴이 잠시 붉어지는 듯하더니 이내 다시 마음을 놓고는 계속해서 말했다.

"장치구안하려면 이에 대한 자각성을 가져야 합니다. 어떤 영도자가 어떤 지방에서 잘못을 저지르게 되었어도, 어느 것이나 대국 형세와는 무관한 것입니다. 진정으로 대국 형세에 관계되는 것은 바로 이런 문제 (공산당 내부에서 일어나는 문제 -역자 주)입니다. 현재 이들 문제는 순리적으로 해결되고 있다고 할 수 있습니다. '문화대혁명'에서 내가 해방된 후 나는 이 문제를 주의 깊게 보아왔습니다. 나는 현재 우리 세대가 '장치구안'의 문제를 해결하지 못하면 안 된다는 것을 알았습니다. 그래서 나는 다른 사람을 찾고 있는 것입니다. 진정으로 다음 세대를 찾고자 합니다. 그러나 이 문제를 아직 해결하지는 못했습니다. 두 사람(호요방, 조자양 -역자 주)이 있었지만 모두 실패했습니다. 경제상에서 문제가 있었기 때문이 아닙니다. 사회주의 길을 견지하고 자본계급의 자유화를 반대하는 선상에서 문제가 있었기 때문이었습니다."

덩샤오핑은 이렇게 말하다가 갑자기 말을 멈췄다. 눈을 먼 곳에 두고 응시하면서 뭔가 깊이 생각하는 듯했다. 그러면서 유감스럽다는 표정으로 말했다.

"그러한 그들에게 넘겨 줄 수가 없습니다."

덩샤오핑이 말했다.

"그러나 이 문제(정권을 차 세대에 넘기는 일 -역자 주)를 해결하는 것은 쉬운 일입니다. 여러분들은 건설하는데 힘을 기울이기만 하면 됩니다. 여러분이 10여 년 동안 일을 해왔지만 이 정도에 불과하지 않습니까? (정권을 넘겨주는 문제를)해결한다는 것은 하루 저녁에라도 해결할 수 있습니다. 그러나 건설하는 일은 쉬운 일이 아닙니다. 소련과 동구유럽이 너무 빨리 무너져 내렸습니다. 소련처럼 강한 국가도 몇 개월 만에 무너졌습니다. 만일 중국이 이러한 교훈을 받아들이지 않는다면, 또 현재 솟아나오고 있는 문제에 주의를 기울이지 않는다면, 또한 고르바초프의 그러한 '신사유新四維'가 나온 후 그러한 것에 주의를 기울이지 않는다면, 바로 큰 일이 생기고 말 것입니다."

덩샤오핑이 잠시 말을 멈췄다. 그러다가 웃으면서

"어떤 사람이 말하기를 소련은 덩샤오핑이 없어서 그렇게 되었다고 했습니다. 이 말에는 일리가 있습니다. 나는 일을 일으키는 역할을 했습니다. 현재 젊은 사람들을 찾아내서 이 일을 계속해서 이어나갈 인재들을 찾아야 할 것입니다."

식당 안에 있던 사람들은 넋을 잃고 들었다.

덩샤오핑은 국내적, 국제적 큰 문제를 논하면서 문제점을 지적해 내고 그러면서 희뿌옇게 깔려 있는 안개를 거둬내듯이 구구절절 명쾌하게 풀어나갔다. 마치 제야의 종소리가 울려 퍼지는 듯했고, 선전 국제무역 빌딩에 봄의 천둥소리가 울려 퍼지는 것 같았다.

기록하는 일을 좀 더 자세히 하고자 나와 천스톈은 어떤 때는 부득불 덩샤오핑이 앉아 있는 뒤쪽에 쪼그리고 앉아 수첩을 무릎 위에 놓고 빠른 속도로 써 내려갔다. 노인네의 말씀 하나라도 빠뜨릴 새라 꼬박꼬박 써 내려갔다. 촬영기자 장스까오는 촬영 기자재를 등에 메고 몇 개의 카메라를 들고 가벼운 손놀림과 발놀림을 하면서 덩샤오핑의 전후좌우를 왔다 갔다 하며 계속해서 일하는데 여념이 없었다. 그러는 가운데 그는 역사에 남을 귀중한 사진을 찍어냈던 것이다.

덩샤오핑의 말씀을 녹음하는 것 외에도, 회전식당의 경미한 돌아가는 소리, 사람들의 호흡하는 소리, 기자들이 카메라 셔터 누르는 소리까지 녹음이 되었다. 후에 나는 경미한 발걸음 소리, 아주 작은 소리로 말하는 소리까지 듣게 되었다.

나는 손목시계를 보았다. 이미 10시 35분이나 되었다. 원래 계획대로라면 덩샤오핑은 국제무역 빌딩에서의 시찰을 30분 만에 끝내기로 되어 있었던 것이다. 시간은 이미 많은 시간을 초과하고 있었다. 비서들과 경호원들은 긴장하는 가운데 협조하면서 다른 일정 시간을 조절해야 했다. 나는 얼른 일어나 덩샤오핑의 뒤쪽으로 가 서 있었다.

그러나 노인은 아직 감흥이 남았는지 옆에 있는 부인 주어린을 보거나, 또한 그러면서 창문 밖 선전의 높은 빌딩과 풍경들을 보면서 계속해서 말했다.

"현재 여기에 있는 사람들도 나이가 많은 편입니다. 60대가 젊은 측에 드니 말이오. 이분들이 이제 20년 지나면 80대가 됩니다. 지금의 나와 같이 되는 것이지요. 잡담은 할 수 있습니다. 그러나 말을 할 때 그리 부드럽게 말해지지는 않게 될 겁니다. 다시 말해 업무를 수행하는데 정력이 부족하게 될 것이라는 얘깁니다."

"아버지 우리들은 또한 셴커(先科)공사를 참관해야 합니다."

딸 덩난이 부친의 귀에 대고 큰 소리로 이동해야 함을 알려주었다.

덩샤오핑이 이 말을 듣고는 좌우의 사람들을 보더니 웃으면서

"늙었군, 늙었어. 나이를 참 많이 먹었어요, 말도 많아지고 말입니다. 아마도 어떤 말은 잘 전달이 안 됐을지도 모르지만, 자 여기서는 이것으로 끝내지요."

그렇게 말하면서 먼저 일어났다. 덩난과 리하오가 그를 따라 얼른 일어나 부축했다.

나는 한편으로 펜을 주머니에 넣으면서 마음속으로 생각해 보았다. 이 노인네의 머리는 "아주 참 명석하구나"했다. 덩난이 마침 그에게 주의를 환기시킬 때 그가 한 말은 한 문장을 끝내는 말 같았고, 그 말은 아주 아름답고 명확했다.

제9장

일반 군중들이 진인眞人을 보다

덩샤오핑의 이름은 중국의 일반인들도 모두 익숙히 아는 이름이었다. 20세기 후반에 들면서 사람들은 신문, TV, 영화 등을 통해서 항상 덩샤오핑의 모습을 볼 수 있었다. 이번에 많은 사람들이 운 좋게도 선전에서 신기인神奇人인 덩샤오핑 진인을 볼 수 있게 된 것이다.

1월 20일 오전 9시 30분 우리 차량들은 국제무역빌딩에 도착하여 덩샤오핑이 중형버스에서 내릴 때 군중들이 그를 보게 되었다. 어떤 사람들은 너무 좋아서 "덩샤오핑! 덩샤오핑!"하며 연호했다.

덩샤오핑은 경호원들의 보호를 받으며 엘리베이터를 타고 회전식당으로 들어갔다. 국제무역빌딩 주위로 "덩샤오핑이 진짜로 선전 국제무역빌딩을 시찰한다"는 소식이 신속하게 사방팔방으로 전파되었다. 사람들이 끊임없이 국제무역빌딩으로 향해 몰려들었다. 커다란 로비에는 이미 사람들로 만원이 된 것은 물론 빌딩 밖의 광장에도 사람들로 꽉 차 있었다. 모든 사람들은 열렬히 이 위대한 인물의 풍채를 볼 수 있는 기회를 얻기 위해 기다리고 있었던 것이다.

선전 국제무역빌딩 49층의 회전식당과 지상 1층 사이에는 42층까지만 엘리베이터가 있어서 42층에서 이를 내려 다른 엘리베이터를 타고 49층의 회전식당으로 올라가게 되어 있었다. 더구나 1층에서 42층까지는 투명 유리로 되어 있어서 밖을 내다 볼 수가 있었다. 높이 갈수록 시가지 전경을 한눈에 내려다 볼 수가 있었다. 지면 가까이 내려오면서는 이 빌딩의 커다란 홀과 음악분수대의 전경을 볼 수가 있었다.

10시 45분 덩샤오핑의 말이 끝나자 엘리베이터를 타고 49층에서 42층까지 내려왔고, 다시 엘리베이터를 갈아타고 아래층으로 내려갔다. 중간 엘리베이터에는 덩샤오핑과 그의 가족들과 성과 시의 책임자들이 탔고, 기타 인원들은 좌우 양쪽의 엘리베이터를 타고 내려왔다.

누군가의 보고에 의해서 우리들은 이미 대 홀과 빌딩 밖의 광장에 많은 군중들이 모여 덩샤오핑 보기를 희망하고 있다는 소식을 듣고 있었다. 노인네의 성정을 잘 알고 있는 덩샤오핑 판공실의 주임인 왕루이린이 경호원들에게 지면에 닿으면 특별히 안전에 주의를 기할 것과 동시에 경호하는데 어느 정도 여유를 두어 수장께서 군중들을 또한 잘 보실 수 있게 하라고 지시했다.

우리들이 탄 엘리베이터가 순탄하게 일층에 도착하여 나아가자 빌딩 안과 밖이 모두 사람들로 가득 차 있었다. 덩샤오핑이 탄 엘리베이터가 닿는 순간 군중들이 일제히 환호하기 시작했다. "덩샤오핑 동지를 환영합니다", "덩 할아버지 안녕하세요!", "덩 큰아버지 안녕하세요!" 이때 대 홀과 음악부수대의 등불이 일제히 켜지면서 그 열기를 더했다.

덩샤오핑은 엘리베이터를 내리면서 군중들에게 손을 흔들며 홀로부터 음악분수대 쪽으로 걸어가면서 계속해서 군중들에게 손을 흔들어 답례를 보냈다.

선전 사람들은 말할 것도 없이 홍콩과 내지에서 온 사람들까지 모두 중국 개혁개방 정책의 총설계사 덩샤오핑에 대해 특별한 정감을 보냈다. 덩샤오핑이 손을 흔들며 답례를 표하자 군중들의 감정은 더욱 격앙되어져 그 환호는 파도처럼 들려왔고 소리는 점점 더 커져갔다.

국제무역빌딩의 음악분수대의 2층과 3층은 걷는 길은 1미터를 조금 넘었다. 평소에는 사람들이 잘 안 다니는 곳이었다. 특별한 일이 있어 음악분수대를 움직여 2, 3백 명 정도가 음악분수대 주변에 모여들어 그 정황을 구경하는 정도였다. 그러나 오늘은 이곳마저 사람들로 꽉 차서 그야말로 파도가 스치는 듯한 사람들의 물결로 가득차 있었던 것이다. 위험을 방지하기 위한 안전시설이 있었지만 오늘과 같은 상황은 생각조차 못했던 일이기에 수행하는 경호원들조차 어떻게 이 상황에 대처해야 할지를 모를 정도였다.

일하는 사람들 중에서 큰 소리가 터져 나왔다.

"어서 수장을 모시고 이곳을 벗어나도록 하세요, 사람들이 너무 많아요. 2층과 3층에 사람들이 너무 많아 잘 못하다가는 무너질 수도 있으니 위험합니다."

수행하던 사람들과 경호원들이 이 소리를 듣는 순간 안전이 제일 중요했기에 다른 것은 생각할 여지도 없이 얼른 덩샤오핑과 그의 가족들을 부축하여 군중들로부터 벗어나게 하고자 빌딩을 나가는 문 쪽으로 안내했다. 그러나 문 쪽에도 이미 군중들로 가득 차 있었다. 사람들이 덩샤오핑이 나오는 것을 보자 곧바로 "덩샤오핑 큰 아버지 안녕하세요!", "샤오핑 주석 안녕하세요!"하고 소리쳤다.

정말로 상상하지 못한 일이었다. 어떤 조직이나 지휘 하에서도 그런 장관을 연출할 수는 없었다. 그러나 오히려 질서는 정연했다. 군중들은 조급해 하지 않았다. 서로 밀치지도 않았다. 당연히 어떤 조그마한 불미스러운 일도 일어날 수가 없었다.

이러한 상황은 8년 전의 일들을 생각나게 했다. 1984년 1월 24일 오후 덩샤오핑이 선전 국제무역빌딩에 도착해서 시가지의 위용을 시찰한

제9장 일반 군중들이 진인을 보다

덩샤오핑이 국제무역 빌딩을 나오면서 군중들을 향해 친절히 손을 흔들며 감사를 표하고 있는 모습

후 내려올 때 또한 군중들의 열렬한 지지를 받은 적이 있었다. 부근에서 일하던 사람들이 작업복을 입고 작업모를 쓴 채로 모든 것을 아랑곳하지 않고 덩샤오핑을 보고자 몰려들었던 것이다. 덩샤오핑은 이들을 보면서 미소 지으며 손을 흔들었다. 어떤 노동자는 흥분한 나머지 작업모를 벗어 하늘에 던지기까지 했다. 그날의 감격스러웠던 장면을 오늘도 또한 군중들은 재연하고 있었던 것이다. 물론 그날보다 군중들이 많고 더욱 열렬했으며 질서가 정연했던 것은 당연지사였다.

8년 후의 오늘 선전 국제무역빌딩의 커다란 홀에서 걸어 나오는 덩샤오핑은 미소를 지으면서 계속해서 군중들을 향해 손을 흔들어댔다.

그러나 사람들이 너무 많았기에 실제로 덩샤오핑의 모습을 볼 수 있는 사람들은 그의 전면에 서 있는 사람들뿐이었다. 뒤쪽에 있는 사람들은 볼 수가 없었다. 그 자리에 모여든 모든 사람들 대부분은 그저 감정상으로만 느끼면서 환호하고 격앙하고 있을 뿐이었다.

내 앞에서 어떤 중년남자가 갑자기 앞으로 나가더니 덩샤오핑에게 악수를 하고 싶었던지 손을 내밀었다. 그러자 경호원이 곧바로 그를 군중 속으로 밀쳐버렸다.

후에 촬영기자 장스까오가 말하기를 당시 덩샤오핑이 미소를 지으며 군중을 향해 손을 흔들 때 그가 마침 촬영을 하던 때였다. 옆에 있던 공안원이 군중 속에서 한 반백의 사람이 앞으로 튀어나오길래 곧바로 그를 제지할 생각으로 그가 앞으로 나오지 말고 뒤로 가라고 요구했다고 한다. 그런데 그가 느닷없이 큰소리로

"동지야! 나는 몇십 년간을 우파로 지내왔네. 그런 나를 덩샤오핑이 해방시켜 주었네. 나에게 앞에서 그를 좀 보게 해줄 수가 없나?"

그런 그를 보고 주위 사람들이 모두 감동했다. 그러면서 앞에 섰던 사람들이 그에게 앞으로 가도록 길을 비켜 주었다. 그 자리에는 선전시 공안국 국장 량다쥔(梁達均)이 있었는데 그도 동의를 하고 경호원들에게 그를 군중들 앞에 서도록 해서 덩샤오핑을 잘 볼 수 있도록 해주었다고 했다.

그러는 가운데 공안과 경호원들은 수장의 안전을 위하여 온 힘을 다해 어렵게 문 앞에 기다리고 있는 중형버스에 오르도록 했다. 이때 광장에 있던 군중들이 스스로 갈라서면서 큰 길을 내주었다. 덩샤오핑을 태운 차가 천천히 그곳을 벗어날 수 있도록 해준 것이다. 이것이 바로 개혁개방의 최전선에 있던 군중들의 태도였다. 이것이 바로 선전특구의 당시 사회와 정치적 분위기였다. 덩샤오핑은 차 속에서 환호해주는

군중들을 향해서 손을 흔들어 답례해 주었다. 노인은 이러한 열렬한 상황을 보면서 군중들과 함께 기쁨을 같이 했던 것이다.

제10장

평가한 말은 "곡조가 틀리지 않았다"였다

    10시 40분 차량 행렬이 선전 국제무역빌딩으로부터 나왔다. 그런 후 선전시 서북쪽에 있는 셴커샤오광(先科激光)텔레비전유한공사에 도착했다. 이 공사의 이사장 예화밍(葉華明)이 대문 앞에서 기다리다 영접했다.

    대문 앞에서 사무실 빌딩 앞 사이에 몇백 명이나 되는 직원들이 도열하여 "샤오핑 주석 안녕하세요!", "덩샤오핑 동지를 열렬히 환영합니다"라는 피켓과 현수막을 들고 취주악대의 연주와 함께 열렬히 환영해 주었다.

    셴커샤오광텔레비전유한공사는 고급 과학기술 기업으로 네덜란드의 필립회사로부터 선진 기술을 들여와 레이저 음반, 레이저 비디오 컴팩트디스크, 비디오 컴팩트 방송기기, 음향기기 등을 조립 생산하는 회사였다. 당시 중국대륙에서는 기술방면에서 선두 자리를 지키고 있었다. 또한 명문 후대인이 이 기업을 주관하고 있었고, 이 회사가 투자하여 생산을 시작한 지 반년도 안 되어 장쩌민, 리펑, 왕전, 톈지윈(田紀雲), 류화칭(劉華淸) 등 중앙의 영도자들이 와서 참관 시찰한 곳이기도 했다.

    당시 영접한 사람인 예화밍은 예팅(葉挺) 장군의 아들이었다. 그러한 그를 덩샤오핑에게 소개하자 덩샤오핑은 기쁘기 한이 없다는 표정을 지으면서 친절히 악수를 청하며 물었다.

    "자네가 예 장군의 둘째인가?"

明答：老四。小平同志点了点头，又问：正老呢？叶华明答：在海南。

接着，小平同志走进该公司的展览厅，坐下来听取叶华明汇报，观看该公司生产的激光唱盘的特性、功能表演。当表演节目出现《我们的邓大姐》片段时，小平同志对坐在身边的广东省委书记谢非同志说：我今年88岁。邓颖超同志同我同年，她是一月生的，我是八月生的，她比我大半岁。

深飞公司的一位四川籍职工当场演唱一首卡拉OK《在希望的田野上》。小平同志饶有兴趣地听完后说："听得非常清楚，不走调，这个音响好。"

接着，小平同志还兴致勃勃地参观了组装生产车间，走着走着就在一个生产线上停下来，問几位正在工作的女工：你们是什么地方人？女工回答说：汕头人。小平同志说：我一看就晓得你们是南方人。在场的同志都轻松地笑起来。

11时15分：邓小平同志离开深飞激光电器公司，乘车回深圳迎宾馆。离开时，该公司的许多职工聚集在门口，热烈欢送。

1992년 덩샤오핑이 남방을 순시했을 때 담화한 내용을 기록한 원고 사본 (2/2)

예화밍이 대답했다.

"아닙니다. 저는 넷째입니다."

그러면서 4개의 손가락을 펴보였다.

"아! 그런가. 우리가 벌써 40년간을 못 만났네 그려."

덩샤오핑은 감개무량한 듯이 말했다.

"그렇습니다. 저는 그 때 아직 어린아이였습니다. 현재는 50이 좀 넘었습니다만……."

덩샤오핑은 고개를 끄덕이며 또한 물었다.

"자네 동생이 예정광(葉正光)이지?"

예화밍이 대답했다.

"예, 지금 하이난도(海南島)에 있습니다."

원래 예팅 장군은 1946년 비행기 사고로 일찍 세상을 떠난 후 예화밍과 그의 동생들은 앤안(延安)에서 베이징으로 와 줄곧 중국공산당 고위층 영도자들인 저우언라이(周恩來), 주더(朱德), 녜룽전(聶榮臻) 등의 관심과 사랑을 받으며 살아왔다. 덩샤오핑 또한 당연히 예팅 장군의 후대들에게 큰 관심을 가지고 있었고, 그들의 상황에 대해 잘 알고 있었다. 그 중 예화밍의 동생인 예정광의 나이와 덩샤오핑의 아들인 덩푸팡(鄧朴方)과는 같은 동년배였기에 어린 시절 항상 같이 놀곤 했으므로 덩샤오핑의 집을 자주 들락거렸던 것이다. 따라서 덩샤오핑은 그의 동생 예정광에 대해서는 애정이 특별히 깊었던 것이다.

반갑게 대면한 덩샤오핑은 예화밍이 안내하는 대로 회사 전시홀로 가서 회사의 귀빈실에 앉았다. 그런 후 먼저 들여온 외자와 기술, 고급 과학기술회사로 발전한 상황에 대해 설명하는 예화밍의 보고를 경청했다. 그런 후에 비디오 레이저디스크가 방영되는 것을 보았다.

덩난이 이 회사 예전 담당자가 가지고 온 번쩍번쩍 빛나는 레이저디스크를 받아들고 무게를 점검한 후 부친에게 건네어 보게 했다.

이 회사에 근무하는 기술자가 얼른 소개하는 말을 했다.

"이런 레이저디스크 한 장이면 10만여 장의 컬러사진을 저장할 수 있습니다. 그리고 오래도록 보존할 수가 있는데, 쉽게 손상되지도 않습니다."

덩샤오핑은 아주 흥미 있다는 듯이 이 레이저디스크를 자세히 살펴본 후 물었다.

"이 재료는 무엇이지요?"

회사 기술자가 대답했다.

"플라스틱 재료 위에다 은박을 입힌 것입니다."

예화밍(葉華明)이 덩샤오핑에게 셴커(先科)공사가 생산한 제품을 소개하고 있는 모습

제10장 평가한 말은 "곡조가 틀리지 않았다"였다　123

덩샤오핑은 고개를 끄덕였다.

이어서 회사의 전문가가 덩샤오핑에게 그들 회사가 생산한 상품의 특성, 검색능력, 음향효과에 대해서 설명했다. 그 자리에서 방영한 전기(傳記)자료 편명은 《우리들의 덩 누나(我們的鄧姐姐)》였다. 이때 덩샤오핑이 웃으면서 옆에 앉아 있는 셰페이에게 말했다.

"내가 금년에 88세인데, 덩 누님과 나는 같은 나이였지요. 모두 1904년생이었으니까요. 그런데 나는 8월생이고, 그녀는 2월 출생이라 나보다 반년이 위였어요."

잠시 말을 멈추더니 그는 다시 말했다.

"덩잉차오(鄧穎超) 동지는 허난성(河南省) 사람이지요."

그러자 딸인 덩난이 말했다.

"아니에요, 그분은 광시(廣西)사람이에요."

덩샤오핑이 곧바로

"그분의 원적은 원래 허난이야. 광시는 그녀가 출생하고 자란 곳이다."

앉아 있던 사람들이 모두 웃었다. 그리고 노인의 기억력에 모두들 놀랐다. 동시에 그가 얼마나 덩잉차오를 존경하고 있는지를 알고는 일순 숙연해졌다

이어서 셴커공사가 미리 안배해 놓은 한 젊은 아마추어 가수가 귀빈실 중간에 서서 노래할 준비를 하였다. 그는 덩샤오핑에게 90도 각도로 절을 한 다음, 스촨(四川)말로 사방이 다 들리게 큰 소리로 자신을 소개했다.

"저는 자오민(趙敏)이라고 합니다. 원래는 스촨의 셴커공사의 직원입니다. 이제 존경하는 덩샤오핑 동지와 이 자리에 앉아계시는 각 영도자

님들을 위해 〈희망의 들판에서〔在希望的田野上〕〉라는 곡을 부르려고 합니다."

그런 후 이 아마추어 가수는 스크린에 나오는 동영상 자막을 보면서 고성으로 노래를 하기 시작했다.

덩샤오핑은 아주 기분이 좋은 듯 아주 열심히 들었다. 노래가 끝나자 그는 먼저 박수를 쳤다. 그리고는 몸을 일으켜 아주 기쁘다는 듯이 말했다.

"아주 좋았네. 아주 명확하게 잘 들었네. 곡조가 틀리지 않았고 음향효과도 아주 좋았어요."

셰페이, 리하오, 정량위, 리여우리 및 주변에 있던 우리들 모두가 아주 기분이 좋아서 덩샤오핑을 따라 박수를 쳐댔다.

센커공사 방송홀에서 덩샤오핑이 레이저디스크 전시품을 보고 있는 모습

덩샤오핑이 레이저디스크를 생산하는 공장의 통행로를 걷고 있는 모습

이어서 회사가 안배한 대로 덩샤오핑은 레이저디스크를 생산하는 공장 내부를 시찰했다. 귀빈실에서 생산 공장까지의 거리는 약 30미터의 평탄한 길이었다. 이 통로는 덩샤오핑을 위해서 임시로 만든 통로였다. 통로 양쪽으로 각종 꽃들이 놓여져 있었고, 많은 직원들이 양편으로 갈라서서 박수로서 환영해 주었다. 아마도 근거리에서 위인의 풍채를 볼 수 있기를 기대한 것 같았다.

덩샤오핑이 걸으면서 말했다.

"여기서 일하는 직공들의 나이는 어느 정도나 되지요?"

예화밍이 답했다.

"대부분이 25에서 30세 정도입니다. 대부분이 기술자들입니다."

덩샤오핑이 기쁜 듯이 말했다.

"그래, 아주 좋군! 고도의 과학기술은 젊은 사람들이 맡아야 된다네. 희망은 젊은 사람들 어깨에 있기 때문이지."

레이저디스크 공장에 들어서자 덩샤오핑이 민감하게 물었다.

"저작권 문제는 어떻게 해결하고 있나?"

예화밍이 대답하였다.

"국제적인 규정에 따라서 외국 영화회사로부터 저작권을 사고 있습니다."

덩샤오핑은 고개를 끄덕이며 말했다.

"마땅히 그래야 하네. 국제적으로 규정된 지식재산권 규정을 지켜야 하네."

생산 공장으로 가던 중 덩샤오핑은 멈추지 않고 물었다. 예를 들면 원재료가 어디서 오는지, 수입에만 의존하고 있는지, 국내에서 이 문제를 해결할 수 있는지, 회사에서 생산되는 상품의 질량은 어떻게 검사하고 있는지, 또 어떻게 보증해 주고 있는지 등등이었다. 어떤 질문에 예화밍이 대답을 못하게 되면 회사의 고위 관리 계층 혹은 기술원들이 대신 대답하곤 했다.

덩샤오핑은 걸으면서 한편으로는 살피다가 갑자기 멈춰 섰다. 그리고는 어느 젊은 여자 직공에게 물었다.

"자네들은 어느 지방 사람들인가?"

몇 명의 여자 직공들이 대답했다.

"선터우(汕斗) 사람입니다"

덩샤오핑이 웃으면서 말했다.

"내 그럴 줄 알았지, 나는 자네들을 보자마자 광둥사람들이라는 것을 알았지."

그가 말하자 같이 있던 사람들이 모두 함께 웃었다.

셴커공사를 떠나기 전에 덩샤오핑은 또한 상세하게 회사의 총생산능력, 기업이 달성할 수 있는 최고 목표와 효율 등에 대해 물었다. 이에 예화밍은 최대한 노력해서 최고의 목표에 이르도록 하겠다고 말했다. 덩샤오핑은 이 혁명가의 후대에 대해서 최고의 관심과 사랑을 보였던 것이다.

우리들은 덩샤오핑을 따라 셴커공사를 떠나 선전영빈관으로 돌아왔다. 그때는 이미 정오를 넘기고 있었다.

제11장

기록하는 일에 곤란한 문제가 생기다

　1월 20일 선전 국제무역빌딩에 갈 준비를 하며 아침을 먹을 때 나는 시당위원회 서기 리하오를 찾았다. 당시 광둥성 당위원회 서기 셰페이도 함께 있었다. 나는 그들에게 내 생각을 보고 했다. 즉 중요한 기록을 혹시 빠뜨리지 않을까 하는 걱정 때문이었다. 예를 들면 출발해서 길을 가는 동안 오직 성과 시의 주요 영도자만이 덩샤오핑 버스에 같이 타면서 수행할 수 있었던 것이다. 그러니 나는 덩샤오핑의 말씀을 기록할 수가 없었던 것이다. 더구나 스촨어 사투리가 아주 농후한 덩샤오핑의 말을 한 번에 알아듣기란 매우 어려웠다. 그래서 우리들이 녹음기를 휴대할 수 있기를 희망한다고 했고, 시당위원회 선전부가 한 명의 스촨이 고향인 간부를 파견하여 영빈관에서 우리들과 함께 기록을 정리할 수 있도록 협조해 달라고 했다. 두 영도자는 나의 말을 들은 후 이해한다고 하면서 지원해 주기로 했다.
　셰페이는 우스개소리까지 곁들여
　"우 부장, 걱정하지 말아요. 샤오핑 동지가 버스에서 중요한 말씀을 하시면 자네에게 일일이 보고할 테니까 말이오."
　그는 오래 전에 성위원회 부서기였을 때 선전에 감사하러 왔었는데 그때 내가 그를 수행하여 안내한 적이 있기 때문에 셰페이는 나를 알고 있었던 것이다.

나도 반은 농담조로 말했다.

"어쨌든 기록하는 일을 제대로 완성하지 못하면 중앙에서는 먼저 두 분 서기의 엉덩이를 때릴 것이지 저하고는 관계없습니다."
라고 하였다. 두 사람은 곧 웃음을 지으며 리하오가 왕 주임에게 설명하겠다고 말했다.

1월 20일 9시 영빈관에서 차에 오를 때 나는 소형 소니 녹음기를 리하오 서기에게 주면서 사용방법을 알려주었다. 리하오는 나의 설명을 듣고는 녹음기를 양복 왼쪽 주머니에 넣었고 덩샤오핑이 탄 차에 올랐다.

국제무역빌딩 회전식당에 도착하자 나와 천스톈은 특수 임무 때문에 덩샤오핑, 셰페이, 리하오, 주오린, 덩난의 뒤에 서 있었다. 리하오는 허리를 반 정도 굽히고 선전시 건설 계획을 손가락으로 가리키며 설명했다. 나는 덩샤오핑을 보는 순간 그가 말을 하기 시작하는 것을 보았다. 나는 리하오에게 손으로 녹음기를 틀 것을 알렸다. 리하오는 얼른 손을 주머니에 넣어 녹음기를 눌렀다. 그러면서 나를 향해 머리를 끄덕였다. 그 뜻은 '눌렀다'라는 의미였다. 나는 마음을 놓고 뒤로 물러나 한 곳에 앉았다. 그리고 한쪽으로 들으며 한쪽으로 기록해 나갔다.

덩샤오핑이 국제무역빌딩에서 내려온 후 또한 선페이(深飛)공사에 가서 시찰했다. 우리는 정오 12시가 다 되어서야 영빈관으로 돌아왔다. 나는 얼른 리하오 서기의 비서 류인화(劉潤華)를 찾아 녹음기를 달라고 했다. 그런 후 점심 먹는 일에는 관심 없이 우선 5호 동에 있는 나의 방으로 들어가 정리하는 일에 몰두했다. 그런데 녹음기가 반도 안 돌아가서 녹음된 것이 없었다. 몇 번을 돌려 보았으나 마찬가지였다.

　나는 마음속으로 당황하기 시작했다. 만일 녹음이 안 되었다면 덩샤오핑이 오전에 국제무역빌딩에서 발표한 매우 길고 중요한 말을 오로지 필기한 것에만 의존하게 되어 분명이 빼먹은 곳이 있을 거라고 생각되었기 때문이었다. 나는 식당으로 리하오를 직접 찾아갔다. 리서기도 내 말을 듣더니 일순간 긴장하는 눈치였다. 그러면서

　"나는 확실하게 스위치를 눌렀고, 녹음되는 소리도 들었는데……. 중간에 다시 누른 적도 없고, 어떻게 하지?"

　정말 그랬다. 어떻게 해야 할지가 가장 중요했다. 나는 마음속으로 스스로에게 말했다. 녹음기가 중간에 문제를 일으켰을 거야. 이 문제를 가지고 어떻게 영도자를 찾아가지? 해결방법을 스스로 찾을 수밖에 없었다. 나는 한편으로 생각하며 식당을 나왔다. 그러다가 갑자기 셰페이의 비서인 천지앤화를 생각했다. 한참 전에 셰페이가 광동성 당위원회 부서기로서 선전 정신문명 건설에 대한 문제를 조사하러 선전에 왔을 때 시당위원회에서는 나에게 수행하며 안내하라고 안배했었는데, 그때 류 비서를 알게 되었던 것이다. 그는 일하는데 아주 열심히 했고 자세하게 했으므로 아마도 녹음을 했을 것이라는 생각이 들었던 것이다.

　나는 식당으로 들어가 다시 그를 찾았는데 마침 그가 자리에서 일어나는 것을 볼 수 있었다. 그는 나를 보면서 웃었다. 그는 이미 내가 리하오에게 보고한 사실을 듣고 있었던 것이다. 그는 스스로 나에게 오더니 나를 식당 바깥으로 데리고 가서 웃으면서 말했다.

　"어때요, 내가 좀 도와줬으면 싶지요?"

　천지앤화는 나보다 나이가 한참 적었다. 그러나 우리들은 아주 오

랜 친구처럼 지내고 있었다. 내가 말했다.

"천형, 빨리 내놓게. 어떤 조건이라도 좋으니 어서 말해보게."

사실 천지앤화는 덩샤오핑이 국제무역빌딩에서 한 말의 후반 부분을 녹음해 놓았던 것이다(시작할 때부터 중앙경위국 사람들이 기타 업무자들을 덩샤오핑이 앉아 있는 위치에 접근하지 못하게 했다).

"우리가 앞부분을 녹음했으니 서로 보충하면 되겠네 그려."

그날 오후 덩샤오핑은 밖으로 나가질 않았다. 우리들 또한 기록할 만한 일이 없게 되었다. 나는 얼른 선전라디오 방송국 국장 마다오밍(馬導明)에게 전화를 걸었다. 그는 곧바로 정치적으로 믿을 만한 기술자인 여우민(遊敏)이 녹음 장비를 가지고 영빈관으로 오게 했다. 나는 또한 시당위원회 선전부에서 한 스촨 출신 간부 링용(凌泳)을 영빈관으로 오도록 했다. 그녀들 두 사람은 한 방을 쓰게 했다. 여우민이 기술적인 문제를 담당하고 덩샤오핑이 말을 최대한 잘 들리게 하는 일을 담당하여 완전한 녹음테이프가 되게 했다(당시에는 아직 CD가 없었다). 링용의 고향은 스촨으로, 덩샤오핑의 스촨 말을 완전히 알아들었기에 한쪽으로 들으면서 한쪽으로는 기록해 나갔다. 이 두 사람은 맡은 바 일을 아주 철저하게 잘 해나갔다. 그리하여 덩샤오핑이 국제무역빌딩에서 한 말을 한 자도 놓치지 않고 완벽하게 기록해 내었다(나는 그녀들에게 기침 소리나 잠시 말이 중단되었던 부분에 대해서는 점으로서 표시해 두라고 했다). 그런 다음 나는 원본 기록과 대조하면서 다시 정리해 갔다.

이번에 덩샤오핑이 선전을 시찰하면서 한 담화는 가장 중요했고, 가장 집중된 것은 국제무역빌딩에서의 담화였다. 천지앤화는 내가 기록 정리하는 일을 완성하는 데 매우 큰 도움을 주었다. 그에게 이 자리를 빌어 감사하는 바이다. 나는 그에게 덩샤오핑 동지가 국제무역빌딩에서 담화한 내용이 들어 있는 완벽한 녹음테이프를 한 세트 선물했다. 이러한 일들은 덩샤오핑이 선전을 시찰하며 담화한 내용을 기록하는 업무 중 있었던 한 토막의 유쾌한 간주곡이었다.

이후 며칠 동안 나는 덩샤오핑의 시찰 과정 중에 특별히 조심해서 일을 준비해갔다.

매일 아침 출발할 때 나는 녹음기의 상태를 점검하고 이를 리하오의 비서에게 건넸다. 그리고 영빈관으로 돌아오면 회수하곤 했다. 그리고 먼저 링용과 여우민에게 정리하도록 했다. 그런 후 나는 천스텐과 함께 스스로 기록한 것과 대조해 보며 그날 덩샤오핑이 시찰 활동 중 담화한 완벽한 초고 기록을 만들어냈다. 그런 다음 왕 주임에게 주어 심사를 받았다. 이렇게 상세하고 정확하게, 그리고 완전하게 정리하느라 시간은 빨리 지나갔다. 그 여러 날 동안 나는 천스텐과 항상 시간을 보내면서 임무를 완수하느라 매일 밤 12시가 넘어서야 잠자리에 들어갈 수 있었다.

반드시 말해주어야 할 사람은 선전 특구보 촬영부 주임인 장스까오이다. 내가 이 임무를 맡게 된 후 비록 당시 상급기관에 통지한 것은 일체 공개보도가 될 수 없었지만, 그래도 그는 매일 20kg이나 되는 촬영기재를 짊어지고 다니면서 매우 중요한 다른 종류의 기록업무를 해냈던 것이다. '선전에서의 덩샤오핑'에 관한 수많은 역사에 남을 진귀한 사진들은 그의 이러한 활동에 의해서 남겨진 것이었다. 또한 선전텔레비전국의 기자 구이송핑(桂頌平)이 지니고 있는 아주 무거운 텔레비전 촬영기기로 촬영하는 일은 취재도중에 많은 어려운 문제점을 만나게 되었는데, 그러나 그는 이러한 어려운 문제를 극복하면서 선전에서의 덩샤오핑에 관한 아주 진귀한 기록을 상세하게 남기고자 노력했던 것이다. 장스까오, 구이송핑 그들은 이후의 선전 보도를 통해 덩샤오핑의 남방에서 한 주요 담화정신을 발휘케 하는 데 아주 중요한 작용을 했다. 그리고 중요한 역사 당안기록에 대해서도 대체할 수 없는 중요한 공헌을 했던 것이다.

제12장

발언인 마음대로 진정한 말을 하다

1월 20일 정오 나는 영빈관 5호 동 나의 방으로 돌아왔다. 마침 덩샤오핑의 국제무역빌딩에서의 담화를 녹음한 것을 정리하려고 하고 있을 때, 시정부의 대변인인 황신화(黃新華, 그는 당시 또한 시당위원회 선전부 외선처外宣處 처장이었다)의 전화를 받았다. 그는 홍콩위성텔레비전 방송국으로부터 수많은 전화를 받았다는 것이었다. 그들은 전화를 통해 많은 군중들로부터 전화를 받았는데 덩샤오핑이 지금 선전을 시찰하고 있다는 소식을 전해왔다는 것이었다. 홍콩 측에서는 "홍콩인들이 덩샤오핑이 선전에 왔다는 소식을 들은 후 모두 기뻐하고 있는데, 선전시정부 신문처에서는 왜 어떤 소식도 발표하지 않고 있는 것이냐?"는 것이었다.

1989년은 정치 풍파 기간 중에 있었기에 홍콩의 신문, 라디오 텔레비전 모두가 쓸데없는 요언들만을 듣고 보도를 하는 바람에 다량의 거짓 뉴스를 내보내게 되었던 것이다. 어떤 경우에는 중국의 모 영도자가 서거했다는 등, 국가 총리가 경찰에 살해되었다는 등 소위 '중대 뉴스'를 발표하기도 했었다. 후에 이러한 뉴스들은 완전히 거짓으로 드러났다. 그리하여 이를 보도한 매체들에서는 그 신뢰성이 많이 손상되어 있었다. 그러자 홍콩위성방송국은 이번만큼은 보도에 신중을 기하자고 해서 특별히 황신화 동지를 잘 아는 기자가 전화를 걸어와 정식으로 군중들에게 진실된 보도를 위한 정보를 주기를 희망하면서 더 많은 덩샤오핑의 선전 시찰에 관한 뉴스를 제공해 달라는 것이었다.

황신화는 전화 속에서 나에게 그 상황을 전한 후 계속해서 내게 물었다.

"우 부장, 어떤가, 어떤 대답을 해줘야 되지 않겠는가?"

이는 나를 매우 곤란하게 하여 나는 수화기를 들고 한참을 서 있었다. 덩샤오핑이 선전을 시찰한 소식은 당시 조직에서 절대로 비밀에 부치는 소식이었기 때문이었다. 그러나 사실상 덩샤오핑이 오전에 국제무역빌딩과 셴커공사에서 이미 많은 관중들에게 노출되었기에 내 머릿속은 복잡해졌다.

나의 머릿속에서는 오전에 본 관중들의 덩샤오핑을 보고자 하는 그 열정이 펼쳐졌다. 마음속으로는 "덩샤오핑이 선전을 시찰했습니다"라고 말하고 싶었다. 이미 비밀스런 일이 아니었기 때문이었다. 다시 말해서 덩샤오핑의 선전특구에 대한 시찰을 위해 남방에 왔다는 것은 개혁개방을 지지한다는 매우 중요한 메시지를 보내고 있다는 사실을 시사하는 것이었기 때문에, 이는 최대의 뉴스거리가 되고도 남음이 있었던 것이다.

이런저런 생각을 정리한 나는 황신화에게 과단성 있게 답해주었다.

"그들에게 대답하세요. 덩샤오핑이 선전을 시찰하고 있다고요. 그러나 기타 다른 상황에 대해서는 잠시 동안 어떤 말도 하시면 안 됩니다."

오후 1시가 되었다. 영빈관에 머물고 있는 다른 동지들이 이미 식사를 마치고 방으로 돌아와 휴식을 취하고 있을 때, 나는 녹음기의 문제로 또한 천지앤화가 가지고 올 녹음테이프를 기다리며 다시 한 번 듣고 덩샤오핑의 담화를 기록 정리하는 문제로 늦게 식당으로 가서 점심을 먹었다. 식당에서 나는 한편으로는 밥을 먹고 한편으로는 홍콩 위성텔레비전의 방영하는 〈덩샤오핑, 선전 시찰〉이라는 특별 방송을 보았다. 아나운서가 간단하게 설명한 후 전화로 녹음된 황신화의 목소리가 흘러나왔다. 전화 속에서 기자가 물었다.

"덩샤오핑이 선전을 시찰하고 있습니까?"

전화 속에서 황신화가 말했다.

"예, 그렇습니다."

텔레비전에는 황신화의 얼굴도 함께 비쳐졌다. 그러면서 이어서 덩샤오핑과 관련된 여러 가지 역사적 일들을 방영했다. 그러면서 '특집뉴스'라고 반복해서 내보냈다.

그날 홍콩인들은 이 '특집뉴스'를 월드컵 축구뉴스보다 더 열렬히 보았다고 한다. 홍콩의 다른 텔레비전 방송국과 몇 개의 라디오 방송국은 신속하게 이 뉴스를 편집해서 반복해서 방영했다. 이런 과정 속에서 덩샤오핑의 선전 방문소식은 홍콩의 주점, 식당, 거리 구석구석 어디를 가나 화젯거리가 되었다.

세계의 각 커다란 통신사들도 곧바로 이 뉴스를 타전하며 "덩샤오핑이 선전에 있다"는 사실을 중요한 시간에 중대 뉴스로 방영했다.

예를 들면, 미국 연합통신사는 1992년 1월 21일 홍콩발로 타전하기를 "선전시정부의 한 관방 측 사람이 전화 통화에서 한 발언에 따르면 87세의 덩샤오핑이 일요일 선전 경제특구에 와서 선전에서 며칠간 묵을 계획이라고 타전했다. 보도에서는 덩샤오핑의 선전에서의 일정은 빠듯했는데 그의 건강은 양호한 듯했다"고 했다. 로이터 통신은 1992년 1월 21일 홍콩발 타전을 통해 "선전 시정부 뉴스 담당자가 화요일 토로하기를 중국의 최고 영도자 덩샤오핑이 선전 경제특구를 시찰하였다"

제12장 발언인 마음대로 진정한 말을 하다

고 했다. AFP통신은 1992년 1월 21일 홍콩발로 "보도에 따르면 중국에서 이미 은퇴한 최고 영도자 덩샤오핑이 현재 선전 경제특구를 시찰하고 있다"고 타전했다.

이는 실제적으로 "덩샤오핑이 선전 경제특구를 시찰하는 것은 중국이 여전히 개혁개방을 견지하고 있다는 것을 보여주는 것"이라는 소식을 신속하게 세계 각지에 전파로써 널리 알리는 결과를 가져다 주었다.

당연히 해외에서의 대량 선전은 국외의 각 대형 통신사의 신속한 반응과 보도를 통해 이루어졌고, 베이징의 정보와 뉴스 관리 기관을 놀라게 했다. 정상적인 상황 하에서는 반드시 누군가가 '절대 기밀'을 누설한 사람을 찾아내어 책임을 물었을 것이다.

그날 밤 저녁 식사 후에 황신화가 얼굴색이 하얗게 되어 영빈관으로 나를 찾아왔다. 유관 부문에서 덩샤오핑이 선전 시찰 소식을 밝힌 사실에 대해 조사하고 있다는 것이었다.

나도 비록 나름대로 준비를 하고 있었지만, 심리적으로 큰 충격을 받아 일시 머리가 묘연지는 것을 느낄 수 있었다. 진정한 말, 실질적인 말에 대한 위험이 마침내 닥친 것이었다. 그러나 나는 생각하고 또 생각했다. 우선 나 스스로가 정서적으로 안정을 취하는 게 중요하다고 생각했다. 그런 다음 황신화를 안심시켰다.

"두려워할 것 없어요? 점심에 홍콩 텔레비전에서 뉴스를 내보낸 다음 오후 홍콩의 주식시장은 4,500포인트를 돌파하였습니다. 많은 사람들이 당신이 이 뉴스에 대해 발언하는 것을 보지 않았습니까? 내가 보기에 사회에 아주 정면으로 반영된 것이지요. 만일 책임을 묻는다면 내가 완전히 다 맡을게요."

황신화는 바오안(寶安) 사람으로 선전시가 성립된 후 선전시 라디오

방송국에서 일해 왔던 선전에 있던 유일한 기자였다. 당시의 선전 본토에는 방송국 이외에는 어떠한 뉴스를 담당하는 곳이 없었다. 황신화는 후에 시당위원회 선전부 외선처外宣處(대외적으로는 시정부 신문처로 불림)로 옮겨 과장, 부처장, 처장에까지 이른 사람이었다. 내가 1981년 선전시당위원회 선전부로 옮겨간 후 서로 연락하면서 방송국 일을 지도해 왔다. 나는 부부장을 담당한 후에 몇 년간 외선처 일을 담당하고 있었다. 나와 황신화 사이는 비교적 좋은 관계였다. 그는 나의 태도가 아주 확실한 것을 알고 아주 마음이 가벼워진 모양이었다. 긴장에서 조금 누그러져 가는 모습이었다.

"그렇게 말하니 내가 좀 마음이 놓이는군 그래."

그런 후 그는 집으로 돌아갔다.

그러나 황신화가 돌아갈 때 우정어린 눈으로 나를 보면서 말했다.

"부장, 내가 생각하기에 자네가 생각하듯 그리 쉽지만은 않을 것 같네. 여러 가지로 조심하는 게 좋을 것 같네."

황신화가 돌아간 후 나의 마음속은 매우 불안정했다. 왜냐하면 이 일은 크다면 큰 것이고, 작으면 작다고 볼 수 있다는 것을 나는 알고 있었기 때문이었다. 큰일이 된다면 나는 정말로 "당과 국가의 중요한 기밀을 누설한 것이 될 수 있었다"고 볼 수 있기 때문에 엄중한 처분이 내려질 것이고, 심지어는 형사처벌을 받을 수도 있었던 것이다.

나는 창문 앞에 서서 먼 밖의 하늘에 떠 있는 별들을 바라보면서, 또한 북풍이 나뭇가지를 치는 듯한 물결소리를 들으면서 온갖 생각이 다 들었다.

오랫동안 생각 끝에 나는 마침내 결심을 내리고 '송원(松院)'의 리여우웨이가 거주하는 곳으로 갔다. 그는 여론을 관장하는 선전시 당위원회 부서기였고, 또한 덩샤오핑이 시찰하는 기간 동안 영빈관에 거주하는 시당위원회의 주요 영도자였다.

나는 리여우웨이의 방문을 노크했다. 문이 열리자 나는 그를 향해 '이실직고'했다.

"황신화는 우리의 부서에 속해 있는 사람입니다. 그는 나의 동의를 얻어 홍콩텔레비전에서 걸려온 전화의 질문에 답한 것입니다. 만일 잘못되었다면 완전히 제 책임입니다. 저는 조직의 어떤 비평이나 처분도 달게 받아들이겠습니다."

리여우웨이가 갑자기 나를 쳐다보더니 내 말이 끝날 때까지 다 듣더니 웃으면서 말했다.

"아이고! 일은 이미 지나가 버렸네. 사회적으로 덩샤오핑 동지가 선전 특구를 시찰하는 것이 뉴스에 방영되는 것은 좋은 일 아닌가. 오늘 오후에 홍콩의 주식이 대폭으로 올라갔다네. 자네는 돌아가서 자네 할 일이나 부지런히 하고 편히 쉬도록 하게나. 내일 할 일도 아주 중요한 일이니까 말일세."

영도자의 말을 들으면서 나는 말할 수 없는 기쁨을 느꼈다. 마음속에 달려 있는 돌이 떨어져 내리는 것처럼 느껴졌다. 앉아 있어도 앉아 있는 것 같지를 않아서 나는 리여우웨이에게 인사를 하고 돌아섰다.

영빈관 5동으로 돌아왔을 때 나는 곧바로 나의 방으로 돌아가지를 않았다. 아래층에 있는 숲길을 천천히 걸었다. 그러면서 조용히 생각했다. 마오쩌둥으로부터 덩샤오핑에 이르기까지 두 중앙 영도자들은 모두 '실사구시'를 창도했다. 그렇지만 실천을 한다는 것은 정말로 어려운 일이었다. 왜냐하면 단시간 내에 사물의 진실된 본질을 파악한다는 것은 정말로 곤란한 일이었기 때문이었다. 어떤 것을 모색하다 보면 변화하기 마련이고, 또 발전하는 규율을 따라간다는 것 또한 매우 곤란한 일이기 때문이었다. 경제와 문화관념 범위에서만이 아니라 정치 영역에 있어서의 동기와 효과, 진실과 정치적 수요 이들 모두가 통일적, 화해적으로 이루어진다는 것은 매우 어려운 일이기 때문이었다. 구체적으로 뉴스를 발표하고 보도하는 것은 종종 많은 뉴스의 사실을 미리 발표해서도 안 되고 미리 보도해서도 안 되는 것이었다. 왜 그런가? 그것은 바로 정치적 동기 및 정치적 목적 간의 모순이 그렇게 하는 것이었다. 그러나 다행히 아직 중국에는 확실히 많은 어려운 문제를 헤쳐갈 수 있는 용기 있고 실사구시를 과감하게 실행해 나가는 사람들이 있다는 것이 다행스런 일이었다. 7, 80년대 후 덩샤오핑이 중국의 개혁개방 문제를 대할 때의 모습은 실사구시의 전범을 보여주는 것이었다. 선전 특구의 많은 영도자도 실사구시의 원칙을 지켜나갔다. 시당위원회 서기 리하오는 이전에 이미 이렇게 말한 바 있었다.

"어느 분야라도 개혁을 할 때는 배반자라는 소리를 듣지 않을 수 없다."

만일 이러한 "용감하게 부딪치자"는 정신이 없었더라면 선전은 절대적으로 오늘날처럼 건설과 발전을 이루지 못했을 것이다.

이렇게 생각을 하자 나는 속에서 뜨거운 피가 솟아오르는 것을 느꼈다.

"당을 위한 사업을 책임지려면 어떠한 어려움도 과감히 헤쳐 나가야 한다"고 하는 생각이 머릿속을 때리듯 느껴졌다. 이러한 순진하고 성실한 공산당원의 신념은 나로 하여금 이후 덩샤오핑의 남방담화를 선전보도케 하는 정신적 바탕이 되게 하였고, 어떠한 어려움도 헤쳐 나갈 수 있는 두려움을 없애주게 되었으며, 어떠한 책임도 완수할 수 있도록 하는 데 주저하지 않는 용기를 주었다.

  이후 2,3일간 황신화 등 신문처는 점심과 저녁시간을 이용하여 계속해서 나에게 좋은 소식을 보내주었다. 우리들이 그때그때 보내주는 뉴스는 해외에서 덩샤오핑이 선전특구를 시찰한 데 대한 반응을 더욱 뜨겁게 해주었고, 그 보도량은 엄청나게 많았다. 초보적인 통계이기는 하나 20일부터 22일까지 홍콩의 20여 신문과 5개 텔레비전 방송국 및 홍콩주재 외국통신사들은 200여 편이 넘는 뉴스, 특별기고, 평론, 사진 등을 보도하고 전파했다. 홍콩의 《밍보(明報)》,《동팡일보(東方日報)》,《톈톈일보(天天日報)》 등은 덩샤오핑과 중국 개혁개방을 전문 주제로 하는 전문판을 내보내기도 했다. 내용상 절대다수가 이에 대한 긍정적인 반응을 보도했던 것이다.

  먼저 해외 여론 중에서 가장 눈에 띄는 것은 중국의 개혁개방에 대한 태도를 보도한 것이었다. 홍콩의 《밍보》는 "덩샤오핑이 선전에 나타났다. 이는 중앙이 선전 및 경제특구들에 대해서 다시 한 번 인정하고 있음을 보여주는 것으로서…… 중국공산당이 계속적으로 개혁개방정책을 견지하겠다는 의지를 보여주는 것으로 경제발전에 중점을 둔다는 목표를 변치 않겠다는 의지를 표명한 것이다"라고 말했다. 홍콩의 아시아텔레비전방송은 덩샤오핑의 선전 시찰에 대한 뉴스를 우호적으로 널리 보도하는 일 외에 이번 일을 전제로 하여 홍콩의 《광쟈오징(廣角鏡)》 잡지의 총편집 리궈창(李國强) 등 9명의 지명도 높은 홍콩의 정치 평론인들이 텔레비전 좌담회를 열도록 했다. 홍콩인들은 덩샤오핑이 광둥으로 내려온 것은 소련의 해체 후 중국이 더욱 개혁개방에 대한 결심을 굳건히 했음을 증명해 주는 것이고, 이는 홍콩에 대해 안정적인 작용을 할 것이라고 보면서 홍콩의 앞날에 대한 믿음을 높이는 일이라고 평했다.

둘째는 해외 여론이 또한 덩샤오핑의 건강에 대해 관심을 두면서 이는 중국의 개혁개방 정책을 보증해 주는 것이라고 설명했다. 홍콩의 《원후이보(文匯報)》는 보도하기를 "선전 국제무역빌딩 32층에서 근무하는 어떤 직원은 덩샤오핑이 빌딩으로 걸어 들어오는 것을 마침 아주 잘 보았다고 했다. 그는 덩샤오핑이 80세가 넘었는데도 걸음걸이가 씩씩했고 신체상황도 아주 좋았다고 말했다." 홍콩의 《다공보(大公報)》는 보도하기를 "덩샤오핑의 신체는 아주 건강하며, 사람들을 향해서 손을 흔들어 답례했다"고 보도했다. 홍콩의 상업 텔레비전은 "80이 넘은 고령의 덩샤오핑의 신체는 조금도 변하지 않았으며 정신도 아주 좋았다"고 보도했다. 홍콩의 《밍보》는 더욱이 "이번 덩샤오핑의 선전 특구 출현은 과거 덩샤오핑의 건강이 좋지 않다는 쓸데없는 소리를 불식시켰다"고 보도했다.

세 번째는 덩샤오핑의 건강이 주식시장과 연계되었다는 점이다. 《홍콩상보(香港商報)》는 "덩샤오핑은 선전 주식시장에 대한 지지를 표하였다"고 보도했다. 홍콩의 《원후이보》는 "선전에 간 덩샤오핑 일행은 홍콩의 주식시장에 주사를 놓아주는 강심제와 같았다. 상장과 함께 자금이 몰려들었고, 그러한 성황은 일찍이 본적이 없다"고 보도했다. 홍콩의 어떤 매체는 주식시장에 대해 "덩 백부의 남방 순회는 홍콩의 주식을 계속적으로 끌어올렸다"고 보도했다.

이러한 상황을 들은 후 나는 하도 기뻐서 시당위원회 선전부 신문처에 요구해서 얼른 우리 시당위원회 선전부 내부의 〈선전(沈圳)상황〉 형식으로 유관 영도부문에 보내도록 했으니, 곧 광둥성, 중앙의 상관되어 있는 부문 등이 그런 곳이었다. 왜냐하면 나는 이들 상황이 공산당의 신문선전 개혁에 일정한 계시를 줄 수 있다고 생각했기 때문이었다.

선전 사당위원회 선전부는 《선전상황》을 출판했다. 1992년에는 증간본인 제1과 제2를 출판했다.

20년 후 이 《선전상황》 두 책은 이미 중요한 역사적 당안이 되어 증간되었다. 나는 이 책을 쓸 때 각종 조직의 수속을 밟고서야 비로소 《선전상황》을 선전시 당안관에서 빌려서 참고할 수가 있었다.

제13장

화차오성(華僑城)에서의 즐거움

1월 21일 여전히 바람이 불었으나 날씨는 청청했다.

오전 9시 덩샤오핑과 그 가족들은 중형버스에 올랐다. 우리들의 차량 대열은 선전영빈관을 출발했다.

나와 일부 업무담당자들은 덩샤오핑이 탄 중형버스 뒤편의 중형버스에 경호원들과 함께 앉았다. 영빈관을 막 출발하여 대문을 지날 때 내 옆에 앉아 있던 경호원 하나가 잉빈로迎賓路 동쪽의 선전교육위원회 초대소 최고층의 서쪽 발코니를 가리켰다. 그는 웃으면서 나에게 말했다. "저 발코니에는 홍콩의 텔레비전방송 기자가 작은 촬영기를 가지고 몰래 촬영하고 있다"고 했다. "그들은 언제나 수장을 위한 경호차 뒤를 따랐는데 이것 좀 보세요, 이것을요……." 나는 그저 가리키는 쪽을 바라보면서 한편으로는 웃었다.

왜냐하면 어제 공개한 뉴스는 이미 덩샤오핑의 선전 시찰을 실증적으로 증명했고 홍콩의 기자들이 이미 많이 선전에 왔기 때문이었다. 이는 바로 홍콩기자들이 뉴스에 민감하다는 직업정신을 보여준 것이다. 그때 만일 정식으로 선전정부에 취재하는 것을 신청했다면 먼저 홍콩의 신화사를 통해 광둥성 정부 신문판공실로 와 다시 선전시정부 신문처 등 여러 계통의 심사를 받아야 했기에 취재의 시기를 놓쳤을지도 모른다. 아니면 꼭 비준을 받았을지도 모를 일이었다. 따라서 그들은 여행객으로 분장하여 들어와서는 당시에는 아직 신형이었던 작은 촬영기기를 휴대하고 자신의 판단에 의거해서 필요한 뉴스를 최대한 포착하려고 했던 것이다. 우리는 그날 저녁 6시 30분의 홍콩 텔레비전 뉴스를 볼 때 "덩샤오핑 선전을 시찰하다"는 뉴스가 방영되는 것을 보았다. 그들은 먼저 선전 영빈관을 비쳤고, 영빈관의 대문을 당겨 열고 영빈관을 나아가는 차량 행렬을 보여주었다. 그런 후 가장 긴 호화 차량이 달려 나가는 것을 보여주었다.

나는 우리 경호원들과 공안원들의 관찰능력과 판단능력이 정말로 대단하다는 것을 인정하지 않을 수 없었다.

오전 9시 50분에 덩샤오핑이 탄 차량은 선전만 호반에 있는 화차오성(華僑城)에 도착했다. 이 시간에 이곳에 도착했다는 것은 아주 많은 고려를 했던 것 같았다. 선전 화차오성은 당시 국내외에서 이미 유명한 관광지였던 곳이다. 오전 10시부터 저녁 늦게까지 일반인 여행객들로 인산인해를 이루는 곳이었다. 우리는 일반인들이 입장하기 10분 전에 이곳에 들어왔다. 따라서 아직 여행객들이 많지를 않았다. 다행히 덩샤오핑이 이 지역을 참관하는 데 그다지 소란스럽지 않을 것으로 생각되었다. 그러면서 안전도 보장할 수가 있었다. 이미 이곳은 잘 청소되어 있었고 보안 담당자와 청소하는 인원들 외에 화차오성공사의 일부 간부와 공안부문의 사람들이 여행객들로 위장하여 각각 관광할 곳을 참관하는 척하고 있었다. 후에 듣자하니 홍콩과 말레이시아 여행단체가 이곳을 예약해두어 이곳 관리원들이 10시에 그들을 들여보내기로 되어 있었다고 했다. 이렇게 되면 경호원들을 배로 증가시켜도 경호하는 데 반드시 어려운 일이 될 것이라고 생각되었다. 그러나 이곳 지역의 관광 경영상의 시스템은 아주 자연스러웠고 정상적으로 가동되고 있었다.

선전 화차오성의 총경리 마즈민(馬志民)이 고위층 관리원들을 데리고 일찌감치 '중국민속문화촌'이라는 현수막을 들고 대문 앞에서 기다리고 있었다.

화차오성 '중국민속문화촌' 대문에서는 취주악대가 연주하면서 수십 명의 민족복장을 입은 청춘남녀가 노래와 춤을 추면서 덩샤오핑을 열렬히 환영해 주었다.

마즈민은 선전 당지의 오랜 간부였고, 또한 화교華僑 통이었다. 그는 원래 홍콩 중국여행사 책임자로 조직에서 파견한 사람이었다. 특히 선전 특구 서남부 책임자였고, 선전만 호반에 있는 화차오성의 개발과 건설의 책임자였다. 국무원 화교판공실과 선전시정부의 중시를 받고 지지를 받는 상황에서 마즈민은 "어렵게 창업을 하겠다는 의지와 결심을 바탕으로 합리적이고 기능적으로 문명을 지키고 관리 규범을 지킨다"는 신념을 가지고 몇 년간의 시간을 들여 근 5㎢에 달하는 황폐한 산야를 개발하여 유명한 관광지로 개발한 인물이었다. 그러는 중에 1990년과 1991년 '금수중화錦繡中華', '중국민속문화촌'을 준공했는데 모두가 인공적으로 조경하였으나 그 특징과 풍격은 국내외에서 유명한 관광지역으로 칭송을 받을 정도로 잘 꾸며놓았던 것이다. '금수중화'는 '병마용', '만리장성', '황과수黃果樹 폭포' 등 몇십 개나 되는 중국의 저명한 문화 자연관광 명소를 축소시켜 모방해 놓은 곳으로 크기만 다를 뿐 거의 진짜모습과 별 차이가 없는 관광지를 조성해 놓고 있었다.

'중국문화민속촌'은 한족, 만주족, 몽고족, 위구르족, 장족, 태족傣族, 묘족 등 중화 대 가정 속의 20여 민족의 특색을 1:1비율로 각 민족의 산채를 건설했고, 더불어서 각 민족의 남녀들을 불러 접대원, 복무원으로 일하게 했다. 화차오성은 전국 각지에서 노래와 춤을 잘 하는 예술인재들을 불러와 특색 있는 선전 화교예술단을 조직했다. 그리하여 각 곳에서 매일 다채로운 예술 공연을 하게 했다. 그리하여 '금수 중화'와 '중국민속문화촌'의 이름은 멀리멀리 퍼져 나갔다. 매일 수만 명의 여행객을 사방팔방에서 오게 하였다. 이 또한 선전의 여행업을 일으키는 선봉이 되었고, 호텔, 음식, 교통, 상업 등에서 일하는 기업들이 매우 빠른 속도로 일어나도록 이끌었다.

덩샤오핑이 선전만에 있는 '중국민속문화촌'과 '금수중화'에 도착한 모습
- 장스까오(江式高) 촬영 -

화차오성을 참관하도록 안배한 것은 88세의 고령인 덩샤오핑의 기분을 가볍게 해주려는 의도 하에 이루어진 것이었고, 다른 한편으로는 "문화 사막과 같은 선전특구"라고 불리우는 것을 보고 중화민족문화 방면에서 이룩한 업적을 널리 알리자는 의도 하에서 이루어진 것이었다.

셰페이, 리하오 등이 덩샤오핑을 수행하여 중국민속문화촌 입구에 도착하자 마즈민 등 화차오성 책임자들과 악수를 했다. 그런 후 선전비행장으로 가서 국가 주석인 양상쿤(楊尙昆)을 영접하러 갔다.

선전시장 정량위, 시당위원회 부서기 리여우웨이와 마즈민이 함께 덩샤오핑과 그의 가족들을 안내하며 중국민속문화촌으로 걸어서 들어갔다. 그런 후 정량위, 리여우웨이, 마즈민이 덩샤오핑과 그 가족을 먼저 한 량의 전동차에 태웠고, 우리 수행원들은 10여 량의 전동차에 분승하여 그의 뒤를 따랐다. 그러면서 각종 민속촌의 모습을 참관하였다.

민속촌 안의 도로는 아주 잘 정돈된 시멘트도로였다. 전동차는 천천히 평온하게 앞으로 나아갔다. 양쪽으로 늘어서 있는 가로수들은 아주 무성했고, 화초들에서 풍겨 나오는 향기는 아주 멀리 퍼져나갔으며 공기는 매우 깨끗하고 신선했다. 각 곳마다 민족의상을 차려 입은 청년 남녀들이 도로 양쪽으로 늘어서 노래와 춤을 추었다. 취주악대의 연주 소리가 하늘로 울려 퍼졌다. 즐거움과 기쁨의 정서로 충만했다.

덩샤오핑은 각 민족들의 촌락 모습을 보면서 점점 더 흥미가 나는지 때도 없이 부인인 주어린과 이야기를 나누었다. 혹은 앞에 앉아 있는 마즈민에게 여러 가지 묻는 모습도 보였다. "우리가 이렇게 참관해서 화차오성의 정상적 영업에 영향을 미치는지" 등의 문제도 물었다고 했다.

그때 별안간 눈을 부릅뜬 한 여행객이 놀라서 소리를 쳤다. "덩샤오핑! 덩샤오핑!" 그러자 비교적 높은 곳에 있던 여행객들이 사진기를 들

덩샤오핑이 여행객들을 향해 손을 흔들어 보이고 있는 모습 – 장스까오(江式高) 촬영 –

이대며 사진을 찍기 시작했다. 그러면서 어떤 사람은 "덩 할아버지 안녕하세요?"하고 소리 높여 외쳤다.

전동차에 타고 있던 덩샤오핑은 매우 기뻐하며 길 양쪽을 향해 손을 흔들어 답례했다. 공안 보위원들이 긴장하여 양쪽으로 경계선을 설치하며 다른 사람들이 접근하는 것을 막았다. 그러나 도로 양쪽의 여행객들은 박수를 치며 덩샤오핑을 향해 경의를 표했다.

그 다음날 홍콩의 《동팡일보》, 《밍보》 등 신문은 "덩샤오핑 선전 시찰"이라는 큰 사진을 실은 신문을 간행했다. 사진은 그다지 깨끗하게 나오지는 않았으나 그러나 그것은 중요한 큰 뉴스였다. 이 사진은 1만 원의 홍콩돈을 주고 한 여행객으로부터 산 것이라고 했다. 당시 홍콩돈은 인민폐보다 가치가 높았다. 1만 원의 홍콩돈은 당시 보통 노동자가 3개월간 받는 월급에 해당하는 돈이었다. 신문사가 이처럼 많은 돈을 주고 샀다는 것은 그들이 덩샤오핑의 선전 시찰에 대한 뉴스를 얼마나 중시했는가를 엿보게 해주는 일이었다.

'산베이(陝北) 민가'에 도착했을 때 전동차가 멈춰 섰다. 덩샤오핑과 그의 가족들이 차에서 내려서 걷기 시작했다. 몇백 미터를 걸어서 '위구르족 민가' 앞 큰 마당으로 걸어들어 갔다. 그런 후 회랑에 있는 의자 중간에 앉았다.

큰 마당 중간에는 약 1백 제곱미터 정도 되는 노천 소극장이 있었고 중앙에는 융탄자가 깔려 있었다. 일군의 신장(新疆) 여성들이 예쁜 민족 의상을 입고 빠르게 춤을 추니 땋은 머리가 공중에서 날리었다. 신장여성들의 춤은 변화무쌍하고 다양했다. 마치 바람에 살랑이는 듯이 춤을 추었다. 덩샤오핑은 이를 보면서 입가에 미소를 띠었다. 그러다가 박수까지 치면서 즐거워했는데, "신장 여성들의 땋은 머리는 정말 아름답구려……." 하고 말했다. 이는 누구도 생각하지 못한 명언이었다. 정말이지 그녀들의 땋은 머리는 한 움큼이나 될 정도로 많았다.

10시 25분 우리들은 원래의 전동차로 다시 올라타고 '금수중화' 내에 있는 축소하여 지은 경관들을 관람했다. 차가 '톈안문(天安門)'에 이르러 멈춰 섰다. '톈안문'은 다른 축소하여 지은 어떤 모형보다 더욱 정밀하고 치밀하게 만들어졌다. 위 난간 전면의 '진쉐이교(金水橋)'다리 옆의 돌기둥(華表, 여덟모로 깎은 한 쌍의 돌기둥)은 모두 정밀하게 백옥으로 조각되어 있었다. 기타 다른 건축 시설들도 좋은 재료로 만들어져 있었다. 다만 진짜 톈안문보다 크기만 작을 뿐이었다. 광둥성 당위원회 서기 런중이(任仲夷)는 '금수중화'를 참관한 후 감개무량한 듯이 "비록 가짜이기는 하지만 정말 똑같이 만들었습니다. 가짜를 보면서도 진짜라는 생각이 듭니다. 하루 만에 중화를 모두 다 돌아다니는 듯합니다"라고 말했다.

　덩샤오핑이 '창안가(長安街)' 앞에 멈췄다. 그리고 '톈안문'을 보았고, '고궁'을 보았다. 비록 작게 축소해 만든 경관이지만, 아주 똑같이 만들었다. 그는 이처럼 톈안문과 고궁의 전체 모양을 일시에 조감하는 것은 처음인 듯했다. 그래서 그런지 아주 자세하게 들여다보았다. 그런 다음 한참을 있다가 그곳을 떠났다. 그리고는 길가의 작은 상점으로 갔다. 그리고 유리상자 안의 여러 공예품들을 보았다. 여자 복무원이 덩샤오핑이 걸어오자 감격해서 "덩 할아버지 안녕하세요?"하고 인사했다. 덩샤오핑은 미소를 지으며 고개를 끄덕였다.

신장의 무용수들이 아름다운 민속 옷을 입고 너울너울 춤을 추고 있는 모습　- 장스까오(江式高) 촬영 -

11시가 되자 덩샤오핑은 한 작은 산 위에 있는 '포탈라궁'으로 안내되어 전면을 참관했다. 이 궁전은 붉은색으로 단장되어 있었고 지붕은 황금빛으로 덮여 있었다. 기세가 등등했다. 안내하던 화차오성 책임자인 마즈민이 소개했다. 이들 중요한 볼거리들을 실감토록 하기 위해 궁전의 꼭대기도 포탈라궁과 꼭 같이 진짜 금박을 입혀 만들었다고 말했다. 어쩐지 금빛이 찬란하다고 생각했었다. 이 건물의 전면에서 아래를 향해 보니 원내의 큰 나무 숲들과 금수강산처럼 빛나는 광경들이 한눈에 들어왔다. 이때 원내는 이미 여행객들로 가득차서 제대로 연락이 안 될 정도였다.

덩샤오핑은 한참을 본 뒤 기쁘다는 듯이 옆에 있는 사람들에게 "나는 전국의 많은 곳을 다녀봤지만 여기만은 못 와봤지요"라고 말했다.

40여 년 전 류덩(劉鄧) 대군이 대서남을 해방시키고 마지막으로 시장(西藏)을 평화적으로 해방시키고자 했을 때, 덩샤오핑은 친히 시장으로 들어가지 못한 까닭에 세계적으로 유명한 포탈라궁이 승리를 기념하는 뜻에서 주는 '하다(哈達)[1]'를 받지 못해 역사적 유감으로 남아 있었던 것이다.

덩샤오핑은 부인 주어린과 수행하는 원로들을 가만히 보더니 기쁘면서도 감정이 어린다는 표정으로 "우리 일가들 여기서 사진이나 한 번 찍읍시다"라고 말했다.

노인의 이러한 모습은 아주 얻기 어려운 기회였던 터라, 모든 수행원들은 얼른 앞을 트여주었다. 많은 수행원들은 서로 카메라를 들이대면서 사진을 찍기 시작했다. 모두 전문 사진가들은 아니었다. 몇 개의 사

---

[1] 티베트 지역에서 귀한 손님이나 신불에게 경의를 표시하는 뜻으로 주는 황색 혹은 백색의 얇은 비단천

진기를 가지고 있는 전문 사진기자인 장스까오가 기회를 보다가 좋은 위치에서 사진기를 들어 올리더니 찰칵찰칵 찍어댔다. 그렇게 해서 완전한 포탈라궁 앞에서의 '덩샤오핑 일가'의 귀중한 합동촬영 사진이 있게 되었다.

합동사진을 촬영한 후 덩샤오핑은 정량위, 리여우웨이를 불러 "오시게, 자네들도 와서 함께 찍세"라고 했다. 수행하던 선전시와 화차오성 책임자들 모두가 기뻐하며 노인네 양쪽으로 몰려와 사진을 찍었다. 장스까오의 찰칵하는 셔터소리와 함께 각 지방의 영도자들에게 남겨진 진귀한 사진이 찍어졌던 것이다. 이 사진은 후일 모두 크게 확대해서 집 안의 가장 잘 보이는 곳에 걸어놓게 되었다.

11시 15분 덩샤오핑 등 일행은 화차오성을 떠나 선전영빈관으로 돌아갔다.

'포탈라궁'을 축소하여 건축해 놓은 모형 앞에서 덩샤오핑 동지와 가족들이 기념촬영을 하는 모습
- 장스까오(江式高) 촬영 -

제14장

오로지 '정책'이라는 두 글자

뒤에서는 취주악단의 나팔소리와 노래 소리가 여전히 여운처럼 들려왔다. 덩샤오핑이 8년 전에 걸었던 황량했던 선전시 남부의 국도는 이제 도시 속 선전 남부의 큰 길로 변화되어 있었다. 큰 길 옆으로는 푸른 나뭇잎으로 무성한 가로수들로 가득했고, 그 뒤로는 고층빌딩으로 꽉 차 있었다. 공장부지 위에 떠 있는 애드벌룬은 푸른 창공을 날면서 왔다 갔다 하는 것이 마치 먼 길을 헤치고 이곳으로 달려온 88세 고령의 노인을 환영하는 듯했다.

영빈관으로 오는 차 안에서 덩샤오핑은 기쁨이 아직 채 안 가신 듯 계속해서 화차오성 건설에 관한 여러 문제들을 제안했다. 선전시장 정양위는 덩샤오핑을 향해 말했다.

"'중국민속문화촌'과 '금수중화錦繡中華' 이 두 관광지역은 2년 만에 준공되어 대외적으로 공개된 곳으로 개방하자마자 국내외의 관광객들을 끌어들여 사회에 대한 영향이 클 뿐만 아니라 경제적 수익 면에서도 매우 좋습니다. 전국 각지의 소수민족 수천 명에게 취업 기회를 주었으며, 실제적으로 여러 지역에 있던 빈곤문제를 해결하는 데 도움을 주었습니다"
라고 말했다.

덩샤오핑이 이 말을 듣고는 흡족해 하며

"바로 '정책'이라는 두 글자 그대로군요. 투자한 돈은 적게 들이고 효과는 아주 크니 말일세"
하고 말했다.

사실 아침에 화차오성으로 가는 길 위에서 셰페이가 보고하는 식으로 다음과 같이 말했다.

"광둥, 선전의 개혁개방으로 경제가 발전한 이후 이전보다 국가재정에 많은 도움을 주고 있습니다. 또한 낙후하고 빈곤한 지역에 지원해주고 도움을 주는 데 큰 효과를 보고 있습니다."

덩샤오핑이 이 말을 들은 후에

"장래에는 발전한 지역에서 얻은 이윤을 상대적으로 낙후한 지역에 지원하는 방식으로 전환해야 하겠지만, 현재 연해지역의 발달지역에 바로 이런 정책을 도입시켜서는 안 됩니다. 그러나 나라에서 이 문제를 잘 처리하지 않으면 지역 간의 차이가 너무 커지게 되니까 앞으로 이 문제는 매우 중요합니다. 당신들이 하고 있는 이러한 정책은 참 잘하고 있는 것입니다. 사람들이 당신들이 하고 있는 이곳에 너무 많이 오면 골치 아플 것입니다. 우리 고향인 스촨(四川)에서도 이곳에 와 있는 사람들이 적지 않으니 말이오."

덩샤오핑의 딸 덩룽이 보충하듯 말했다.

"아직도 후난, 장시 등 지역에서 광둥과 선전 지역으로 많이들 오고 있답니다. 매년 설만 지나면 100만여 명의 민간노동자들이 물결치듯 밀려온답니다."

덩샤오핑이 말했다.

"이런 상황에 대해 한편으로는 인구 유입을 통제하고, 다른 한편으로 특구는 장차 남는 이윤을 국가에 헌납하도록 하세요. 이런 점을 유의하고 당신네들은 사상적으로 준비를 잘해야 할 겁니다. 당연히 지금은 그럴 때가 아니니 곧바로 당신들이 그렇게 하라는 것은 아닙니다. 지금은 아직 자네들의 협력을 더욱 증가시켜야 할 때입니다. 이번 세기 말이 되어야 이 문제가 고려될 것입니다."

리하오가 말했다.

"덩 주석의 이러한 사상도 매우 중요합니다. 저희들은 반드시 잘 공부해서 좋은 결실이 맺어지도록 하겠습니다. 전국에서 선전을 지지해 줘서 선전이 전국에 대해 잘 봉사할 수 있어야 할 겁니다. 금세기 말까지 선전의 매년 경제수입은 100억 위안이 될 겁니다. 그렇게 되면 매년 국가에 대해 30억 위안을 납입하는 것은 문제가 없을 것으로 봅니다."

덩샤오핑이 기뻐하면서

"그래서 현재는 아직 당신네들의 활력이 증진되어야 한다는 것이고 10년 동안은 자네들에게 그런 요구를 하지 않을 겁니다"
라고 말했다.

리하오는 이 말을 듣고 너무나 기쁜 표정으로 웃음을 참지 못하고 크게 웃었다. 동시에 차 안에서의 박수소리가 끊이지 않고 나기 시작했다. 셰페이도 덩샤오핑에게 보고하듯이 말했다.

"광둥의 발전도 아직 평탄하지는 않지만 전 성 인구의 40%가 아직도 산악지역에서 살고 있습니다. 이들 산악지역은 자원이 아주 적고 교통이 불편하기에 경제는 줄곧 낙후되어 있습니다. 광둥은 인구는 많고 토지는 적습니다. 사람들 중 70%만이 토지를 가지고 있고 광둥 동부지역의 차오산(潮汕)지역은 30%만 가지고 있습니다. 현재 광둥은 32개의 가난한 현이 정부로부터 보조를 받고 있습니다. 최근 몇 년간 우리들은 사회주의 공동 부유 지도사상에 따라 적극적으로 이들 지역들이 자체적으로 발전할 수 있는 능력을 지니도록 돕고 있습니다. 선전시는 이들 산악지역에 속해 있는 사람들을 도와주어야 하고 경제가 비교적 낙후된 지역인 메이저우(梅州)지역을 도와주어야 할 겁니다."

리하오가 보충해서 말했다.

"선전은 매년 자체 재정 수입 중 2%를 내놓아서 메이저우 지역을 돕는 기금으로 만들고 있는데, 이 기금으로 그들이 발전할 수 있는 여러 중요한 경제 항목에 도움을 주고 있습니다. 이미 이러한 일을 3년간 하고 있습니다. 대체적으로 메이저우에 투입되는 금액은 1억 5천만 위안이 됩니다. 효과가 아주 좋습니다."

당시 선전시구에서 서부의 도로가 아직 완전히 수리되지 않았기에 차들이 다니는 소리가 비교적 시끄러웠다. 그 때문에 리하오가 하는 말들을 딸이 옆에서 부친의 귀에다 대고 큰 소리로 전해주었다. 덩샤오핑은 한편으로 들으면서 다른 한편으로는 어떤 문제를 생각하는 듯했다.

덩샤오핑이 셰페이와 리하오에게 말했다.

"자네들은 참 잘하고 있네. 공동으로 부유해진다고 하는 사상은 이렇게 제시된 것이라네. 일부 조건이 좋은 곳이 먼저 발전하고 비교적 발전이 늦은 지역에 도움을 주어 공동으로 부유하게 되는 것이지요. 부유한 곳이 더 부유해지고 가난한 곳이 더 가난해지면 안 되는 겁니다. 그렇게 되면 양극화가 나타나지요. 사회주의제도는 반드시 이러한 양극화가 일어나도록 해서는 안 되는 겁니다. 그러나 현재 우리들은 발전지역을 최대한 발전시켜 국가에 대해 공헌을 해야만 합니다. 그러한 상황이기에 나태한 사상을 가진 지역에는 지원하지 않을 겁니다. '큰 가마솥의 밥을 먹는 것(인민공사를 세우고 공동으로 생활하던 대약진운동 시의 상황을 지적하는 말 -역자 주)' 그것이 바로 나태한 사상입니다. 차이는 언제나 있는 겁니다. 특히 양쪽 끝의 경우에는 그 차이가 비교적 큽니다. 우리들은 문제를 객관적으로 인식해야 합니다. 동시에 그 차이를 최대한 줄일 수 있도록 생각해야 합니다. 내가 생각하기에 전국범위에서 말한다면 이 차이가 나는 문제는 순리적으로 해결할 수 있다고 생각합니다. 우리나라의 서부지구, 소수민족 지역 모두는 자원이 풍부한 지구입니다. 이들 지방의 많은 자원은 석유, 희귀 금속 등이 많은데 아직 제대로 개발하지 못하고 있습니다. 우리나라의 희토류는 대단히 많이 있는 자원입니다. 세계적으로도 큰 비중을 차지하니까요."

덩샤오핑이 말한 커다란 방침과 중대한 전략에 의한 발전방향 문제는 딸 덩룽(鄧榕)이 아주 진지한 자세로 큰 소리로 통역 전달해주었다. 셰페이, 리하오 그들은 진지하게 기록했다. 그리고 덩샤오핑의 지시에 따라 국가의 공동 부유를 이루도록 아주 큰 공헌을 해야겠다는 의지를 나타냈다.

영빈관으로 돌아오는 길에 정량위도 계속해서 보고하며 말했다.

"선전특구는 10년래 경제상에서 대 발전을 이룩했을 뿐만 아니라 또한 인민대중을 정치적으로도 응집력을 갖도록 하는 데 크게 이바지했습니다."

그러자 덩샤오핑이 말했다.

"관건은 경제를 더 많이 발전시키는 데 있습니다. 경제가 발전하고 그런 후에 각 민족문제를 해결하는 데 관심을 두어야 합니다. 특구는 밖으로 나아가는 경제적 발전을 주로 가져와야 합니다. 또 고속으로 성과를 이룩할 수 있어야 합니다. 국제시장의 상황은 이미 상당한 경쟁관계에 있어서 점점 더 긴장상황으로 치닫고 있습니다. 우리 앞에는 그런 점에서 많은 곤란이 가로 놓여 있다고 할 수 있지요. 예를 들면 지식재산권 문제는 우리를 아주 곤란하게 하고 있습니다. 우리들이 나아가는 길에 곤란을 줄 것입니다. 이들 곤란이 우리 내부에서까지 반영되어 다른 의견을 나타나게 할 수 있습니다. 그러나 걱정할 것은 없지요. 노력해서 경제를 발전시키면 되는 것이니까요. 그러면 모든 곤란은 인내하게 될 것이고, 해결되어 갈 것입니다……. 경제가 발전하면 인민생활이 높아지고 사람들의 관념도 변화될 것입니다. 우리가 발전하면 홍콩사람들의 관념조차 바뀌게 될 테니까요."

정량위가 말했다.

"경제발전과 동시에 우리는 반드시 말씀하신 지시대로 특구의 사회주의 정신문명 건설을 잘 이뤄내고야 말겠습니다."

덩샤오핑이 말했다.

"우리는 반드시 정신문명 건설을 잘 이룩해야만 합니다. 구 중국의 상하이에는 매음, 아편 피우기, 깡패조직 등이 매우 많이 존재하였지만, 해방 이후 우리가 이를 잘 다스리고 정돈하는 데 걸린 시간은 3년 뿐이었습니다. 이들 나쁜 것들, 부패한 것들은 모두 숙청해야 합니다. 이들 문제들은 민중을 교육시켜 해결해야만 합니다."

화차오성에서 신선한 공기를 마시고, 많은 아름다운 것들을 보아서 그런지 덩샤오핑의 정신과 기분은 특별히 좋아보였다. 다만 아쉬운 것은 자동차가 가는 도로 위에서의 시간이 너무 짧았다는 점이었는데, 그렇지 않았다면 그는 더 많은 좋은 말들을 많이 들려주었을 것이라는 생각이 들었다.

제15장

운치가 넘쳐났던 시앤후(仙湖)식물원

    1월 22일 오전 9시 30분 덩샤오핑이 탄 차는 선전 시앤후식물원을 참관하러 나아갔다. 광둥성위원회 서기 셰페이, 선전시당위원회 서기 리하오, 시장 정량위, 시당위원회 부서기 리여우웨이 등이 수행했다.
    일군의 홍콩기자들은 초조하게 영빈관 맞은편에 있는 시교육위원회 초대소 옥상의 발코니에서 작은 비디오 촬영기로 덩샤오핑의 차량행렬을 촬영했다. 그들의 뉴스에 대한 취재 열망은 정말로 대단했다. 어떤 기자는 차량을 따라가려고도 했으나 호위하는 차들이 앞뒤에서 막으면서 신속하게 떠나가자 포기한 듯했다.
    9시 45분 우리들의 차량행렬은 시앤후 공원 내의 진귀한 식물원 문으로 들어갔다. 덩샤오핑이 차에서 내렸다. 이미 먼저 이곳에 온 양상쿤이 마중을 나와 양손으로 악수를 했다.
    덩샤오핑이 말했다.
    "자네도 왔는가?"
    양상쿤이 말했다.
    "저는 어제 선전에 왔습니다."
    셰페이, 리하오가 덩샤오핑에게 양상쿤을 수행한 광둥성 성위원회 부서기 궈잉창(郭榮昌), 선전시 당위원회 상무위원 리하이둥(李海東)을 소개했다. 덩샤오핑은 머리를 끄덕이면서 웃으며 그들과 악수를 했다.

오늘 덩샤오핑을 수행한 사람 가운데는 부인 주어린 외에 큰 딸 덩린, 아들 덩푸팡(鄧朴方), 작은 딸 덩룽 등이 있었다. 부친의 통역과 전달 임무를 맡은 것은 덩룽이었다.

양상쿤의 아들 양샤오밍(楊紹明)은 특구 신문기자인 장스까오와 같이 서로 다른 서양식 카메라를 몇 개씩 등에다 메고 덩샤오핑 근처로 오더니 스스럼없이 두 손으로 그의 손을 잡으면서 말했다.

"덩 큰아버지 안녕하세요?"

덩룽이 부친에게 말했다.

덩샤오핑이 시앤후식물원을 산보하고 있는 모습 - 장스까오(江式高) 촬영 -

"샤오밍 오빠는 대 촬영가에요. 중국 촬영가협회의 부주석이지요."

덩샤오핑이 이를 들은 후 웃으면서 말했다.

"좋구나! 자네 양씨 집에는 주석이 둘이나 되는군 그래."

양상쿤이 이 말을 들으면서 같이 웃었다.

덩샤오핑이 양상쿤에게 물었다.

"우리가 언제 처음 알게 되었지요?"

"1932년입니다."

양상쿤이 손가락을 펴면서 말했다. 덩샤오핑도 감개무량한지

"60년, 벌써 60년이나 됐군 그래."

덩롱이 말했다.

"두 분은 마치 형제 같아요. 처음 보는 순간 그렇게들 기뻐하시는 걸 보니 말입니다."

덩샤오핑이 말했다.

"우리는 항상 같이 있었지."

덩롱이 말했다.

"오늘 두 분께서는 즐겁게 지내도록 하세요."

일행들은 대청으로 가서 시앤후 식물원의 모형으로 된 모래판을 돌아보며 이곳 공원의 진귀한 식물에 대한 해설가의 간단한 소개말을 들었다. 그런 후 덩샤오핑과 양상쿤은 식물원으로 들어가 참관했다.

덩샤오핑은 크기가 그리 높지 않은 한 야자수 같은 나무 아래로 걸어가 잎이 그리 많지 않은 나무 앞에 서더니 자세히 보았다. 식물원의 원예사가 말해주었다. "이 나무는 파차이수(發財樹, 재산을 불려주는 나무라는 의미 -역자 주)라고 부릅니다. 광둥 사람들은 설을 보낼 때 집에다 이 나무를 가져다 놓는데 이는 재산이 들어오는 것을 상징합니다."

一月二十二日（星期三）天晴

9时30分：邓小平同志乘车离开迎宾馆前往参观仙湖植物园。陪同前有的有广东省委书记谢非、深圳市委书记李灏、市长郑良玉、副书记厉有为等。

9时45分：到达仙湖植物园内。下车后，同先到达这里的杨尚昆主席、广东省委副书记郭荣昌、深圳市委常委李海东等一一握手（杨主席于21日在广东省委副书记郭荣昌的陪同下到深圳视察）。

接着小平同志看了深圳仙湖植物园的模型，深圳市园林总公司的负责人给他介绍了植物园的概况。

看了一会，杨尚昆主席也过来了，大家高兴地攀谈。邓爷说，他们俩老哥俩，一见面就

1992년 덩샤오핑이 남방을 순시했을 때 담화한 내용을 기록한 원고 사본

제15장 운치가 넘쳐났던 시앤후식물원

덩샤오핑 주변에서 수행하던 딸인 덩롱이 부친에게 말했다.

"우리 집에도 이 나무를 심어요."

덩샤오핑이 웃으면서 딸의 눈을 보더니 다시 앞으로 걸어 나갔다. 그리고는 작은 나무에 걸려 있는 작은 팻말을 들여다보았다. 거기에는 "광쿤수(光棍樹)"라고 쓰여 있었다. 그러자 바로 질문을 했다.

"왜 광쿤수라고 하지요?"

원예사는

"왜냐하면 그 나무는 잎이 없고 그저 줄기만 자라기 때문입니다."

덩롱이 부친에게 말했다.

"저 나무는 50여 년이 되었어도 부인이 없다네요."

덩샤오핑이 자애로운 눈빛으로 딸의 눈을 바라보며 웃었다.

'상지죽(湘紀竹)' 앞으로 걸어갔다. 덩샤오핑이 발걸음을 멈추더니 아주 흥미 있게 바라보았다. 수행하는 사람이 말했다.

"마오 주석이 지은 시 한 수에 '반죽(斑竹) 한 줄기는 천 개의 눈물방울이네'라는 시가 있는데 바로 이 '상지죽'을 말하는 것입니다. 이 대나무의 생장지는 주로 후난(湖南)입니다."

그러자 덩샤오핑이 말했다.

"후난만이 있는 것이 아니라 청두(成都)에도 있다네."

원예사가 말했다.

"저희들은 이들 '상지죽'을 청두에서 가져온 것입니다."

덩샤오핑이 유머스럽게 말했다.

"이것에도 재산권 문제가 있네 그려."

일행들 모두에게서 웃음소리가 흘러나왔다.

천아융죽우天鵝絨竹芋라고 쓴 식물 앞에 표지가 붙어 있었다.

덩샤오핑이 물었다.

"이 토란은 긴가요, 짧은가요?"

원예사가 말했다.

"길지 않습니다."

덩롱이 묘한 얼굴을 하며 손가락으로 부친을 가리키면서 일행에게

"아버지는 토란 드시기를 좋아하세요."

라고 하였다. 덩샤오핑은 딸이 무슨 말을 하는지 못들은 것 같았다. 그저 그녀의 눈을 보면서 웃음만 지을 뿐이었다. 식물원에는 일종의 특이한 난이 있었다. 이름이 '티아우란(舞蹈蘭)'이었다. 원예사가 덩샤오핑에

덩샤오핑이 시앤후식물원에서 가족들과 기념촬영하는 모습 － 장스까오(江式高) 촬영 －

게 말했다.

"이런 종류의 꽃은 그 모습이 젊은 아가씨를 닮았습니다. 이것 좀 보세요. 이것은 머리, 이것은 몸체, 치마, 넓적다리처럼 보이지 않습니까? 마치 디스코를 추고 있는 듯하지 않습니까?"

덩샤오핑이 웃으면서

"정말 그렇군요. 마치 한 아가씨가 춤을 추고 있는 것 같군요."

이 식물원의 면적은 그리 크지 않았지만 진귀한 식물의 종류가 많았다.

덩샤오핑이 참관을 거의 마쳤을 때, 마치 안내자처럼 말해주던 원예사가

"원림園林을 만드는 것은 가능합니다."

하고 말했다. 덩샤오핑이 식물원을 나온 후 아주 흥취가 돋은 듯이 공원 안을 산보했다. 동반자인 주어린, 아들 덩푸팡, 딸 덩린과 덩롱 등이 좌우에서 그를 모셨다.

태양 빛이 찬란하게 비쳤고 봄바람이 따듯하게 불어왔다. 공원 안의 푸른 나무들이 어지럽게 흔들거리고 있었으며, 붉은 꽃들이 빼곡하게 들어차 있었다. 꽃향기가 물씬 풍겨져 나오고 있었다. 덩샤오핑이 즐겁다는 듯이 말했다.

"우리 가족사진이나 한 방 찍지 그래."

같이 있던 일행들이 급히 뒤로 물러났다. 기자들의 사진 찍는 소리가 찰칵 찰칵 들려왔다. 이 특별한 가정의 온화한 모습들을 부지런히 담아내고 있었던 것이다.

사진 촬영이 끝나자 덩샤오핑은 원래의 계획대로 가족들을 이끌고 시앤후 가장자리에다 나무를 심었다.

덩샤오핑 일가들 모두는 아이 어른 할 것 없이 모두 나서서 흙을 덮고 비료를 주고, 물을 뿌리고 까오산롱(高山榕)이라는 나무 한그루를 심었다.

추위가 오고 더위가 갔다. 여러 가지 것들이 바뀌었다. 20여 년 전으로 눈을 돌리면 나무 심던 노인은 이미 이 세상 사람이 아니다. 오로지 선전 시앤후 공원 안에 있는 까오산롱 만이 크고 건장하게 자라고 있고 앞으로도 쑥쑥 위를 향해 커갈 것이다. 그리고 진정으로 사람들이 쳐다보게 될 것이고, 그 아래서 쉬고 생각하는 그런 나무가 될 것이다.

덩샤오핑과 가족들이 시앤후식물원에서 기념식수를 하고 있는 모습 - 장스까오(江式高) 촬영 -

제16장

오르지 못한 홍파사(弘法寺)

1월 22일 오전 덩샤오핑은 시앤후 공원에서 나무를 심은 후 예정한 시간보다 10여 분 정도 더 있었다. 덩롱이 부친을 부축하여 잔디 밭 사이의 나무 그늘의 작은 길들을 산보했다.

태양은 이미 우통산(梧桐山)의 꼭대기까지 올라가 있었다. 태양 빛이 우통산 아래의 호수 면을 가득 채우며 비추고 있었고, 각종 화초들과 나무 위를 또한 비쳐주고 있었다. 또한 우통산 허리쯤에 있는 홍파사를 비추고 있었다.

이 절의 정상은 황금색 기와들에 비치는 햇빛으로 번쩍번쩍 빛나고 있어서 덩샤오핑의 눈길을 끌게 했다. 덩샤오핑이 황금빛이 나는 곳을 손가락으로 가리키면서 딸에게 물었다.

"저것이 무슨 물건이냐?"

덩롱은 일찌감치 준비하고 있었던지 담담하게 대답했다.

"저기는 옛날 절인데 주위의 길이 모두 나빠서 걸어가기가 힘들대요."

덩샤오핑은

"아! 그래."

하며 아쉽다는 듯한 소리를 냈다. 딸을 따라 몸을 돌리면서 작은 길을 다시 걷기 시작했다. 그들은 이 숲길의 작은 길을 돌면서 걷고 또 걸었다. 한참 후에 덩샤오핑의 눈이 또다시 그 황금기와가 번쩍이는 건축물에 눈을 빼앗겼다. 다시 한 번 정색을 하며 딸에게 물었다.
"저게 무슨 물건이냐?"
딸이 웃으면서 말했다.
"얼마 전에 말했잖아요. 여기에는 오래된 절이 있는데, 길이 나빠서 걷기가 힘들대요."

이번에는 덩샤오핑이 말을 하지 않고 그저 발길만 옮겼다. 그의 경험과 지혜를 통해 보면 그는 아마도 산허리쯤에 있는 저 오래된 절은 일반적인 절과는 다를 것이라고 생각하고 있었을 것이라는 짐작이 들었다. 또한 그곳으로 가는 길도 그렇게 나쁘지는 않을 것이라고 생각했을 것이다. 다만 그가 꼭 가 봐야겠다고 우기지만 않았을 뿐이며, 스스로 가지 말아야겠다고 생각했을 것이다.

사실 선전 우통산 산허리에 있는 홍파사는 내력이 있는 절이었다. 또한 뭔가 곡절이 있는 절이기도 했기에 다른 일반적인 절들과는 달랐던 것이다.

그것은 1984년 설이 조금 지났을 때 선전시당위원회 서기 겸 시장인 량샹(梁湘)이 들풀이 우거지고 나무들이 우거져 있던 이곳 산길을 힘들게 걸어서 올라와 산세가 좋고 아름다운 것을 보았다. 그리고 해발 800미터 되는 우통산 기슭에 몇십 호의 농민들이 살고 있는 모습도 보았다. 량샹은 우통산의 산수가 아주 좋고 주변의 경치가 아주 좋음을 보고 자신도 모르게 마음이 격동 치게 되었고, 한편으로는 다른 방면에서의 경제발전을 추구할 수 있다는 생각이 들게 되었다. 그는 수행하는 뤄후(羅湖)구의 책임자에게

"이곳은 장차 여행업을 할 수 있는 곳으로 개발할 수 있을 겁니다." 라고 말했다.

옆에 있던 촌의 간부가 말했다.

"산기슭 저쪽에 원래 작은 오래된 절이 있습니다. 백성들이 아침마다 항상 가서 예불을 올리지요. 현재는 홍콩과 해외의 화교들이 매년 절기 때마다 이곳에 와서 예불을 올린답니다."

량샹은 한편으로 들으면서 한편으로는 질문을 통해서 이 절에 대해서 좀 더 많은 이해를 하고자 했다. 그 후에 또한 촌의 간부를 불러 길을 안내하라고 해서 그 절에 가보았다. 여러 사람들이 보니 확실히 오랫동안 수리를 하지 않은 절이었다. 이미 많이 무너져 내려 작은 절이 되어버린 상태였다. 그러나 이 절 법당 안에서는 방금 향을 태운 듯한 냄새가 나고 있었다. 이는 과연 많은 사람들이 이 절을 찾아와 예불을 올린다는 것을 증명해 주는 것이었다.

이런 일이 있은 후 여행업의 발전과 홍콩과 광둥 출신 동포들이 고향으로 돌아와 투자하도록 하기 위해 시정부의 동의를 얻어 뤄후구 우통산 산허리에 있는 이 옛 절을 수리복원하기로 결정했다. 그리고 전문적으로 이 계획을 실천하기 위해 소규모의 예산을 편성하기도 했다.

그런데 왜 처음부터 작은 절로서 수리 복원하는 쪽으로 했던 것이 대규모 홍파사로 건립되게 되었는가?

듣자하니 베이징에서 파견되어 선전에 온 고급 건축기술자가 시 건설 부문에서 위탁 파견하여 수리복원 공사를 지휘했는데, 그녀가 이 지역을 살펴본 후 우통산은 환경만 좋은 것이 아니라 풍수지리적인 각도에서도 보더라도 계속 상승하는 기운이 있는 곳에 위치해 있다고 했다. 어떤 사람은 그녀가 마를 불러들였다고 하기도 하고, 어떤 사람은 그녀가 아주 특별한 혜안을 가졌다고 하기도 했다. 그러나 당시 선전시정부에서 기초 건설을 주관하던 영도자가 그녀를 신임하여 예산을 배정하여 상승하는 기력을 가진 이곳에 큰 절을 지어 후세인들의 복을 빌어야겠다고 결심하게 된 것이다.

1985년 7월 1일 새로운 절을 짓는 준공식이 거행되었다. 당시의 선전시정부에서 기반 시설을 담당하는 영도자가 유명한 고승인 본화(本煥) 큰스님을 초청하자 그는 그의 제자를 대동하고 와 준공식을 거행하며 설법토록 하였다. 동시에 이 새롭게 건축된 사원은 '홍파사'라고 이름을 정하고 또한 중국불교협회 회장 자오푸추(趙朴初) 선생에게 '홍파사'라는 사원 명을 써 달라고 청탁까지 했다고 한다.

그때 우통산 주위의 교통은 매우 불편하였다. 외지에서 온 사람들이라 깊은 산 속 밀림으로 들어가는 사람은 아주 적었다. 그러나 인적이 드물고 빽빽하게 나무들이 들어 차 있었지만 밤낮으로 큰 토목 공사가 이루어져 1년여 만에 대사원의 일주문, 대웅보전, 천왕전天王殿, 종과 북이 있는 누각, 장경루藏經樓 등이 조금씩 만들어지게 되었다. 심지어 대전 속의 백옥대불도 이미 옮겨져 와 불당 위에 봉안되게 되었다.

그런데 1986년 중앙기율위원회와 광동성위원회로부터 편지를 한 통 받았는데, 그 편지에는 선전시당위원회와 시정부가 미신을 진작시키려고 사원을 크게 건축하고 있으므로 사람을 파견하여 조사하겠다는 내용이었다. 그러나 시위원회 서기 겸 시장인 량상은 이때에 이르렀어도 우통산 기슭에 있는 이 작은 절의 수리 복원을 중단하지 않았다. 그리고 "선전시가 대규모 사원을 건축한다"는 소문을 모르는 척했다. 그러나 시당위원회 상무위원회에서는 량상에게 신중히 이 문제를 검토하여 모든 책임을 스스로 지라고 했다.

이로부터 이 사원에 대한 수리복원은 반도 끝내지 못한 채 공사가 중단되는 바람에 황폐한 상태로 남게 되었다. 그러나 선전시민과 홍콩 및 마카오의 동포들 중 이곳에 와서 예불을 올리는 사람들이 점점 더 많아졌다. 그야말로 연락부절連絡不絶이었다. 이는 선전의 여행업을 어느 정도 발전시키는 데 큰 역할을 하였다. 후에 량샹이 제2선으로 물러나고 리하오가 시당위원회 서기 및 시장이 되자 우통하 아래에다 산세와 수세를 활용한 환경조성 사업을 실시한 끝에 이 아름다운 시앤후 공원으로 건설되게 되었다. 후에 선전시장이 된 정량위는 친히 '시앤후 공원〔仙湖公園〕'이라는 4개의 큰 글자를 썼고, 이 글자는 호수 주변에 새겨져 설치되게 되었다.

1990년 초에 중공중앙정치국 상무위원 리뢰이환(李瑞環)이 선전을 시

우통산 기슭에 세워져 있는 홍파사(弘法寺)

찰할 때 그는 통일전선과 의식형태의 공작을 관리하고 있었는데, 특히 경제특구의 종교, 여행, 문화사업 등에 관심을 두고 업무를 진행하던 사람이었다. 시당위원회 서기 리하오가 리뢰이환을 수행하며 우통산 일대를 시찰하였다. 그러면서 이 불사를 건립하게 된 원인과 과정에 대해 보고했다. 이를 들은 후 리뢰이환이 말했다.

"이미 이 정도로 건설해 놓았는데 황폐하게 두다니 너무 아쉽지 않은가? 내가 베이징으로 돌아가 중국불교협회 자오푸추(趙朴初) 회장에게 말해서 불교협회에서 이 일을 주관하라고 하겠네."

중국 불교협회 회장 자오푸추 선생은 곧바로 제자들을 데리고 선전에 와서 이곳을 시찰했다. 자오푸추는 우통산 산 정상에 서서 산허리에 있는 절을 보면서 호수에 비친 산색을 조망하며 연속해서 "아주 좋군! 좋아!" 하면서 계속해서 "이는 많은 인민들에게 이익을 가져다주는 일이 될 걸세"라고 말했다. 그리하여 홍파사는 계속해서 공사가 시작되어 완공을 보게 된 것이다.

1990년 8월 31일 홍파사는 준공된 다음에 정식으로 대외에 개방을 선포하게 되었다. 그러자 곧바로 많은 사람들이 찾아와 예불을 올리게 되면서 발전하게 되어, 경 읽는 소리가 그치지 않고 많은 사람들의 발길이 끊이지 않게 되었다.

우통산 산기슭의 시앤후 공원 건설과 홍파사의 흥성함은 서로에게 밝은 빛을 비쳐주게 되었으니, 이 지역은 선전, 홍콩, 동완(東莞), 훼이저우(惠州)의 유명한 여행명승지가 되었던 것이다. 1992년 봄이 되자 홍파사는 그 명성이 멀리까지 퍼져나가게 되었다.

그러나 이번에 여러 사람들은 덩샤오핑에게 감히 이 절에 가볼 것을 권하지를 못했다. 왜냐하면 역사적으로 덩샤오핑은 사원을 건립하는 일에 별 관심이 없었고, 나아가 홍파사는 최근에 건립된 사원이었기 때문이었다. 그리하여 가족들조차도 '함께 상의하기를' 만일 노인네가 물어온다면 이 절은 오래되어 가는 길이 형편없어 걷기에 매우 불편하다고 대답하기로 했던 것이다.

그처럼 아름답게 빛나는 곳에 가지 말기를 권하는 가족들 때문에 덩샤오핑은 산 아래의 신선한 공기 속에서 아름다운 자연을 벗 삼아 천천히 한참을 걷기만 했다. 그가 걷기를 멈추고 딸에게 물었다.

"우리 아직 갈 곳이 있느냐?"

계속해서 부친을 부축하며 걷던 딸 덩롱이

"영빈관으로 돌아가실래요."

하고 말했다.

"아직 이른데. 다시 조금 더 걷자구나"

덩샤오핑은 이렇게 이곳을 떠나는 것이 아쉬웠던 듯했다.

"아이 안 되요."

덩롱이 말했다.

"일정과 시간 모두 안배가 되어 있어요. 아버지 보세요. 이미 차들도 다 와 있잖아요."

덩샤오핑은 차들이 와 있는 것과 경호원, 일하는 사람들이 모두 와 있는 것을 보더니 어쩔 수 없다는 듯 조금은 기분이 언짢게 말했다.

"정말 자유가 없군 그래."

11시가 되자 덩샤오핑이 탄 차는 시앤후 공원을 떠나 영빈관으로 향해 달려갔다.

제17장

"많은 사람에게 아직 죄를 짓지는 않았다"

며칠 전 선전에 막 도착했을 때, 덩샤오핑은 기타 간부들을 만나기를 원하지 않는다고 말했었다. 그저 "소수만 만나고 많은 사람에게 피해를 주지 않겠다"는 생각에서였다.

선전을 시찰한 며칠 동안 계속해서 이 지역 성시 간부들과 대화를 했다. 선전을 떠나기 하루 전날 덩샤오핑은 "소수의 인원만 만나보고 여러 사람들에게 피해를 주지는 않겠다"고 하는 원칙을 깨버렸다. 그는 중앙군사위원회 부주석 류화칭(劉華淸), 광저우 군구사령관 주돈파(朱敦法), 홍콩신화사 사장 저우난(周南) 및 광둥성, 선전시 영도자들과 회견했고, 더욱 많은 사람들과 속속 접견했다. 그리고 그들에게 개혁개방의 대 국면에 대해서 말해주었다. 그리고 기분좋게 그들 각각과 합동 촬영을 했다.

1월 22일 점심 후 덩샤오핑은 휴식을 취한 다음 오후 2시 정장을 하고 방문을 걸어나왔다. 그는 짙은 회색의 중산복(中山服)을 입고 있었는데, 정신이 맑아보였고, 엄숙해 보였다.

중앙군사위원회 부주석 류화칭, 광저우 군구사령관 주돈파, 홍콩신화사 사장 저우난 등 먼 길을 온 사람들이 선전의 영빈관에 막 도착하여 구이원 별장의 접대실에 들어왔을 때, 광둥성과 선전시의 주요 책임자들은 이미 접대실에 와 있었다. 덩샤오핑과 양상쿤이 마침 이야기를 나누고 있었다. 류화칭, 주돈파가 빠른 걸음으로 덩샤오핑과 양상쿤 앞으로 가서 똑바로 서서 공손하고 바르게 군례로 인사를 했다. 저우난도 빠른 걸음으로 이 두 사람에게 가서 인사를 했다.

이미 구이원 접대실에 와 있던 셰페이, 리하오, 정량위 등 광둥성과 선전시의 주요 책임자들도 다가와서 류화칭, 주돈파, 저우난 등과 악수를 하며 인사를 했다. 그런 후 덩샤오핑, 양상쿤이 중앙의 소파에 앉았고, 다른 사람들은 순서에 따라 양 옆으로 앉았다.

명의상으로는 여러 사람이 좌담하는 형식이었다. 그러나 실제상으로는 덩샤오핑이 계속해서 말하는 형식으로 나아갔다.

오전에 시앤후 공원으로부터 영빈관으로 돌아오는 길 위에서 덩샤오핑은 중요한 말들을 많이 했다. 오늘 오후 당, 군, 정 책임자들을 접견할 때도 마찬가지로 그의 말이 이어졌다. 비록 어떤 말은 이전에 이미 한 말도 있었지만, 한 번 더 각인시키려고 다시 한 번 말할 가능성이 많았다. 내일이면 선전을 떠나는 날이다. 아직 말하지 않은 새로운 말들이 있었을 것이고, 반드시 그가 떠나기 전에 할 말이 있었을 것이다.

덩샤오핑이 말했다.

"우리들 가운데 여러 동지들은 개방에 대해서 반대를 했었습니다. 경제특구를 반대하는 문제만이 아니라 여러 면에서 반대하는 동지들이 있었습니다. 그러나 개방하지 않으면 정보 또한 들을 수 없는 것입니다. 그야말로 귀가 막히게 되는 겁니다. 그러면 세계가 어떻게 돌아가는지조차 알 수 없게 되니까요. 모든 것을 알 수 없게 되는 겁니다. 그런 상태에서 첨단기술이 어쩌고 저쩌고 할 수나 있겠습니까? 국제시장에 나아가지 않으면 발전하는 희망조차 없게 되는 겁니다."

덩샤오핑이 이어서 말했다.

"개혁하는 문제에 대해서 많은 사람들이 이해를 못하고 있습니다. 심지어 반대까지 하고 있습니다. 예를 들면, 농촌에서 도급제를 시행하고 인민공사제도를 폐지한 후에 이를 따르지 않는 사람들이 반 이상이나 되었습니다. 2년이 지나자 반대하는 사람들이 겨우 3분의 1만 남았습니다. 그리고 3년이 지나자 이제는 모두가 따라오고 있습니다. 이러한 말은 한 성 한 성에 해당하는 말입니다. 큰 범위에서 말한다면 그 당시에는 그다지 활발하게 이 일에 임했다고는 할 수 없습니다. 모두 보고만 있었지요. 우리들의 정책은 바로 보는 것만을 허락했던 것입니다. 이러한 상황을 보면 우리는 먼저 누구나가 바로 볼 수 있도록 비교적 강제성을 띠는 것이 좋습니다. 도시개혁, 공업개혁, 경제특구 건설 등 많은 이런 좋은 일들은 다른 사람이 볼 수 있도록 한 다음 다시 말하도록 해야 합니다. 그러나 엿보게 해서는 안 됩니다. 이러한 일은 없어져야 합니다. 좋은 길로 걸어 나가지 않으면 새로운 길로 나아갈 수가 없습니다. 위험한 일에 대한 모험이 없으면, 어떤 일이고 100% 파악할 수가 없으므로 누가 감히 이런 말을 하겠습니까?"

덩샤오핑이 계속해서 말했다.

"나는 1984년에 이곳에 왔었습니다. 누가 선전의 건설이 이 몇 년 동안에 이러한 국면에 이를 정도로 발전할 수 있다고 생각했었겠습니까? 나도 선전이 이렇게 빨리 발전하리라고는 생각지도 못했습니다. 이번에 와서 보니까 믿음이 더욱 생겨났습니다."

덩샤오핑이 더욱 힘을 주며 말했다.

"개혁개방정책은 시작 때부터 반대 의견이 있었습니다. 모두가 일치한 것은 아니지만 어느 한 반대 의견이 정말로 아주 강하게 대두한 적도 있었습니다. 나는 언쟁은 하지 않았습니다. 그저 한다면 곧바로 해야 한다는 것만을 원했던 것입니다. 얼마를 하든지 간에 한다면 하겠다는 것이었습니다. 이렇게 하니까 원래 반대하던 사람들도 천천히 따라 오게 되었습니다. 한번 쟁론이 시작되면 매우 복잡해집니다. 어떤 새로운 일에 대해서 시작할 때는 많은 사람들이 이에 대해 명확하게 보지 못하는 경우가 많이 있습니다. 아무리 말을 잘 해도 또한 잘 말하지 못하는 경우가 있는 것입니다. 한번 쟁론하기 시작하면 시간을 모두 싸우는데 빼앗기고 맙니다. 싸우지 않고 바로 이렇게 시도해 보아야 하는 것이고, 동시에 대담하게 시도해 보아야 합니다. 오로지 엿보기만 하면 그저 엿보는 정신밖에는 없게 됩니다. 그러면 조금의 용기도 내지 못하게 되는 것이지요. 조금도 하고자 하는 굳센 의지가 없게 된다 이겁니다. 다시 말해서 새로운 사업을 할 수 없게 된다는 것이지요."

덩샤오핑이 말했다.

덩샤오핑. 양상쿤이 함께 대화를 나누고 있는 모습

"현재의 증권시장, 복권시장도 우리 중국인들은 이미 과거에 이에 대해 알았습니다. 특히 상하이에서는 이에 대해 잘 알고 있습니다. 그런데 현재 이것에 대해 잘 처리하지 못하고 있습니까? 위험성이 있습니까? 이것은 전형적인 자본주의 것이라는 이유로 사회주의에서는 이를 이용할 수 없는 겁니까? 보는 것을 허락한다면 한번 일단 해보는 게 어떠할까요? 한번 1,2년간 해보고 보기에 맞는다고 하면 바로 개방을 해버리는 것이고, 틀렸다고 하면 다시 이를 수정하여 안 해버리면 되는 것 아닙니까? 또한 빨리 문을 닫게 할 수도 있고 천천히 닫게 할 수도 있습니다. 아니면 꼬리부분만 조금 남겨 놓아도 됩니다. 무엇이 두려운가요? 이렇게 시도해 보는 과정에서 큰 잘못을 범하는 일은 없을 겁니다."

덩샤오핑이 말했다.

"최근에 모두가 논의하고 있듯이 마르크스주의의 세계적 지위는 소멸될 수가 없습니다. 자본주의도 이렇게 말하고 있습니다. 그러나 무엇이 마르크스주의입니까? 무엇이 사회주의인가요? 많은 사람들이 이에 대해 잘 알지 못하고 있습니다. 스스로들 그렇다고 생각하고 있을 뿐, 자기 생각이 100% 맞는다고만 생각하고 있을 뿐이라는 겁니다. 그러나 그렇지가 않습니다. 나 스스로도 그렇게 생각하지 않고 있습니다. 바로 앞으로 나아가려면 좀 대담해져야 할 필요가 있습니다. 아마도 30여 년의 시간 동안 각 방면에서는 한낱 정형된 제도 및 제도 아래에서의 방침, 정책에 따라 나아갔었습니다. 그것이 바로 정형되었다는 것입니다. 중국식 사회주의의 길은 하루하루가 다르게 경험함으로써 점점 더 많아지게 되었습니다. 각 성의 신문을 보면 그들은 모두 자신의 실제적인 문제를 해결하는데 이를 반영하고 있습니다. 서로 생각하고 실천하는 것이 다르다는 것입니다. 이처럼 창조성이 필요한 것입니다."

덩샤오핑이 말했다.

"선전의 경험이야말로 바로 엿보아야 하는 것입니다."

리하오가 말했다.

"선전 특구는 어르신께서 창도하시고, 관심을 두시고 지지해 주시는 바람에 발전할 수 있었던 것입니다. 우리는 어르신이 지시하는 바에 따라 참고하면서 탐색해 나갈 것입니다."

그러자 덩샤오핑이 말했다.

"일을 한 것은 주로 자네들의 힘에 의해서 한 것이고, 그것이 오늘날의 선전을 만들어 낸 것입니다. 나는 자네들을 도와주고 지지해 준 것밖에 없습니다. 그저 방향을 확정해 주는 데 조금의 힘을 들였을 뿐입니다."

오후 3시가 되자 일하는 사람이 들어와서 덩샤오핑과 양상쿤에게 말했다. 지방의 기타 영도자들이 모두 와 모여 있다고 했다. 덩샤오핑과 양상쿤이 얼른 몸을 일으켜 씩씩하게 구이원(桂園)으로 나갔다. 기타 영도자들 모두가 그들의 뒤를 따랐다.

광둥성, 선전시의 기타 당정군 간부들이 모두 모여 있었다. 마침 앉거나 서서 자신의 위치에서 업무자의 말을 듣고 있었다. 그러나 사람들이 너무 많아 번호에 따라 좌석이 배정되었는데 한참이 지나도 아직 다 끝나지 않은 상황이었다.

덩샤오핑과 양상쿤이 접대실에서 나온 후 잔디밭 중간에서 서서 몇 마디 했다.

양상쿤이 덩샤오핑에게 말했다.

"저는 아직 하루 이틀 더 머물 생각입니다. 제가 저 사람들을 더 많이 만나보겠습니다."

덩샤오핑이 고개를 끄덕이며 말했다.

"좋네, 더 많이 접견을 해 주게나."

양 주석이 저쪽 편에 있는 낯익은 간부를 보자 그곳으로 가서 그를 불렀다.

류화칭이 주돈파를 데리고 덩샤오핑의 앞으로 와서 재차 덩샤오핑을 향해 소개하면서 말했다.

"이 사람은 광저우 군구사령관 주돈파입니다."

주돈파는 곧바로 정자세를 취하며 덩샤오핑을 향해 정중하게 군례를 올렸다.

류화칭이 덩샤오핑에게 말했다.

"화이하이전역(淮海戰役) 때 그는 연대장이었습니다."

덩샤오핑이 주돈파에게 물었다.

"그때 자네는 몇 살이었나?"

주돈파가 대답하기를

"21세였습니다."

세상사람들은 모두 알 것이다. 40여 년 전 덩샤오핑이 화이하이전역을 치를 때 총전위總前委 서기였다는 사실을 말이다. 그는 눈앞의 중장 제복을 가지런히 입은 그를 보면서 이미 머리가 희끗희끗한 군인이라는 사실을 바라보았고 감탄하는 눈으로 바라보았다. 아마도 전공을 수없이 쌓아온 부하의 바른 성장을 바라보며 즐거워했는지도 모르겠다. 그는 웃으면서

"그때 자네는 귀여운 연대장이었을 것 같네."

주위사람들이 이 말을 들으면서 모두 웃어댔다.

덩샤오핑이 광저우 군구사령관 주돈파(朱敦法)와 악수를 나누고 있는 모습

오후 3시 10분 덩샤오핑과 양상쿤은 구이원의 작은 화원에서 당정군 책임자들을 접견했다. 그리고 함께 합동촬영을 했다.

선전 시당위원회, 인민대표대회, 정부, 정치협상회의 등의 성원들이 일찌감치 정장을 하고 영빈관에서 덩샤오핑, 양상쿤과 함께 합동촬영을 위해 기다리고 있었다.

오직 홀로 시당위원회 상무위원인 양광후이만이 빠졌다. 그에게 있어서는 일생일대의 유감스러운 일이 되었을 것이다.

당시 양광후이는 마침 그때 베이징에서 열린 전국 선전부 부장 회의에 참석하러 갔기 때문이었다.

관례에 따라 전국 선전부 부장 회의는 각 성의 자치구와 직할시의 선전부 부장들이 모두 참가해야 했다. 선전은 오로지 부성급副省級에 해당하는 하나의 도시였기에 그동안 참가할 수 있는 기회가 없었다. 그러나 이번에는 선전이 경제특구가 되는 바람에 특별히 선전 시당위원회 선전부 부장에게 참가하라는 통지가 왔던 것이다.

1월 18일 양광후이는 직접 중앙선전부의 통지를 받는다는 것은 예상치도 못했던 일이었다. 그는 나를 판공실로 불러 말했다.

"우형, 이것 좀 보게나. 샤오핑 동지가 오신다고 하는데 나는 베이징에 가서 회의에 참석해야 하는구먼……."

나는 당연히 그의 심정을 이해했다. 그래서

"베이징의 회의는 19일까지 가서 20일부터 회의가 시작되지 않습니까? 샤오핑 동지는 내일 오십니다. 만일 리하오 서기가 이를 반영해 주면 먼저 가서 샤오핑 동지를 뵙는 것이 어떻겠습니까?"

라고 말했다.

양광후이는 기쁜 나머지

"정말 그렇게 하면 좋겠군. 정말 잘 되었네. 자네는 접대하는 일에 참여하게 될 것이니 리 서기를 보면 반영해 달라고 하게나. 어떤 소식이 있으면 속히 내게 말해주게. 하루 베이징에 늦더라도 나는 기다릴걸세."

라고 했다.

나는 곧바로 리하오에게 양광후이의 바람을 보고했다. 리하오는 듣더니 웃으면서 머리를 끄덕였다. 부하의 마음에 대해서 이해하고 지지한다는 표시였다. 19일 저녁 영빈관 6동 2층에서 회의를 하기 전에 리하오는 정중히 덩판공실 왕 주임에게 말했다.

"우리 시당위원회 선전부장은 중앙선전부에서 온 사람으로, 본래 오늘 베이징으로 가서 전국 선전부 부장 회의에 참석해야 하는데 경애하는 샤오핑 동지를 뵙기를 아주 고대하고 있습니다. 혹 샤오핑 동지께서 시당위원회와 합동촬영을 할 때 그가 참석해도 되는지요? 그래서 우리 시당위원회 상무위원인 그가 아직 선전에서 기다리고 있습니다."

왕 주임은 다 듣고 난 후 웃으면서

"그 선전부장의 심정을 나는 잘 이해합니다. 그러나 이 일은 불가능한 일입니다. 만일 합동촬영을 하겠다고 해도 노인네가 시찰을 다 마치기 직전이어야 합니다. 그 부장에게 빨리 베이징으로 가서 회의에 참석하라고 하세요."

하였다. 그날 밤 나는 전화로 양 부장에게 말했다. 그 다음 날 그는 일찌감치 회의에 참가하기 위해 베이징으로 갔다.

그래서 1992년 1월 22일 오후에 덩샤오핑과 선전시 4개 부분의 성원

덩샤오핑, 양산쿤과 일부 군정 관계 영도자들이 합동 촬영하고 있는 모습

들과 합동촬영한 사진 중에 유감스럽게도 시당위원회 상무위원인 양광후이가 없게 된 것이다.

그날 오후 덩샤오핑은 성시의 책임자들과 합동촬영을 한 다음 이어서 영빈관에서 복무하는 인원들과, 의료진, 일부 교통경찰관들과도 합동촬영을 했다.

저녁에 선전시당위원회와 시정부 관계자들은 영빈관에서 셰페이, 저우난, 왕뢰린, 쑨융(孫勇) 등 영도자들과 중앙, 광둥성 관계자들을 초청해 연회를 열었다. 선전시의 일부 관계자들도 참석했다.

이것은 감사의 표시였고 성공적인 이번 일을 완수한 데 대해 축하하는 일이기도 했다. 덩샤오핑의 며칠간에 걸친 시찰은 순리적으로 진행되었다. 안전과 경호하는 데 어떠한 조금의 실수도 없었다. 더욱 중요한 것은 덩샤오핑의 건강 상태와 정신이 모두 아주 좋았고 정서 또한 갈수록 좋아졌다는 점이었다. 더구나 많은 담화를 발표해 주었다는 것은 정말로 고마운 일이었다. 모든 사람들은 중국의 개혁개방과 현대화 건설이 반드시 새로운 국면을 맞이하게 될 것이라고 굳게 믿게 되었다.

영빈관의 연회장은 만감이 교차했고, 좌담은 그치지를 않았다. 며칠 동안의 임무를 수행하느라 매우 긴장해 있었고 고생들을 했다. 그러다 이 연회를 통해 모든 것을 풀어버리니 마음들이 홀가분하게 되었던 것이다. 마치 모든 것을 털어놓은 듯했던 것이다.

제18장

"기존의 관례를 깨서는 안 되네"
"신속하게 하게나"

1월 23일 날씨는 매우 맑았다. 봄바람이 솔솔 불어왔다. 덩샤오핑 동지는 오늘 선전을 떠나 주하이(朱海)로 가는 날이다.

성과 시의 영도자들과 수행하는 인원들, 업무진행자들 모두가 조찬을 일찍이 마친 후에 8시가 안 되어 구이원 별장 앞으로 와 기다렸다.

요 며칠간 덩샤오핑을 따라 시찰을 다니면서 나는 이 노인의 말씀이 선전특구에 대해 아주 깊은 애정을 가지고 있을 뿐만 아니라, 전 중국의 개혁개방에 대해서도 헤아릴 수 없는 중대한 의지를 가지고 있음도 느낄 수 있었다.

따라서 이를 반드시 신속하게 선전하고 보도할 필요가 있다고 느꼈다. 동시에 해외 특히 홍콩의 여러 매체가 그동안 자세한 진실된 정보를 얻지 못함으로서 그저 들려오는 대로 보도를 하다 보니 잘못된 기사가 많았는데, 그렇기 때문에서라도 이들에게 반드시 정확하고 확실한 정보를 알려줄 필요가 있겠다고 느끼게 되었다. 나아가 이번 덩샤오핑의 선전 시찰에《인민일보》기자도 따라오지 않았고, 신화사 기자만 왔지만 "본사에서 원고를 보내달라는 요구가 없다"고 하였기에 이러한 정확한 정보를 보내는 것은 나로 하여금 대담하게 건의할 필요가 있어야 한다고 느끼게 되었고, 또한 이렇게 해야 할 책임이 있다는 것을 느끼게 되었다.

그래서 나는 아침을 먹을 때 선전 시당위원회 서기인 리하오와 부서기 리여우웨이에게 선전의 매체들이 하루라도 빨리 덩샤오핑의 선전에서 한 중요한 담화정신을 보도해야 할 필요가 있다고 적극적으로 주장하였다. 두 시당위원회 영도자는 나의 말을 들은 후 동의해 주었다.

조찬이 끝나자 리하오가 나를 끌어당기면서 말했다.

"갑시다. 가서 덩판공실의 왕 주임에게 말합시다."

우리들은 구이원 문 앞에서 잠시 그를 기다렸다. 그러자 과연 얼마 후에 왕 주임이 나왔다. 리하오가 곧바로 그에게로 가더니 나의 생각을 말해주었다. 왕 주임은 우리의 생각에 일리가 있다고 생각하는 듯했지만 웃으면서 손사래를 치며 말했다.

"이러한 큰일은 노인의 동의가 없어서는 누구도 단정하지 못하는 일이 아닙니까?"

그러면서 우리들에게 노인네가 이제 조찬을 다 드셨으니 곧 나오실 텐데 그때 말해보자고 했다.

얼마 지나지 않아 덩샤오핑은 옅은 황색 잠바를 입고 부인 주어린, 딸 덩룽이 수행하는 가운데 대청으로부터 천천히 문 앞으로 나왔다. 그러자 리하오가 속히 그에게로 가서 인사를 하고 덩샤오핑에게 선전의 매체들이 이번 방문 시의 담화에 대해 보도해도 괜찮냐고 하는 질문을 했다.

그러나 덩샤오핑은 만면에 웃음을 띠면서 온화한 태도로 리하오의 말을 제대로 못 들었는지 계면쩍은 표정을 지었다. 그러면서 리하오에게 '뭔가요?' 하는 표정을 지으며 딸 덩룽을 바라보았다.

덩룽이 부친의 귀에다 큰 소리로

"리하오 동지가 아버지께서 하신 말씀이 매우 중요한데 홍콩의 여러 신문들이 아버지 말씀에 대해 추측 보도 기사를 쓰고 있으므로 선전에서 정식으로 보도하는 것이 어떤지 여쭤보는 거예요."
라고 전해주었다. 덩샤오핑이 이를 듣고는

"아아······."

하고 탄식하는 소리를 내더니 잠시 멈추어 서서 손을 설레설레 저으며 말했다.

"관례를 깨서는 안 되네", "관례를 깨서는 안 돼."

덩샤오핑이 선전영빈관에서 손을 흔들어 이별의 아쉬움을 표하고 있는 모습 — 장스까오(江式高) 촬영 —

즉 우리들이 공개적으로 보도하는 것을 동의하지 않았던 것이다. 1989년 11월 중공 제13회 5중전회 후에 덩샤오핑은 당정군의 중요 직책을 모두 내놓고 "정식으로 정치 생활을 떠났다."

그리고 덩샤오핑은 그의 활동에 대해 전혀 선전 보도를 하지 말 것을 요구했다. 이후에도 이것은 하나의 '관례'가 되었다.

이때 선전의 몇 개 기관의 책임자와 영빈관의 복무원들이 모두 나와 구이원 양쪽으로 나누어 서서 기다리고 있었다. 덩샤오핑이 별장으로부터 나오자 여러 사람들은 박수를 치면서 환송했다. 덩샤오핑은 만면에 웃음을 지으면서 각 부문의 책임자들과 악수를 하였고, 여러 사람들을 향해 계속해서 손을 흔들어 깊은 정을 표하면서 헤어짐을 아쉬워했다.

이때 선전 인민대표대회 부주임인 우샤오란(吳小蘭)도 환송하는 대열 가운데 있었다. 그녀는 연안의 다섯 원로(董必武, 吳玉章, 林伯渠, 徐特立, 謝覺哉) 중 우위장(吳玉章)의 딸이었다. 그녀는 덩샤오핑과 그의 가족들을 일찍부터 서로 잘 알고 지내던 사이였다. 덩샤오핑을 부축하고 있던 덩룽이 그녀를 발견하고는 큰 소리로 불렀다.

"샤오란, 샤오란."

우샤오란이 얼른 덩샤오핑 앞으로 가서 인사를 했다. 그러자 덩샤오핑은 매우 기뻐하며 열렬히 우샤오란과 악수를 하면서 말했다. 그런 후 다시 앞으로 걸어 나아갔다. 그는 여전히 계속해서 군중들에게 손을 흔들며 답례를 표했다.

덩샤오핑과 그의 가족들은 구이원을 나와 중형버스에 올라탔다. 그들의 짐은 이미 영빈관의 복무원들이 다른 중형버스에 옮겨 실어 놓은 후였다.

셰페이, 린하오, 정량위, 리여우웨이 등도 덩샤오핑이 탄 중형버스에 올라 덩샤오핑을 중심으로 둘러앉았다.

기타 사람들은 지정된 번호대로 자신의 중형 버스에 신속하게 올라탔다.

아침 8시 30분 덩샤오핑 일행은 선전 영빈관을 출발하였다. 이번의 일정은 스커우에서 멈추지 않고 스커우의 8년 동안의 변화 상황을 보면서 곧바로 배를 타고 주하이로 가는 일정이었다.

차에 타자 덩샤오핑이 셰페이와 리하오에게 기쁜 듯이 말했다.

"어제 나는 참 잘 쉬었소".

덩룽이 이어 받아 말했다.

"아버지는 오늘 아침식사를 참 많이 하셨어요. 집에서보다 많이 드셨어요."

보기에도 덩샤오핑은 정말로 아주 만족한 듯했다. 1월 19일부터 남하하여 선전에 와 오늘까지 5일간을 시찰했던 것이다. 덩샤오핑은 이미 베이징에서 중앙의 중요한 책임자들과 대담을 나누었고, 그 후 상하이에서도 대담했는데, 그러는 가운데 자신의 생각을 반복해서 말했던 것이다. 그러나 많은 것들은 1, 2년 동안 말하지 않은 것들이었다. 혹은 스스로 아직까지 말하지 않았던 것을 이번에 말했던 것이다. 그가 만나고자 했던 사람들은 이번에 모두 만났다.

노인은 또한 손수 만들어 놓은 선전 경제특구가 이렇게 빨리 개혁개방의 시험을 생기있는 성과로 치러낸 것을 친히 목도하였던 것이다. 그 심정은 확실히 베이징에 있을 때와는 크게 달랐던 것이다.

우리들의 차량은 선전 영빈관을 떠났다. 해방로를 따라 선전남부의 큰 길에 들어서자 속도를 내며 평온하게 차오시(朝西) 방향으로 나아갔

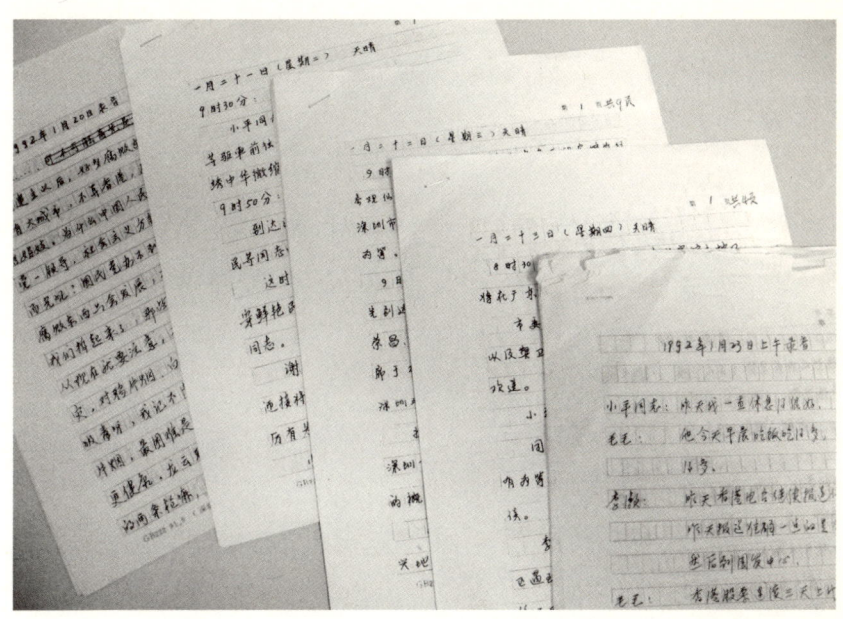

1992년 덩샤오핑이 남방을 순시했을 때 담화한 내용을 기록한 원고 사본

다.

이때 선전 시구市區의 면적은 그리 크지 않았다. 도로도 그리 많지가 않았다. 차량들도 아주 적었다. 시민들이 이용하는 교통은 주로 버스와 자전거였다. 우리의 차량이 지나가는 도로 양쪽으로 버스들이 모두 멈춰 서 있었다. 교통경찰, 자전거를 타고 가던 시민들, 모두가 멈춰 서서 덩샤오핑을 향해 목례를 올리는 듯했다.

모든 선전시 사람들은 거의가 중국 개혁개방의 총 조타수인 덩샤오핑이 며칠 동안 선전특구를 시찰했다는 것을 듣고 있었던 것이다. 오늘 덩샤오핑이 선전을 떠나는 날이라는 것도 알고 있었기에 지금 그를 보내고 있는 것이다.

리하오가 도로 양쪽의 정경을 보면서 덩샤오핑을 향해 말했다.

제18장 "기존의 관례를 깨서는 안 되네", "신속하게 하게나"　**193**

一月二十三日（星期四）天晴

8时30分：小平同志离开市迎宾馆去蛇口，将托广东省委书记谢非陪同下乘船去珠海视察。

市委、市政府、市人大、市政协的负责人以及警卫及宾馆服务人员，分列两旁鼓掌热列欢送。

小平同志和市负责人一一握手告别。

同车前往蛇口送行的有李灏、郑良玉、厉有为等。车上，小平同志和李灏等同志亲切交谈。

李灏说，特区是你建议建立的，1984年特区遇到困难，非常傍徨，你在这里振奋人心，给了明确的方针，然后沿海几个城市开放，都是你的决定。

小平同志说，特区取什么名，为什么叫特

> 知扩大开放、深化改革的各项重大措施
> (金融完善、二级发电、调整产业结构、
> 加强立法工作，以及安置转业军人成立
> 市郊区建制等)

区？中央陕甘宁边区叫特区，考虑那是政治特区，这不同于那个特区嘛。这四个是经济特区。

李灏向小平同志汇报了深圳今后发展规划后，小平同志说："我都赞成。大胆地干，每年领导层总结经验，看到不对的赶快改，看到问题出来了要赶快解决，不断总结经验，就不会犯大错误。"

> 新特区
> [改观]
> 红红火火
> (金融完善
> 以现况说
> 创成"改观"
> 反映深)

李灏说："你讲的非常重要，我们要少犯错误、不犯大错误。"

小平同志说："我刚才说，第一条是不要怕犯错误，第二条是发现问题赶快改正。"

李灏说，这个第一条很多人都没有做到。

小平同志说："不要搞形式主义，大规模活动，领导要冷静地考虑，不要耽误工作。"

车子在蛇口一个地方稍停了几秒钟，邓榕

1992년 덩샤오핑이 남방을 순시했을 때 담화한 내용을 기록한 원고 사본 (2/2)

제18장 "기존의 관례를 깨서는 안 되네", "신속하게 하게나"

"요 며칠 동안 홍콩 텔레비전, 라디오는 어르신께서 선전을 시찰했다는 뉴스로 꽉 채우고 있습니다. 어떤 매체는 아주 구체적으로 국제무역빌딩, 시앤후 공원을 시찰했다는 것까지 보도했는데, 당연히 대부분 뉴스가 추측보도였습니다."

리하오는 실제상 선전시의 신문들이 정식으로 이 사실을 보도하는 것이 어떤지 그의 의향을 떠보았던 것이다. 그러나 덩샤오핑은 차창 밖의 경치만 구경할 뿐 아무 말도 하지 않았다.

덩롱이 부친에게 말했다.

"홍콩의 주식이 3일간 계속해서 올랐다고 하네요. 제가 어제 듣자하니 세관의 어떤 과장이 말하는데 그가 1968년에 선전에 왔을 때와 전후를 비교해 보니 특구가 된 이후 신속하게 변화와 발전이 이루어진 것을 알 수 있다고 말하면서 중앙의 개혁개방에 대한 방침과 정책이 있었기에 가능했다고 하며 아버지가 안 계셨다면 이는 불가능했다고 하던데요."

그러자 리하오가 곧바로 말을 받았다.

"이 세관의 과장이 말한 것이 선전 사람들의 마음의 소리를 대표한 것입니다. 특구는 어르신께서 창도하여 건립한 것입니다. 발전하는 가운데 여러 어려운 곤란한 일들을 만나기도 했지만, 1984년과 금년 봄에 어르신께서 친히 선전에 오셔서 지지해주시고 나아갈 방향을 잘 지적해주셨기 때문입니다."

덩샤오핑이 말했다.

"특구라는 말은 어떻게 만들어졌고, 왜 특구라고 했는지 아나요? 이 모두가 생각하고 또 생각해서 지어낸 것입니다. 과거 중앙이 산간닝변

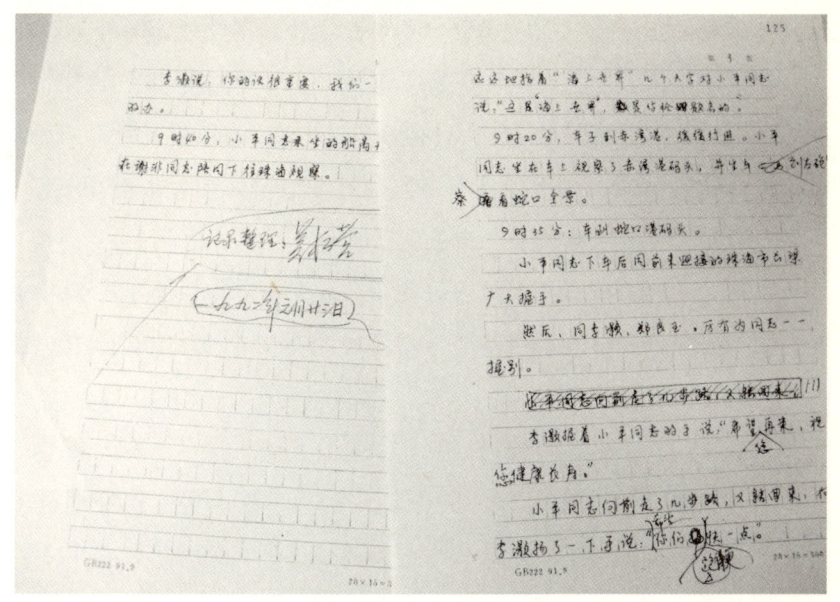

1992년 덩샤오핑이 남방을 순시했을 때 담화한 내용을 기록한 원고 사본

구(陝甘寧邊區)[1]를 특구라고 했지요. 그것은 정치적 특구였어요. 당신네들의 경제적 특구는 당연히 그 특구와는 다른 것입니다. 당신들의 이곳은 바로 경제특구입니다."

리하오가 말했다.

"선전이 경제특구가 된 것은 바로 중앙에서 여러 특수한 정책을 주었지만, 우리들 마음속은 아주 명백합니다. 정치상에서는 반드시 중앙에서 요구하는 바대로 고도로 일치시키면서 유지해 갈 것이고, 그러면서 어르신의 중요한 지시하신 정신을 열심히 그리고 진정으로 관철시킬 것입니다. 앞으로 10년 동안 선전은 개혁을 심화시켜서 더욱 발전을 이루

---

1) 중국 변경에 있는 공산당의 자치 군정 지구. 소비에트 구로 부르던 것을 1937년 제2차 국공합작 때부터 바꿔 부르기 시작한 행정상의 명칭이다.

제18장 "기존의 관례를 깨서는 안 되네", "신속하게 하게나" 197

어 나갈 것입니다. 산업구조를 조정하는 것을 포함해서 고도의 신기술 산업, 제3산업 등을 발전시키는 데 크게 노력하여 더욱 개발을 확대해 나가 새로운 발전을 심화시켜 나갈 것입니다. 제1선을 열어 두고 제2선은 관리를 잘 하여 선전 경제특구를 제2의 관세구로 건설할 것입니다."

덩롱이 이어서 말했다.

"또한 경제상에서 서서히 홍콩과 자유롭게 왕래할 수 있도록 되어야 할 겁니다. 나아가서는 홍콩과 자유롭게 왕래할 수 있게 되어야 할 것이고요."

리하오가 말했다.

"아무렴 그래야지요. 그래야 하고 말구요. 그렇게 하는 것이 선전과 홍콩이 함께 하는데 유리할 겁니다. 그리고 홍콩이 순탄하게 우리 대륙으로 회귀하는데도 유리할 것입니다. 우리는 특구의 법제 건설도 또한 강화시킬 것입니다. 완전한 법제의 건립을 통해 특구경제와 국제시장 경제가 궤를 같이 할 수 있게 더욱 속도를 낼 것입니다. 그리하여 개혁과 사회보험제도를 건립하도록 하겠습니다. 근본적으로 큰 솥의 밥을 함께 먹는 습관을 깨버리는 것으로부터 더욱 현명한 정책을 취하여 국내외의 많은 우수 인재를 받아들이도록 하겠습니다. 그리고 우리들은 바오안현(寶安縣)의 농촌을 개혁하여 발전시킬 것이고, 그리고 선전의 교외에 있는 3개의 구區를 개혁하고자 합니다. 이상이 이후 저희 선전이 나아갈 발전 계획에 대해 보고드릴 수 있는 내용입니다."

덩샤오핑이 말했다.

"당신들의 계획을 나는 모두 찬성합니다."

그는 오른손을 들어 힘 있게 다른 한 손을 내리쳤다. 그러면서 계속해서 말했다.

"대담하게 추진해 나가세요. 매년 영도 층에서는 그동안의 경험을 종합하면 큰 잘못을 저지르지 않게 될 것입니다."

덩샤오핑이 셰페이와 리하오를 바라보면서 진정으로 말하는 것 같았다. 그러면서 말을 이어갔다.

"내가 방금 말했듯이 첫째는 잘못을 저지르는 것에 대해 겁내지 말고 둘째로 문제를 발견하면 신속하게 고치도록 하고, 형식주의는 버려야 합니다. 특히 어떤 형식이라도 대규모운동을 해서는 안 됩니다. 영도하는 일은 냉정하게 생각해서 이끌어 가야 합니다. 그래야만 비로소 부정하지 않게 일을 할 수 있게 되는 겁니다."

셰페이와 리하오가 곧바로 대답했다.

"우리들은 반드시 샤오핑 동지의 중요한 지시를 받들어 반드시 이루어내고야 말 것입니다."

이어서 리하오는 덩샤오핑에게 선전이 국제시장에 진입하고 국제경쟁에 참여하는 문제에 대해서 중점적으로 보고했다. 즉 선전은 이미 보세공업구, 보세생산자료시장을 만들기 시작했으며, 이를 위해 여러 개의 소규모 실험구를 만들었다고 했다. 만일 성공한다면 장차 모든 경제특구로 확대 발전시켜 나갈 계획이라고 했다. 그러면서 덩샤오핑 동지가 지시한대로 일단은 시도를 해보겠다고 했다.

이때 차량에 같이 타고 있던 수행원이 말했다.

"저희들은 곧 스커우에 도착합니다."

덩롱이 우스개소리를 했다.

"선전은 광둥의 독립왕국이고, 스커우는 선전의 독립왕국이네요."

덩롱이 부친의 귀에 대고 큰소리로 말했다.

"셰페이, 리하오 동지들께서 말하기를 자기들은 독립왕국을 만들지 않겠대요."

덩샤오핑은 셰페이와 리하오를 보면서 한편으로 들으면서 한편으로는 웃음을 지었다.

차량들은 이미 화차오성을 지나 난산구(南山區)에 진입하였다. 그때 길 양쪽에는 리즈(荔枝)나무들이 많이 심어져 있는 것이 보였다. 비록 아직 초봄이기는 하나 날씨가 온화하고 햇빛이 충분하기에 초목들도 푸른 잎으로 무성하게 덮여 있었다.

리하오가 덩샤오핑에게 말했다.

"중국에서 가장 맛있는 리즈는 광둥에 있습니다. 광둥에서도 선전 난산의 리즈가 제일 좋습니다. 그러나 리즈를 보관하는 시간이 짧아서 운송과 시장에 내보내는 게 제일 문제입니다. 우리 선전비행장이 만일 일본항공과 개통되면 리즈를 일본에 수출할 수 있게 될 겁니다."

덩롱이 흥미 있다는 듯이 말했다.

"양귀비를 강제로 일본에 보내는 것이나 마찬가지인데 이런 걸 생각하지 않고 보내는 것 아닌가요? 그런 양귀비에게 먹이려고 리즈를 일본에 보내는 게 아닌가요?"

덩샤오핑이 웃으면서 딸을 보고 말했다.

"산샤(三峽)에도 리즈가 생산되지. 그리고 거기는 창안(長安)과 가깝단다. 그러나 산샤의 리즈는 품종이 안 좋은 게 좀 애석하지."

덩롱이 말했다.

"그러면……."

그녀는 고의적으로 부친을 보면서

"전 세계의 유자(柚子)는 어느 곳의 것이 제일 좋지요?"

차 안의 사람들은 모두 이 농담에 웃었다. 원래 덩샤오핑이 집에서 아들 손주들에게 고향 스촨의 유자가 제일 맛이 있다고 자랑하곤 했다는 것을 알고 있었기 때문이었다. 그러면 덩롱은 그런 부친과 광시(廣西) 샤톈(沙田)의 것이 제일 맛이 있다고 언쟁을 하곤 했던 것이다. 덩롱은 부친의 스촨 사투리를 흉내 내면서 작은 소리로 차 안에 있는 다른 사람들에게,

"고추를 안 먹으면 혁명을 못하고, 스촨의 유자를 안 먹으면 문화가 없다는 소리를 종종 들어요."

차 안에서는 유쾌한 웃음소리가 터져 나왔다.

웃음소리가 그치자 덩샤오핑은 여전히 자신의 의견을 굽히지 않고 웃으면서

"나는 역시 스촨 량저우(涼州)의 유자가 제일 맛있다고 보네."
라고 말했다.

덩롱이

"샤톈의 유자가 제일 좋다고 하는 사람이 많아요? 스촨의 유자가 좋다고 하는 사람이 많나요?"

덩샤오핑이 역시 웃으면서

"생각을 통일시킨다는 것은 어려운 일이야. 이제 그만, 싸우지 말자."

차 안의 사람들은 마음 편하게 즐겁게 웃어댔다.

시간이 충분히 남았기 때문에 선전방면에서 온 사람들이 덩샤오핑의 동의를 구한 후 차량을 스커우의 '해상세계' 앞에 차를 세웠다.

덩롱이 특별히 커다란 기선 머리에 쓰여 있는 '해상세계'라는 큰 글자를 가리키며 부친에게 말했다.

"저기 좀 보세요. 저 글씨는 아버지가 친히 쓰신 글자예요."

덩샤오핑은 딸이 가리키는 쪽으로 고개를 돌려 바라보며 고개를 끄덕이었다.

이는 원래 1만 톤 여객선으로 폐선이 된 후 관광선으로 개장한 배였다. 8년 전 즉 1984년 덩샤오핑이 처음 선전에 왔을 때 '해상세계'라고 쓴 큰 4글자였다. 이는 특구의 개혁정신을 나타낸 것이고 특구의 여행업을 촉진시키기 위한 상황에서 쓰여진 글자였다.

차량대열은 돌아서 처만항(赤灣港)으로 천천히 들어갔다. 덩샤오핑이 발전된 항구의 모습을 볼 수 있도록 하기 위함에서였다. 그런 후 차량들은 작은 언덕으로 올라갔다. 덩샤오핑으로 하여금 스커우 공업지구 전경을 바라보게 하기 위함에서였다.

9시 30분 차량대열이 스커우의 여객선 선창에 닿았다.

덩샤오핑이 탈 배로 안내된 덩샤오핑은 세관이 자신들의 업무를 위해 개장한 대형 배였다. 덩샤오핑은 하차한 후 이미 여러 차례 영접을 한 바 있던 주하이 시당위원회 서기 량광다(梁廣大)와 악수를 했다. 그런 후 기쁨을 감추지 못한 듯했으나 또한 이별을 해야 하는 시간도 됐기에 그동안 수행을 해왔던 리하오, 정량위, 리여우웨이 등과 일일이 악수를 하며 이별을 고했다. 그런 후 딸 덩롱과 비서 왕루이린(王瑞林)이 부축하는 가운데 평온하게 널판 위를 걸어갔다.

덩샤오핑이 몇 걸음 걸어가다가 별안간 몸을 돌려 우리들에게 왔다. 리하오, 정량위가 곧바로 그에게로 다가갔다. 나도 곧 리하오의 뒤를 따라 갔다. 어르신이 우측 손을 들어 가슴 위치에 올린 다음 흔들기 시작했다. 그러면서 말하기를

"자네들 신속하게 일들 잘 처리토록 하게."

하였다.

이는 실제상 그가 마지막으로 선전에 대해 말한 유언이나 마찬가지 였다.

리하오와 정량위는 격한 마음으로

"저희들은 반드시 어르신의 지시대로 열심히 해놓겠습니다."

라고 말했다. 덩샤오핑이 배를 탄 후 리하오 서기가 나에게 물었다.

"송잉(松營), 방금 덩샤오핑 동지가 하신 말씀 자네도 확실히 들었지?"

내가 말했다.

"확실하게 들었습니다. 그분께서는 우리들이 빨리 이 일을 해내기를 바라시는 겁니다."

덩샤오핑이 스커우부두에서 선전시 책임자 동지들과 일일이 이별의 악수를 하는 모습
- 장스까오(江式高) 촬영 -

제18장 "기존의 관례를 깨서는 안 되네", "신속하게 하게나"

1992년 1월 23일 덩샤오핑이 스커우부두에서 주하이로 가기 위해 승선하고 있는 모습
- 장스까오(江式高) 촬영 -

리하오가 분부하기를
"이 말은 매우 중요하네. 자네는 이 말씀을 원고에 반드시 써넣도록 하게."
하였다.

선전특구신문의 기자 장스까오는 위험을 불구하고 부근의 한 높은 곳에 올라 덩샤오핑이 선전을 시찰한 마지막 한 장의 중요한 사진을 촬영했다.

광둥성 위원회 서기 셰페이와 선전시당위원회 부서기인 리여우웨이도 배에까지 올라와 수행한 후 덩샤오핑을 주하이까지 보내드렸다.

9시 40분에 기선은 부두를 떠났다. 달리는 기선에 의해 부서지는 파도가 바다 위로 솟아올랐다. 주장구(珠江口) 동안으로부터 서안으로 향해 나아갔다.
　덩샤오핑이 선전을 떠났다. 해안가, 부두 위의 사람들은 모두 깊은 감정으로 그를 향해 작별의 손을 흔들었다. 많은 사람들의 눈가에 눈물방울이 맺혀 있었다. 기선의 모습은 점점 더 작아져 갔다…….
　덩샤오핑이 떠났다. 그러나 역사의 궤적은 연속되지 않았다.
　선전 사람들은 발걸음을 멈출 수 없었을 뿐만 아니라 더욱 크고 복잡한 길에 면임하게 되었던 것이다. 그러나 덩샤오핑이 말한 것처럼 반드시 용감하게 이를 헤쳐나갈 것이 분명했다.

제19장

덩샤오핑은 마치 선전에 오지 않은 듯했다

1월 23일 오전 덩샤오핑을 송별한 후 스커우에서 선전 영빈관으로 돌아오는 도중 나의 심정은 평정하지를 못했다. 하나는 덩샤오핑의 중요한 담화정신을 보도하는 것에 대해 허락을 받아내지 못했다는 것 때문에, 내 책임을 다 하지 못한 것 같은 책임감을 느꼈기 때문이고, 둘째는 오늘 덩샤오핑이 중요한 담화를 했는데 기록한 것을 덩 판공실로부터 심사를 받지 못했기 때문이었다. 그저 완전히 내 스스로의 의지에 의해 기록한 것이었기에 반드시 잘 정리하여 조직에 제출해야 한다는 임무감이 들었는데, 이를 해내야 내 책임을 완수할 수 있었기 때문이었다.

실제상 내가 심리적으로 조급했던 것은 역시 어떻게 능히 덩샤오핑의 중요한 담화정신을 선전하고 보도할 수 있을 것인지 기회를 잃지 않아야 한다는 문제였다. 그때 돌연 나는 "초록색 등을 보면 빨리 걸어서 가고, 빨간 불을 만나면 길을 돌아가라"고 하는 말이 생각났다. 이는 '관례를 깨지 말라'는 전제 하에서 나는 사실 '길을 돌아서 간다'는 방식을 채용하여 우회적으로 이 문제를 해결할 수 있겠다는 생각이 들었다.

선전 영빈관 5동에 있는 나의 방으로 돌아온 후 나는 천스톈과 한편으로는 원고를 정리하면서 다른 한편으로는 덩샤오핑의 중요한 담화를 '길을 돌아서 간다'는 방식으로 보도할 수 있게 될 수 있을지에 대한 문제를 논의하기 시작했다. 요 며칠 동안 국가 주석 양상쿤도 마침 선전 특구를 시찰했고, 양 주석이 선전을 떠난 후 원고를 발표해도 된다고 했으므로, 원고를 발표하기를 원한다면 원고를 발표하는 시기를 장차 덩샤오핑과 양상쿤이 함께 시앤후 공원을 참관 시찰했을 때로 결정하면, 영빈관에서 성과 시 및 군부대의 영도자들을 접견할 때도 부분적으로 덩샤오핑의 중요한 담화정신이 표출되지 않을까 하고 생각했다. 이렇게 한다면 아주 자연스러울 것이고, 이는 또한 일거양득이 아닐까 하는 생각도 들었다.

우리들은 의견을 나누면 나눌수록 격동되어 오는 느낌을 떨쳐버릴 수가 없었다. 나는 당시 양 주석을 수행하며 취재했던 《선전특구보》의 주임기자 어우양쟈(歐陽佳)에게 전화를 걸었다. 그리고 나와 천스텐의 생각을 말하자 어우양쟈도 매우 감격스러웠던지 우리들의 의견에 따라 일을 처리하겠다고 동의해 주었다. 그리고 곧바로 손을 쓰기 시작하여 기사 원고를 곧바로 써냈다.

1월 25일 오후 어우양쟈는 천스텐의 지도와 나의 도움 하에서 원고를 완성했다. 나는 그 원고를 본 후 아주 잘 썼다고 생각했다. 몇몇 부분에 대해 수정을 가한 다음 그는 신속하게 심사를 받았다. 나는 장스까오와 며칠 동안 양 주석을 수행하며 취재했던 《선전특구보》의 촬영부주임 왕수자오(王敍照)에게 덩과 양 두 사람이 선전에서 함께 찍은 사진을 준비하라고 시켰다.

그러나 저녁이 되자 어우양쟈가 나에게 전화를 걸어와 말했다. 원고를 시당위원회와 양 판공실에서 심사를 하자마자 곧바로 되돌려져 왔다고 말했다. 특히 양 주석의 비서가 특별히 강조하기를 양 주석께서 덩 판공실의 동의를 받아오지 않으면 양 주석에 관해 쓴 원고에 덩샤오핑 동지가 시찰한 어떤 내용도 같이 쓸 수 없다고 했다. 어우양쟈가 이어서 물었다.

"덩 판공실에 보여준 뒤 다시 정할까요?"

나는 그 말을 들으면서 힘이 다 빠지는 듯한 무력감에 젖어들었다. 이 일이 있기 전에 이미 덩 판공실의 왕 주임에게 내 뜻을 비춘 바가 있기 때문이었다. 심지어 어르신 본인에게까지 내 뜻을 비춘 적이 있지 않았던가? 그들은 모두 "관례를 깨서는 안 된다"고 했었던 것이었다. 이미 그들은 떠나고 없었다. 어떻게 해야 이러한 뜻을 내비칠 수 있을까? 우리는 그저 '돌아가는 길'을 통해 덩샤오핑의 중요한 담화정신을 보도하려고 했던 것이다. 그러나 현재…….

나는 오로지 어우양쟈에게 원래의 계획대로 하라고 말할 수밖에 없었다. 얼른 양 주석의 선전 시찰에 대한 단독 보도만을 써서 양 판공실 심사를 받은 후 내일 신문에 보도하라고 했다.

이렇게 해서 1월 26일 국가 주석 양상곤이 선전을 시찰한 뉴스가 발표되었다. 물론 신화사 발 원고와 《선전특구보》, 《선전상보(深圳商報)》 선전텔레비전 등의 기자들이 발송한 기사와 사진에는 모두 덩샤오핑의 모습을 볼 수가 없었다. 또한 글자로도 덩샤오핑과 양상쿤 두 영도자가 선전에서 만난 것, 고찰한 것, 대담한 일 등은 전혀 제시되지 않았다. 결과적으로 공개 보도된 뉴스는 마치 덩샤오핑 본인이 선전에 오지 않은 것처럼 되어버렸다.

그 속사정을 모르는 독자와 시청자들은 이에 대해서 의견이 많았다. 더구나 선전의 독자, 관중들은 시당위원회 선전부와 신문사, 라디오방송국과 텔레비전방송국에 전화를 걸어와 비평을 그치지 않았다. 어떤 사람은 너무 언사가 지나쳐 우리가 덩샤오핑의 개혁개방을 정확하게 옹호하지 않았다고 질책까지 하는 이도 있었다.
　선전시당위원회 선전부가 주관하는 뉴스를 주관하는 책임자와 덩샤오핑이 선전을 시찰하는 동안 수행자이며 기록자인 나는 더욱 심적으로 평온을 찾지 못했다. 사람들은 당시의 신문 보도에 대해 강력하게 비평했다. 이를 들으면서 우리들은 반드시 기회를 찾아 신속하게 덩샤오핑의 담화정신을 선전 보도해 낼 것을 결심했다. 나는 또한 오로지 '실사구시'적인 신념을 견지하고 사심이 없는 마음을 갖는다면 세상은 관대하게 대해줄 것이라는 믿음을 굳건히 다졌다.

제20장

돌아서서 가지 못하는 길

"초록색 등을 보면 빨리 걸어서 가고, 빨간 불을 만나면 길을 돌아가라."

중공 제11대 3중 전체회의 후에 중국의 어떤 지방에서는 개혁개방의 문제를 두고 너무 소심하게 대처해서 일을 못 하고 그저 두려워하기만 하는 바람에 조금도 진척이 없었다. 광둥성의 면적은 그다지 크지 않았기에 전국 경제에서 차지하는 비중은 후반부에 처져 있었다. 그러나 개혁개방에 있어서는 '감히' 맨 앞에 있었다고 할 수 있었다. 곧 적극적으로 이를 받아들여 적극적으로 돌진하였기에 경제 총생산량에서 계속해서 향상되었으며, 백성들의 생활은 날이 갈수록 달라졌다. 그리하여 전국의 많은 지방에서는 전면적으로 "빨리 걷는다", "길을 돌아간다" 등의 말들이 전해졌으나, 광둥 사람들의 개혁개방에 대한 대담하고 "용감하게 부딪치자"는 정신만은 찬양되었다.

그러나 나는 순수한 광둥인이었기에 이번에 돌아서 가지 못하는 길을 만나게 되었지만, 그것은 바로 덩샤오핑이 며칠 동안 담화한 원고를 종합 정리했을 때 난제를 만나게 되었던 것으로 반드시 정면으로 부딪쳐서 헤쳐나아가야 할 문제였다.

5년간 덩샤오핑은 거의 매일 중요한 담화를 했다. 내용도 많았고 매우 풍부했다. 동시에 여러 문제에 대해서는 중복해서 말하곤 했다. 1

월 20일 기록하는 일을 하는 가운데 약간의 차이로 인해서 큰 것이 빠진 것을 알고 나는 기록하는 일에 더욱 신중하게 임했다. 필기하는 일 외에 녹음을 하거나 기회가 있으면 덩샤오핑의 시찰을 수행한 사람들과 함께 빠진 부분은 없는지, 결여된 것은 없는지 등을 점검했다. 이번의 일을 확실하게 하기 위해서(덩샤오핑의 담화정신에 대한 이해의 정확성)요 며칠간 나는 매일같이 기록한 원고를 덩 판공실과 성과 시의 영도자들에게 보내서 심사를 받았다. 나는 원래 덩샤오핑이 선전을 떠난 후에 최대한 빨리 정서를 하고 또한 이를 필사했다. 정확히 5일 동안 5통을 필사했다. 정확하게 기록한 원고를 위에다 건네주고 나니 나의 임무는 완성되었다. 그러나 사실 그렇지가 않았다. 우리들은 막 스커우에서 선전 영빈관으로 돌아오자마자 곧바로 영도자로부터 전화문으로 된 지시를 받았다. 덩 판공실과 성위원회의 영도자들이 5일 안으로 수장의 중요한 담화를 기록한 종합 원고를 원한다는 것이었다. 특히 자세하고 정확해야 한다는 것이었고, 특히 길게 쓰지 말라는 것이었다.

나는 일찍부터 이러한 어려운 일을 만나게 될 것이라고 걱정하고 있었다. 비록 당정 기관에서 여러 해 동안 일을 해왔지만 심리적으로 잘 임무를 완수했더라도 한 곳이라도 영도자가 생각하는 것과 다를 경우나 다른 시간에 말한 것을 종합 정리하는 일은 이미 하나의 작지 않은 사정이 될 수 있었던 것이다. 특히 덩샤오핑처럼 세인의 주목을 받고 있는 위인이 며칠 동안 말한 풍부한 담화 내용을 종합 정리한다는 것은 먼저 몇 개의 부분으로 귀납을 시켜야 할지, 어떻게 표현해야 정확하고 또한 진솔하게 쓸 수 있는 것인지 등이 어려운 문제였다. 우리는 이러한 문제에 접해본 적이 없어 조금의 경험도 없었던 것이다.

그러나 임무는 떨어졌다. 상급기관에서 요구하는 것은 덩샤오핑 연설의 종합원고였다. 보자 하니 이 어려운 문제는 돌아가지 않고 반드시 성실하게 정면으로 부딪쳐야 했다.

그렇게 해서 이 일을 시작했을 때 곧바로 커다란 문제에 부딪쳤다. 덩샤오핑이 5일 동안 한 말 중 가장 중요한 것은 중국 개혁개방의 국면에 대한 말이었다. 어떤 것은 반복해서 말했고, 반복해서 강조했으며, 그중 비록 많은 부분에서 중복되기는 했지만, 그러나 거의 매번 중복된 곳은 해당지역에서 그때마다 전면에 원인이 있으면 그 후과가 어떻게 되는지에 대한 연관성이 있는 것이었다. 만일 적당하게 취할 것은 취하고 버릴 것은 버려야 한다고 하면, 어떤 것을 취하고 어떤 것을 버려야 하는지 하는 문제였다.

덩샤오핑의 담화 중에서 무미건조한 말은 없었고, 대부분이 생동감 있는 비유가 많았다. 곧 애증이 분명한 내용이 많았고, 그 외에도 두 딸과 성과 시 영도자들과의 정감 있는 대화도 많았으며, 개인적 특징을 엿볼 수 있는 생활상의 자세한 내용들도 많았다. 예를 들면 덩샤오핑이 몇 번이나 이야기한 "사회주의를 견지하지 않고, 개혁개방을 견지하지 않으면 누구라도 물러나야 한다" 등의 말이다. 덩샤오핑은 비록 이름을 거명하지는 않았지만, "경고"한 대상은 아주 명확했다. 이들 말을 넣어야 할지 말아야 할지? 만일 넣는다면 어떤 사람들이 민감하게 반응하지는 않을지? 덩샤오핑은 국제무역빌딩에서 말할 때 중국이 일단 혼란하게 되면 백성들은 밥조차 먹을 수 없어 수천 수백만 인구가 밖으로 도망쳐 나가게 될 수도 있다고 하면서 스스로 웃으며 보충하기를 "더구나 그 많은 사람들이 총을 가지고 나갈 수가 있지 않겠소? 왜냐하면 중국에 있는 것은 총밖에 없으니까 말이오"라고 하여 주변 사람들 모두를 웃도록 했다. 그리고 덩샤오핑은 딸과 논쟁을 하면서 어느 곳의 유자, 리즈가 가장 맛있다느니 하는 말이 녹음된 내용을 들을 때면 웃음을 참을 수가 없었던 것이다. 위대한 사람도 역시 사람이라는 것을 느꼈는데, 덩샤오핑은 아주 위엄이 있었을 뿐만 아니라, 귀엽고 천진난만한 면도 있었으니……. 이러한 말들 모두를 매일 같이 원고 상에서 아주 자세히 기록하였으므로 종합 정리할 때 전부 방기할 것인가, 아니면 적당한 곳에 써넣는 것이 좋을지 하는 문제였다.

나는 기록한 원고를 보면 볼수록 덩샤오핑의 담화내용이 아주 걱정스럽다는 것을 느낄 수 있었기에, 덩샤오핑의 엄숙하고 진지하며 살아있는 생동감 있는 말들을 종합 정리하는 것이 좋겠다는 생각이 들었다. 실제로 크고 곤란한 사정이 있었기에 나 자신의 책임이 중대하다는 것을 동시에 느꼈던 것이다. 곤란한 문제를 만났을 때 한마디라도 감추고자 길을 돌아서 간다는 것은 불가능한 일이었기에 용기 있게 앞으로 나아가야 한다는 생각이 더욱 나를 고무시켰다.

나는 먼저 천스톈과 상의하고 덩샤오핑의 시찰 중 재미있었던 일들과 자세한 내용들을 천수톈이 보도문과 통신문을 쓸 때 주로 사용하라고 했고, 덩샤오핑의 중요한 원칙성의 담화 내용은 내가 종합 정리하기로 했다.

1월 23일 오후 나는 계속해서 영빈관 5동 내 방에 파묻힌 채 괴로운 작업을 했다. 며칠간 선발되어 와 전문적으로 나를 도와준 선전시당위원회 선전부 간부인 링용(凌泳)이 남아서 계속해서 나의 정리하는 일과 필사하는 일을 도와주었다. 일의 진도를 빨리 하기 위해서 나는 또한 시당위원회 선전부 판공실에서 기요간사인 선종성(沈鍾生)을 불러 도움을 청했다. 이 젊은이는 해방군으로부터 왔는데 정치상으로도 믿을 수 있고 만년필로 쓰는 글씨도 아주 잘 썼다.

나는 먼저 링용과 선종성에게 나를 도와 매일 기록한 원고를 복사하도록 했다. 그런 후에 나는 이 복사한 원고를 한 페이지씩 글씨를 쓰는 테이블과 침대에다 깔아놓았다. 그러면서 다시 한 번씩 반복해서 보았다. 머릿속으로는 계속해서 사고하고 분석하여 완전히 이해하도록 했고, 마음속으로 계산하며 종합적으로 가공하기 시작했다.

덩샤오핑의 남방담화라는 중대한 사정을 위해 문자 당안을 완전하게 만들어 보존토록 해야 했다. 또한 상급 영도자 심지어 중앙에다가 간편하면서도 명확하게 상세한 상황을 이해시키기 위해 내 스스로 정한 기본원칙을 정했는데, 그것은 곧 주요 내용은 먼저 원래의 말을 기록한 실록 그대로 충실히 넣고자 했다. 동시에 담화가 바뀌는 과정과 상관 있는 내용과 경위는 문자로써 기지를 발휘하여 통할 수 있게 하였다. 그리고 중복된 내용은 간소화시켰다.

나는 복사한 원고 위에다 뺄 것은 빼고 고칠 것은 고치게 했다. 링용과 선종성은 옆의 방으로 가지고 가서 한 페이지씩 가지런하게 필사하였다. 20년 전에는 컴퓨터가 오늘날처럼 보급되지 않았기 때문에 줄친 종이에 손으로 써야만 했던 것이다.

우리 세 사람은 밤늦게까지 일했는데, 약 20여 시간을 계속해서 분전했다. 그리하여 마지막으로 한 권을 만들어 냈는데 그 제목은 《1992년 1월 19일에서 23일까지 덩샤오핑 동지 선전 시찰 담화기록》이었다. 글자는 약 1만 3천여 자나 되었다. 이는 당안으로서 보존하기 위한 것이었다. 그리고 영도자들에게 덩샤오핑의 담화정신을 확실히 파악할 수 있도록 하기 위해, 나는 또한 이 원고의 분량을 다시 축소 요약하기 위해 시찰 과정 및 여러 자세한 상황을 소개하는 글자는 생략하여 《1992년 1월 덩샤오핑 동지 선전특구 시찰 중요 담화 요점》이라는 다른 또 한 권의 책을 만들었다. 글자 수는 1만 자 정도였다.《요점》은 5개 부분으로 나누어 제1부분은 "중국이 사회주의를 견지하지 않고, 개혁개방을 하지 않으면……. 오로지 죽음으로 가는 길밖에는 없다." 제2부분은 "선전의 경험, 바로 그것은 '용감하게 부딪치자'는 것이다." 제3부분은 "광둥은 20년 안에 아시아의 '4마리 작은 용'을 앞질러야 한다. 그러나 사회질서 면에서는 그들과 비교할 수 없으므로 그들에게서 배워야 한다." 제4부분은 "젊은 후계자의 배양을 중시해야 한다." 제5부분은 "너무 많은 회의를 여는 것은 쓸데없는 일이다. 행동으로 실천하여 성과를 내라"였다. 마지막으로 나는 이 두 권의 문건 말미에 책임자로서 '기록인 우송잉'이라고 서명했다.

 그 다음날 나는 전 기록원고와 녹음테이프를 선전시당위원회 비서장 겸 시당위원회 판공청 주임인 런커레이(任克雷)에 보내주었고, 그가 시당위원회 영도자들과 중앙판공청에 보고토록 했다.

 1992년 3월 우리들은 중앙 2호 문건인《덩샤오핑 동지의 우창(武昌), 선전, 주하이, 상하이 등지의 담화 요점(1992년 1월 18일에서 2월 21일까지)》이라는 약 1만 자로 된 6개 부분으로 나눠진 문건을 보게 되었다. 이 문건 중에는 덩샤오핑의 담화 내용이 들어 있었는데, 대부분은 선전 시찰 중 말한 내용들이라고 할 수 있었다.

 20년 전 덩샤오핑의 담화 기록 원고를 종합 정리한 것으로부터 덩샤오핑의 중요한 담화정신을 선전 보도했을 때까지는 확실히 돌아서 가는 길이었다. 그러나 우리들은 "하급기관은 상급기관에 복종해야 하고 전당은 중앙에 보고해야 한다"는 대원칙 하에서, 또한 실사구시를 해야 한다는 점에서 반드시 그렇게 하지 않으면 안 되었다. 이는 역사를 통한 경험에서 얻어낸 일이었다.

20년 후에야 책으로 나왔지만 돌아서 길을 갈 필요가 없었는데도 빙빙 돌아서 왔지만 당시의 녹음테이프와 기록한 원고를 토대로 해서 써 낸 것이기 때문에 20년이라는 시간 차이는 있지만 절대 부분의 역사적 사건은 모두가 이미 그 비밀이 알려졌고, 그렇게 많이 뒷일을 염려하여 꺼림칙해 할 것은 없게 되었다. 독자들이 만일 흥미가 있다면 나의 책 20년 전의 중앙 2호 문건과 상세히 대조해 보면 좀 더 명확하게 이해할 수 있을 것이다.

제21장

대담하게 변통하여 "기존의 관례를 깨뜨려라"

그해 선전시당위원회 상임위원이며 선전부장인 양광후이는 1월 20일 베이징에서 열린 전국선전부 부장 회의에 참석했다. 덩샤오핑이 선전에서 시찰한 주요 활동, 선전시당위원회 영도자들과의 합동촬영을 포함하기 때문에 그는 모두 참여할 수는 없었다. 양광후이는 선전으로 돌아온 후 나는 부부장이었기 때문에 곧바로 그에게 덩샤오핑의 선전에서의 중요 담화 내용을 말하면서 내 스스로의 덩샤오핑의 중요한 담화정신에 대한 생각을 보고했다. 또한 직접 소식을 발표할 수 없고, 문장 평론 형식을 통해서만 가능하며, 덩샤오핑 동지의 중요한 담화정신의 실질적인 뜻을 매우 깊이 서술할 수 있어야 하며, 또한 '기존의 관례를 파괴'하는 선전기율문제를 위반하는 일은 피해야 한다는 것을 말했다.

양광후이는 나의 생각에 대해 동의와 지지를 표하였다. 그리하여 나는 곧바로 천스톈에게 통지하여 신속하게 조직의 역량을 동원하여 덩샤오핑의 중요 담화정신에 대한 평론 문장을 써서 신문사에 알리라고 했다.

2월 3일 섣달 그믐날 밤에 나는 시당위원회 영도자인 리여우웨이(의식형태를 주관하는 시당위원회 부서기), 린주지(林祖基, 시당위원회 상무위원, 부시장), 양광후이를 수행하여 선전특구신문사에서 설 위문행사를 진행하였다. 리여우웨이는 강연 중에 우리들은 10편 혹은 8편 분량의 문장을 쓰고자 하고 있고, 샤오핑 동지의 중요한 지시를 선전하고자 한다고 강조했다. 양광후이는 신속하게 신문사 책임자에게 말했다. "덩샤오핑의 중요 담화정신에 대한 평론 문장을 최대한 집약하여 작성하여 선전하세요."

2월 10일(월요일, 음력 1월 7일) 아침에 막 출근을 하자 나는 시당위원회 선전부 업무 확대회의에 참가하기 위한 준비를 했다. 천스톈은 두 편의 문장 원고를 가지고 시당위원회 빌딩 5층 사무실로 나를 찾아왔다. 나는 곧바로 그를 데리고 양 부장을 만나러 갔다. 양광후이는 원고를 쭉 훑어 보더니

"원고를 나는 자세히 보지 않았소. 우리들은 먼저 생산방식을 연구하도록 합시다. 만일 한 사람이 썼다면 이는 오로지 작은 공방의 작은 공업을 시작한 것이오. 대 생산 방식에 의해 이를 확대 생산할 수 있지 않을까? 우리 이를 쓰는 작업조를 조직하여 집체적으로 지혜와 능력을 발휘케 하는 것이 어떻겠소?"

하고 말했다. 실제상 그는 이 일을 더욱 크게 확대하고자 생각했던 것이다. 나는 천스톈을 먼저 돌아가게 하고 새로운 업무 부서가 만들어지기를 기다렸다.

그날 오전 양광후이가 시당위원회 선전부 업무 확대회의를 열었다. 먼저 그가 중앙선전부 부장 왕런즈(王忍之)와 중앙의 유관 부문의 주요 영도자가 전국 선전부 부장 회의에서 말한 정신을 전달했다. 그런 후에 나로 하여금 덩샤오핑이 선전에서의 시찰 시 행한 중요 담화정신을 전달토록 하였다.

이후 며칠간 양 부장은 시당위원회 선전부의 업무회의와 기타 업무를 맡고, 나와 니위안루(倪元輅) 두 명의 부부장은 계속해서 대화를 하며 덩샤오핑의 중요 담화정신을 선전 보도하는 문제에 대해 진일보 연구해 갔다.

2월 12일(수요일) 양광후이는 그의 사무실에서 나와 시당위원회 정책 연구실 주임 류원샤오(劉文韶)에게 시당위원회의 의견을 전달했다. 즉 시당위원회가 덩샤오핑의 중요 담화정신을 선전 학습시키기 위한 편집조를 성립하는 데에 동의했다는 소식이었고, 양광후이가 그 조장을 맡으며, 류원샤오와 우송잉이 부조장을 맡는다는 내용이었다. 이어서 우리들은 구체적으로 기타 편집부 인원을 조성하고 최대한 이 업무를 완성하는 데 경주하여 구체적으로 연구해나가자고 했다. 그리고 나로 하여금 《선전특구보》 사장 취후이원(區匯文)에게 통지하여 신문사에서 3명에서 5명 정도의 편집업무에 있어서 중요 간부를 파견해 줄 것을 요구하라고 했다. 그러면서 천스톈을 반드시 참가시키라고 지정했다. 류원샤오는 당시 정책 연구실에서도 사람을 뽑아서 보내겠다고 대답했다. 편집조의 기타 인원 명단은 마지막으로 양광후이가 심사하여 정했는데 다음과 같은 사람들

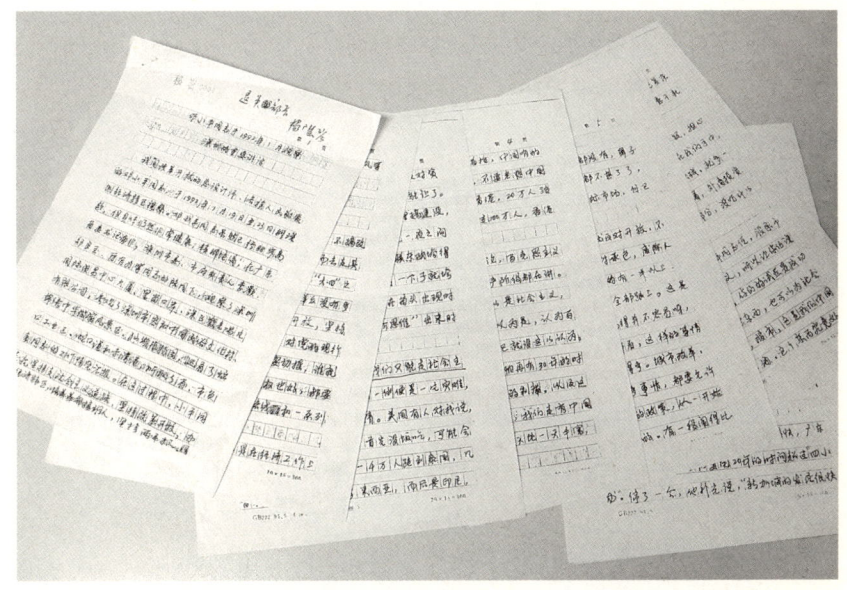

1992년 덩샤오핑이 남방을 순시했을 때 담화한 내용을 기록한 원고 사본

이었다. "시당위원회 선전부 류밍루(劉明如), 위더장(于德江), 시당위원회 정책연구실 딩싱(丁星), 《선전특구보》왕추원(王初文), 천스톈, 첸한장(錢漢江)."

　2월 14일 오전 편집조 전체 인원은 선전 영빈관의 '리원(荔園)'에 입주했다. 방안을 정리한 후 회의를 열었다. 양광후이는 친히 사람들을 동원하는 일을 담당했다. 류원사오, 취후이원, 왕잉산(王榮山,《선전특구보》의 총편집) 등도 모두 회의에 참석했다. 회의의 제2항목은 나와 천스톈이 보름 전에 덩샤오핑 동지가 선전특구를 시찰한 상황을 소개하는 시간이었다. 우리는 상세하게 어르신의 담화정신을 사람들에게 전달했다. 오후에도 회의와 토론은 계속되었다. 덩샤오핑의 중요 담화정신을 이해하는 한편 어떻게 편집 작성할 것인지에 대해 연구 토론을 병행했다. 그 다음 날 각자 업무를 나누어서 집필을 시작했다. 당시 전 참가자들의 정서는 매우 앙양되어 있었다. 시당위원회가 이런 임무를 준 데 대해서 다들 영광스럽게 생각하고 있었던 것이다. 회의 상에서는 글을 쓰는 사람들에게 손님이 찾아오지 않도록 문을 걸어 잠그자고 했고, 자신이 머무는 방에서 먹고 자면서 철야토록 했으며, 일요일에도 집에 가지 못한다고 규정하였다. 나도 영빈관에 들어가서 회의에서 배분된 역할에 따라 원고에 대해 초심과 교정을 책임지었다. 집필하는 과정에서 여러 동지들이 아무 때고 나를 찾아와 덩샤오핑 동지가 시찰할 때의 담화에 대한 자세한 사항을 물었다.

　2월 중에 나는 차 사고를 냈기 때문에 대퇴부에 부상을 입었었다. 선전 화창(華强)의원에서 일주일간 입원해 있었다. 이 기간 동안 시당위원회 선전부 유관 판공실의 동료직원들이 위문 차 병원을 다녀갔다. 그리고 문건을 나에게 전해주고 검열과 비준을 받았다. 바로 집필하는 동지들이 위문을 와 토론하고 평론하는 문장을 쓰는 문제에 대해서 상의했다. 나는 병원 침대에 누워 원고지를 수정하였다.

《선전특구보》의 〈원숭이해의 신춘 평론〉이라는 제목 하에서 새로운 뜻을 찾고, 진정한 성격을 찾는데 노력했고, 문장은 되도록 간략하고 소박하며, 생동감 있게 쓰고, 정치사상 내용상에서는 원래의 맛을 낼 수 있도록 요구했다. 그리고 덩샤오핑의 선전에서 한 담화의 중요정신을 체현해 내는 데 정확하고 틀림이 없도록 했다. 매 편마다 모두 반복해서 수정했고, 갈고 닦도록 했으며, 매 편마다 가장 길어야 1천2백 자를 넘지 않도록 했고 일반적으로 모두 1천 자 좌우로 쓰도록 했다.

당시 국내정치 형세를 고려하여 작년 상하이《해방일보》에 발표된 '황푸핑(黃甫平)[1]'의 문장이 후에 압력을 받고 타도되었던 경험과 교훈을 살려, 우리는 선전 특구의 유리한 조건을 빌리고 홍콩의 애국애항보愛國愛港報가 간행한 내용과 배합하여 입체적인 보도와 선전이 되도록 하였다.

2월 18일(화요일) 오전, 나는 병원으로부터 사무실로 돌아왔다. 그리고 시당위원회 선전부 신문처로 하여금 선전 주재 홍콩의《원후이보(文匯報)》기자실의 린(林) 실장에게 통지하여 나를 찾아오도록 했다. 나는 황신화 처장과 함께 린 동지와 담화했다. 나는《선전특구보》가 장차 덩샤오핑이 남방에서 한 중요 담화정신에 대한 평론을 연속해서 게재할 것이라고 하면서 당신들도 전재하고자 하는지 아닌지를 물었다.

린 실장은 당장에서 기쁜 듯이 말했다.

"원합니다, 원해요."

린 동지가 돌아간 후 그날 그는 우리들에게 전화로 그들의 장(張) 총

---

1) 2006년 7월 '황푸핑(皇甫平)'이란 필명으로 유명한 개혁파 저우루이진(周瑞金) 전 런민(人民)일보 부총편집장이 인터넷에 '중국 공산당도 베트남처럼 경선을 통해 총서기를 뽑자'는 파격적인 글을 올려 파문이 일었던 것을 지칭하는 사건.

편집이 그 말을 듣고 매우 기뻐했다고 말해주었다.

나는 속히 《선전특구보》 취후이원 사장에게 전화를 걸어 홍콩의 《원후이보》가 특구보의 글을 전재하겠다는 것을 지지하고 도움을 주겠다고 말해달라고 요청했다.

이후 《선전특구보》의 〈원숭이해 신춘 여덟 편의 평론(8評)〉이라는 편집부의 문장이 매번 1편씩 정기적으로 발표됨과 동시에 신문사 총편실은 홍콩의 《원후이보》에 팩스로 전송했다. 홍콩의 《원후이보》는 매번 1편의 문장을 머릿기사로 중요한 곳에 안배하여 전재했다. 또한 큰 글자로 "《선전특구보》 편집부의 문장은 덩샤오핑의 남방 담화정신을 원래의 의미대로 전달했다"라고 소개했다.

후에 홍콩의 《다공보(大公報)》도 스스로 찾아와 《원후이보》와 같이 전재하고 싶다고 희망해 왔다. 나는 당연히 크게 지지해주고 도움을 주었다.

2월 20일 《선전특구보》는 초판의 가장 중요한 위치에다 〈중심을 잡고 놓지 않는다 – 원숭이해 신춘 평론의 하나〉라는 글을 실어 사회에 커다란 충격을 일으켰다.

같은 날 리하오가 선전시당위원회 상임위원회 확대회의를 주재하여 속개했다. 선전의 몇 개 기관의 성원과 각 부서 국(局)급의 주요 영도 간부들이 참석했다. 회의의 주제는 바로 덩샤오핑, 양상쿤 동지의 1월 선전 시찰 시의 중요 담화정신을 전달하여 학습케 하려 함이었다. 시당위원회, 시인민대표대회, 시정부, 시정치협상회의 영도자 모두가 발언을 하여 스스로 학습한 감상을 말했다. 리하오 서기는 회의를 총평하며 말할 때 다음과 같이 강조했다. 덩샤오핑 동지의 중요 담화정신을 전달하여 학습케 하는 범위는 계속해서 확대해 나갈 것이고, 계속 탐구하여 들어갈 것이며, 이를 위해서는 기다려서는 안 된다. 덩샤오핑 동지의 중요 담화정신을 근거로 하여 새롭게 연구하고 선전의 각 항 주요 업무 부서는 한 발 더 나아가 명확하게 목표를 설정해야 할 것이다.

또한 선전시당위원회는 이 "기다려서는 안 된다"고 하는 말을 '상방보검(尙方寶劍)[2]'으로 하여, 《선전특구보》에 〈원숭이해 신춘 평론문장 시리즈〉로써, 2월 22일에는 〈좀 더 빨리 시행하자 – 원숭이해의 신춘평론 2〉, 2월 24일에는, 〈'용감하게 부딪치자'라는 정신을 발휘하자 – 원숭이해의 신춘평론 3〉을 발표하였다.

2월 25일 홍콩 《원후이보》 총편집 장윈펑(張雲楓), 부총편집 장칭윈(張晴云) 등 일행이 선전에 왔다. 선전시당위원회 서기 리하오, 부서기 리여우웨이, 상임위원 겸 선전부장 양광후이는 선전 주원(竹園) 빈관에서 손님을 맞이하였다. 덩샤오핑의 선전 시찰 중 발표한 중요 담화정신을 소개하는 외에 뉴스보도 방면에서 《선전특구보》와 《원후이보》가 어떻게 해야 진일보 합작을 강화할 수 있는지에 대해 다각적으로 깊이 토의하였다.

이후 《선전특구보》가 격일 간으로 한 편씩 발표하는 〈원숭이해의 신춘 평론〉을 3월 6일까지 공동으로 8편을 발표하기로 했다. 이를 두고 세상에서는 《선전특구보》의 〈원숭이해의 신춘 8평〉이라고 했다.

그때 《선전특구보》는 홍콩 및 해외에서 발행하는 양이 그리 많지 않았다. 그러나 《선전특구보》가 매번 한 편씩 〈원숭이해의 신춘 평론〉을 발표하고 《원후이보》, 《다공보》가 같은 날 전재하게 하면서 《선전특구보》의 평론이 덩샤오핑의 남방 담화정신을 "원래의 사실 그대로를 밝히다"라는 설명이 붙어 나가자 이는 덩샤오핑의 남방 담화정신을 선전하

---

2) 무소불위의 권력을 자랑하던 막강한 검(劍)을 말하는데 이는 황제가 멀리 변방으로 떠나거나 전쟁터로 나아가는 장수에게 하사하는 검을 말한다.

는 소리가 되어 장대하게 퍼져나갔다. 홍콩의 각종 매체 및 타이완, 마카오, 그리고 각국의 홍콩 주재 뉴스 매체, 통신사들은 홍콩의 《원후이보》, 《다공보》 등이 전재한 《선전특구보》 편집부 문장을 보도했다. 혹은 편집하여 이와 상관된 소식을 발표하기도 했다. 일본공동통신사, 영국BBC 라디오 방송국, 싱가포르 《렌허자오보(聯合早報)》 등 매체도 각종 관계를 통해 《선전특구보》의 〈원숭이해의 신춘 평론〉의 팩스원고를 찾았다.

이러한 강대한 여론의 파동을 대면하게 되자 당시 홍콩의 매체는 공개적으로 선전 신문이 행한 '용감하게 부딪치자'라는 정신을 찬양했다.

이때의 중앙에서 선전과 여론을 주관하는 영도자들과 주관기관에서는 《해방일보》에 실렸던 '황푸핑'에 대해서 압력과 제재를 가했던 것처럼 《선전특구보》의 〈원숭이해 신춘 평론〉에 대해서도 통제를 가하려고 했다. 그러나 그처럼 마음대로 할 수가 없었기에 반드시 재삼 고려해야 했다고 했다.

얼마 후 국내의 《광밍일보(光明日報)》, 《징지일보(經濟日報)》, 《런민일보(人民日報)》도 모두 참지 못하고 움직이더니 《선전특구보》의 〈원숭이해의 신춘 평론〉의 일부 문장을 선별하여 전재했다.

3월 3일 당시의 중공 중앙정치국 위원이며 국무원 부총리인 저우쟈화(鄒家華)가 판공실에 명하여 선전특구보사로 전화를 걸게 하여 장차 《선전특구보》가 이미 발표한 6편의 〈원숭이해의 신춘 평론〉을 팩스로 베이징의 그에게 직접 보내라고 했다. 그러면서 오후 회의를 열 때 이를 활용했다고 했다. 베이징, 상하이 및 기타 도시의 신문들도 《선전특구보》의 평론 문장을 전재하였다. 이는 실제로 이미 덩샤오핑의 남방에서 한 중요한 담화정신이 일파만파로 선전 보도하게 되었다는 경향이 신속하게 형성되었음을 말해주는 것이었다.

《선전상보(沈圳商報)》도 적극적으로 덩샤오핑의 중요한 담화정신인 〈8론 용감하게 부딪치자〉라는 평론 문장을 자체적으로 제작하여 선전 보도하겠다고 발표하였다.

그리하여 그들은 자신들의 집필진을 조직하여 인후여행센터(銀湖旅游中心)에 입주하였다.

2월 23일 오전 나는 《선전상보》 총편집인 까오싱리예(高興烈)의 요구에 응해 인후여행센터로 가 '8론'의 집필진에게 덩샤오핑의 선전 시찰 상황을 소개해 주었다. 또한 이들 집필진의 토론에도 참가하였다.

《선전특구보》가 '8평'을 발표한 후 《선전상보》는 또한 '8론'을 발표하였다.

선전은 덩샤오핑의 남방에서 한 중요 담화정신의 소리를 더욱 크고 장대하게 선전 보도했고 여론을 더욱 명확하게 이끌었다는 점에서는 의문의 여지가 없었다.

제22장

우리를 초조하게 한 '평정平靜'

1992년 2월 중하순에 전국의 정치적 분위기와 여론은 이미 큰 변화가 발생하기 시작했다. 정치상에서 벌어졌던 '성사姓社', '성자姓資'의 논쟁에서 어떻게 개방을 확대해야 하는지, 개혁을 어떻게 심화시켜야 하는지 등으로 국면이 전환되었던 것이다. 경제상에서 어떻게 시장경제를 들여와 신속하게 발전시킬 수 있는지 하는 쪽으로 논쟁이 전환되어 갔던 것이다. 상하이, 베이징의 신문들도 광둥신문이 보도한 것들과 관련 있는 것들은 모두 전재했고, 혹은 자신들의 글을 발표하기도 하면서 개방을 확대해야 하고 개혁을 심화시켜야 한다고 강하게 주장했다.

새로운 형세로 인해 고무된 가운데 우리들 선전 보도 전선의 동지들은 덩샤오핑의 중요 담화정신을 선전해야 한다는 책임감과 바람이 더욱 강하게 되었다. 뉴스의 제1전선인 신문들도 마찬가지 상황에 처하게 되었고, 그 열정이 더욱 가열되어 지나치게 의욕이 넘쳐나게 되었다.

3월 12일《선전특구보》는 기자 장스까오가 촬영하여 제작한 덩샤오핑이 1월 선전을 시찰한 자신의 독자적 사진을 편집 발표하였다. 홍콩의《즈징(紫荊)》잡지는 베이징 유관 부문의 동의를 구하여《선전특구보》에게 진실되고 생동감 넘치는 독자적 사진을 원한다고 표시해 왔다.

'3월호'에서 많은 페이지를 할애하며 이 사진들을 게재했다. 같은 날《선전상보》는 덩샤오핑이 선전에서 한 중요한 담화정신을 시리즈로 평론한 〈8론 용감하게 부딪치자〉를 발표하기 시작했다.

3월 18일 선전시당위원회는 전시 외교 선전 업무회의를 열었다. 사상을 선전하는 일을 주관하는 시당위원회 부서기인 리여우웨이, 시당위원회 상무위원 겸 선전부장인 양광후이는 말하는 중에 계속해서 덩샤오핑이 선전에서 한 담화정신에 대해 선전하는 일을 계속해야 한다고 강조했다. 그 후 시당위원회 선전부는 양광후이의 영도 아래 덩샤오핑이 선전을 시찰한 장편의 보도를 계획하기 시작했다. 그리고 덩샤오핑이 선전에 있을 때의 영상기록과 이에 관한 전문 서적의 출판도 기획하였다. 몇 개 방면으로 일을 나누어서 진행했는데, 나는 구체적으로 이들 각 분야별 일들이 잘 끝날 수 있도록 하는 일을 담당했다.

당시 나의 마음속에서 가장 급히 하지 않으면 안 된다고 생각했던 것은 장편의 통신 보도를 어떻게 하는가 하는 문제였다.

왜냐하면 진실하고 생동감 있게 직접적인 영향력이 크게 해야 하기 때문이었다. 나는 먼저 《선전특구보》의 사장 취후이윈을 찾아가 상의한 후 장편의 통신은 계속해서 천스톈이 완성할 수 있도록 하기로 확정했다. 왜냐하면 그는 이쪽 방면의 출신이고 문필이 좋으며, 또한 나와 함께 같이 기록하는 일을 했기 때문에 이 상황에 대해서 잘 알고 있었기 때문이었다. 그런 후에 취 동지가 천스톈에게 명확하게 임무를 주었다.

이어서 내가 걱정한 것은 장편 통신 보도의 척도문제였다. 뉴스거리는 아주 풍부했다. 그러나 덩샤오핑이 선전에서의 중요 담화 중에서 어떤 것을 통신에 넣을 것이고 어느 정도까지를 올릴 것이냐 하는 것이 문제였다. 그리고 언제 발표할 것인지도 매우 중요한 문제였다. 이는 평론 문장이 다른 어떤 것에 빗대어 풍자(寓意)하거나 본 뜻을 확대(引申)하거나 발휘할 수 있던 것과는 비교도 안 되는 일이었다. 또한 직접 덩샤오핑의 이름을 말하지 않을 도수 없고, 그의 원래의 말을 인용하지 않으면 안 되었기 때문이었다. 〈원숭이해의 신춘 8편〉 속에는 거의 '덩샤오핑'이라는 이름이 직접 언급되지 않았었다. 그리고 덩샤오핑이 선전을 시찰한 통신보도는 덩샤오핑 집안의 말도 반드시 인용하여 당시의 사실을 그대로 보도해야 했다. 나는 당위원회 선전부문에서 여러 해 동안 일을 한 경험이 있기 때문에 당과 국가 영도자에 관한 뉴스 보도를 어떻게 해야 하는지를 깊이 잘 알고 있었다.

이러한 내용은 어떤 지방의 신문이 원고를 발송해서는 안 되는 일이었다. 발송하더라도 그것은 확실하지 않은 것이거나 구체적인 것을 파악하지 않은 것으로 치부되므로 문제가 되어 근본적으로 캐어 들어가게 되면 그 사태는 걷잡을 수 없을 정도로 엄중해질 수 있기 때문이었다.

마침 이런 생각을 하고 있을 때 내부 소식통이 "중앙에서 발신한 덩샤오핑 동지가 남방에서 담화한 요점인 〈중앙(1992) 2호〉 문건이 나왔다"고 말해주었다. 상당히 높은 1급 영도 간부로부터 전달되어 학습케 하라는 것이었다. 이를 구하기 위해 다방면에서 노력을 하여 구한 〈중앙 2호〉 문건을 3월 22일(일요일) 시당위원회 선전부의 한 간부가 베이징에서 돌아오면서 가지고 왔다. 나는 보물을 획득한 것처럼 곧바로 이를 학습하고 소화하였으며, 그런 후에 양 부장에게 보도록 보내주었다. 그러면서 그에게 나의 생각을 보고했다.

다음날 나는 이 문건을 《선전특구보》 사장인 취후이원에게 주면서 말했다. 이 문건의 정신에 따라 장편 통신의 척도를 잘 파악하라고 했다. 동시에 문건에 대해서는 절대로 비밀을 지켜 다른 사람에게 전하지 말라고 했다. 취 사장은 원래 성위원회 기관보에서 여러 해 동안 일을 했던 사람이었다. 그래서 '당보'가 지켜야 할 기본 원칙에 대해 잘 알고 있었다. 이 중요 문건에 의해서 어느 정도의 척도에서 작성할 것인지를 참조할 수 있었기에 그는 기분이 좋아서 "좋습니다. 좋아요. 잘 알겠습니다"라고 말했다.

그런 후에도 나는 계속해서 생각을 했다. 만일 당시 조직에서 얻어낸 문건이 척도를 재는 데 적합하지 않은 문건이었다면《선전특구보》의 장편 통신은 아마도 올리지 못했을 것이다. 또한 반드시 올려야 할 것을 올리지 못했을 것이므로 그렇게 되면 후의 운명과 결과는 크게 달라졌을지도 모르는 일이었다.

3월 22일《난팡일보(南方日報)》는 기자의 제1편 통신인 "덩샤오핑 '셴커(先科)' 사람들의 중간에 서 있었다"라고 하는 통신문으로 타전되었다. 이는 덩샤오핑이 1월 20일 오전에 선전셴커레이저텔레비전유한공사(深圳先科激光電視有限公司)에 도착하여 시찰했던 상황을 직접 보도한 것이었다. 비록 사회적으로《난팡일보(南方日報)》의 문장이 크게 주목을 일으키지는 않았지만, 그러나 우리들이 보기에 성당위원회 기관보는 실제상 이미 '기존의 관례를 깬 것이었다'. 우리들의 장편통신은 반드시 노력을 더해야 했던 것이다. 그렇지 않으면 장차 뒤떨어지는 형세가 되어 버릴 수 있기 때문이었다. 오전에 천스텐이 마침 텔레비전 기록편〈선전에서의 덩샤오핑 동지〉의 해설문 제1고를 가지고 시당위원회 선전부로 와 나에게 주고 검열을 부탁했다. 나는 곧바로 그에게 말했다.

"자네 현재의 임무를 속히 집중해서 정력을 다해 장편 통신의 원고를 써낼 수 있도록 하게. 나는 취 사장이 자네에게 다른 일을 시키지 않도록 할 테니까 말일세."

3월 25일 나는 시당위원회 선전부 판공실에 있었는데 특구보 사장 취후이윈이 나에게 전화를 걸어와 천스텐의 장편 통신 원고가 나왔다고 말하면서 원고가 비교적 길다고 했다. 그러면서 반복해서 말하길 최종적으로 누가 원고를 심사해서 원고를 확정할 것이냐고 물었다.

나는 그에게 말했다.

"천스톈은 나와 함께 기록업무를 했던 사람이니 뉴스의 사실 내용에는 문제가 없습니다. 문건의 '척도' 문제는 당신들 쪽에서 정치이론상 어느 정도의 '수준'인가 하는 것이 당신의 손에 있으니 내가 원고를 보는 거나 당신들이 보는 거나 같은 것 아닙니까? 그러길 원하지 않으면 당신들이 직접 양 부장에게 보여주는 것이 어떨지요. 그는 시당위원회 영도자가 아닙니까?"

라고 말해주었다.

취후이윈, 천스톈이 원고를 들고 시당위원회 양광후이를 찾아갔을 때, 양 부장은 나를 불러 그의 판공실로 와 같이 상의하자고 했다. 마지막으로 양광후이는 취후이윈과 천스톈에 대해서 "발송하시오"라고 말했다. 나는 원고를 보지 않았다. 그들 회사 내에서의 사정이기 때문이었다. 그러나 덩샤오핑 동지를 인간으로서 묘사해야지 신격화해서 쓰면 안 된다고 하는 점에 대해서는 반드시 주의하라고 했다.

실제상 우리들은 원고를 보지 않았다. 그것은 신문사를 신임했을 뿐만 아니라 다른 것을 생각했기 때문이었는데, 그것은 바로 이러한 중대한 대주제의 원고는 절대로 한 지방의 당위원회 선전부가 관여하고 결정해서는 안 되기 때문임을 고려했기 때문이었다. 선전부는 결정할 수 없는 일이었고, 이는 반드시 시당위원회가 주관하는 상임위원회와 부서기에게 보내 결정토록 해야 하는 것이었으며, 부서기가 결정하지 못하면 시당위원회 서기에게 보내야 할 것인지 아닌지를 결정해야 했다. 시당위원회 서기는 이미 베이징에 보고할 일과 전국 양회(兩會, 이 해의 전국 양회는 관례에 따르지 않고 3월 상순에 시작하여 3월 말까지 열었고, 4월초에 다시 열었다[1])에 참석하느라 베이징에 가 있었는데 설마 베이징까지 보내야 하는가에 대한 문제가 있었다. 그렇게 서로 밀고 어쩌고 하다보면 발송을 못하게 될지도 몰랐다. 이렇게 되면 신문사가 자기들 스스로 결정하여 발표하는 것만도 못한 것이었다. 어떤 일에 대해서는 책임을 질 때도 있어야 하는 것이었다. 어쨌든 '마음속에 개인적인 이해관계가 없는 천하를 위하는 넓은 마음'이 필요했던 것이다.

그날 저녁식사가 끝난 후 취후이원 사장이 우리 집으로 전화를 걸어 왔다. 그리고 "문장은 판에 올렸고, 첫판은 아직 다 발송하지 못했으며 판을 갈아야 합니다. 제목은 〈동쪽에서 바람이 불어오니 눈에 봄이 가득하다〔東方風來滿眼春〕[2])〉라고 했는데, 다들 제목과 문장이 좋다고 하니 우 부장이 한번 보고 오케이를 놓는 게 어떠합니까?"
라고 말했다. 나는

"신문 발행하는 것은 당신들 내부 일이라 나는 안 보겠으니, 양 부장에게도 보내지 말고 당신들이 결정했다면 그대로 발송하십시오"
라고 말했다.

저녁 9시 넘어서 취후이원이 또 다시 우리 집에 전화를 걸어와

"우 동지, 우리가 재삼 고려해도 장편 통신의 작자는 당신이니 서명을 해야 하지 않겠습니까?"
하고 말했다.

---

1) 양회는 정협(中國人民政治協商會議)과 전인대(全人代 : 全國人民代表大會)를 말하는데, 정협은 국정자문기구로 약 2,300명의 대표자들이 모여 구성되는데 각종 현안을 모아서 전인대에 제출하는 임무를 갖는다. 이에 비해 전인대는 우리의 국회와 같은 형식으로 각 성, 직할시, 자치구, 인민해방군을 대표하는 3천 여 명의 사람들도 구성되어 정협에서 올라온 안건을 처리한다.

2) 당나라 시인 잠삼岑參의 시구.

내가 물었다.

"어떤 이름을 쓰면 좋겠나요?"

취 사장이 말했다.

"특약기자라고 쓰면 어떨까요. 문장의 중요한 소재는 모두 당신이 기록한 것들이니 말입니다. 기록 원고도 모두 당신이 한 것 아닙니까? 당신이 문장 위에다 이름을 써 넣는 것이 비교적 합리적이라고 봅니다."

나는 취 사장이 매우 신중한 사람이라는 것을 느꼈다. 생각하는 것이 매우 주도면밀했던 것이다. 그러나 또한 그가 걱정하는 것은 문장 발표 후에 있을 책임문제라는 것도 알 수 있었다. 내가 말했다.

"기록한 원고는 비록 나와 천스톈이 함께 정리한 것이지만 그러나 문장은 천스톈 한 사람이 완성한 것입니다. 내가 이름을 거는 것은 불필요한 일입니다."

내 말이 끝나자 나는 또한 웃으면서

"취 동지, 당신들 장래의 책임문제를 두려워해서 그러는 거지요. 문장을 발송하고 나서 만일 진짜로 문제가 있다면 내가 책임을 지겠습니다. 어떤 각도에 있더라도 나는 책임을 피할 수가 없습니다. 다시 말해서 현재 당 내외에서 모두 다 아는 사실이 아닙니까? 그렇다고 과거 장즈신(張志新)처럼 붙잡혀서 감옥에 가거나 심지어 목이 잘리는 일은 없을 것이에요. 최고로 책임을 물어도 쐉카이(双開 : 중국 공산당의 당적과 중국 인민해방군의 군적을 제적하는 것) 정도일 겁니다. 정말로 '쐉카이' 된다면 집으로 돌아가 감자나 심으면 되는 것 아니겠습니까?"

취 동지는 전화 속에서 웃음을 띠면서 말했다.

"좋습니다. 그러면 저희들은 저희들 스스로 결정을 하겠습니다."

그 다음 날인 3월 26일《선전특구보》는 가장 잘 요약된 판면과 가장 뛰어난 수법으로 본보 기자인 천스톈이 작성한 장편 통신인〈동쪽에서 바람이 불어오니 눈에 봄이 가득하다(東方風來滿眼春) - 덩샤오핑 동지의 선전 현장기록(鄧小平同志在深圳紀實)〉을 발표했다. 수많은 독자들로부터 큰 반응이 나타났다. 그날 오후《양청만보(羊城晚報)》가 이를 전재했다. 그 이튿날 내지의 여러 신문들도 일제히 이를 전재했다. 홍콩 매체들의 반응 또한 비교적 열렬했다. 어떤 신문은《선전특구보》의 장편 통신인〈동쪽에서 바람이 불어오니 눈에 봄이 가득하다(東方風來滿眼春)〉를 전재했다. 어떤 신문은 발췌해서 소식을 전하기도 했다.

장편 통신이 발표된 후 우리들은 심리적으로 매우 후련했다. 비록《선전특구보》의 운명과 선전시 시당위원회 선전부, 선전시당위원회의 운명이 베이징 중난하이의 태도에 달렸지만 말이다. 당시의《선전특구보》의 베이징에서의 발행량은 상당히 적었다. 그리고 일반적으로 이틀 정도가 지나야 우편으로 우송될 수 있었다. 그래서 통신이 발표된 후 처음 이틀 동안 우리들은 말할 것도 없이 베이징 주재 선전 기자로부터, 혹은 베이징에서 회의에 참석하고 있는 시당위원회, 시정부 영도자로부터 베이징 중난하이가《선전특구보》의 장편 통신에 대한 어떤 특별한 반응을 했는지를 전혀 듣지 못했다. 며칠 후 나는 비로소 전국 양회에 출석한 대표들의 열렬한 반응을 들을 수 있었다. 논의는 분분했고 많은 대표들이 큰 소리로 말하지는 않았지만 어떤 사람은 사방으로《선전특구보》를 찾아 나서기도 했다고 했다.

그러나 이미 며칠이 지났어도 우리는 주도적으로 수소문했으나 중앙의 주관기관 내지 중앙의 영도자들로부터《선전특구보》가 덩샤오핑의 선전 특구 시찰에 관해 쓴 장편 통신에 대해서 보인 어떤 반응도 볼 수가 없었고, 전화에 의한 어떤 비평도 들을 수가 없었다.

　비정상적인 '평정'은 사실 가장 두려운 시각이다. 이는 마치 대해에서 강한 태풍이 도달하기 전의 고요함 그것과 같은 것이었다. 대해에서의 경험이 없는 사람들은 심리적으로 안심하고 즐거움 일색이었지만, 이 시기에는 해상의 미생물이 특별히 많아지고 그러면 많은 무리를 지은 작은 고기들이 이를 포식하며 그러면 큰 고기들이 작은 고기를 쫓아가 잡아먹곤 한다. 그러면 욕심 많은 어부들은 왕왕 만선을 해 가지고 돌아오곤 한다. 그리고는 두 번째의 그물을 치게 된다. 그러나 알지도 못하는 사이에 큰 태풍이 불어오면 사람도 재물도 모두 공중으로 날아가 버린다. 육신이 대해에 수장되고 마는 것이다. 대해에서 항행하는 일에 익숙한 자는 이러한 '평정'을 만나게 되면 내심으로 늘상 불안하게 된다. 심지어 마음은 놀라고 육신은 뛰게 마련이다. 왜냐하면 대해大海 상에서의 이러한 '평정'시간이 길면 길수록 가끔 저항할 수 없는 거대한 폭풍이 곧 임박해 온다는 것을 예시받는 것이기 때문이다. 따라서 반드시 이에 대한 준비를 해두지 않으면 안 되는 것이었다.

　나는 대학을 졸업한 후 1968년 하이난도(海南島)의 한 대기업에 '재교육을 받기 위해' 간 적이 있었다. 대해 상에서 몇 년간을 지내봤기 때문에 대해에서의 비정상적인 '평정'에 대해서 여러 번 경험을 했었다. 반백의 인생을 살아오면서 많은 우여곡절을 경험해왔다고 할 수 있는 나였다. 당시 나는 이러한 심리상의 '평정'이 가져다 줄 후과가 가장 나쁜 결과를 가져다 줄 것이라고 예상했었다. 보자 하니 우리들은 정말로 '쑹카이' 되든지, 아니면 엄중한 처벌을 받을 수 있는 준비를 해야 했던 것이었다.

제23장

한 통의 전화—
봄바람은 이미 위먼관(玉門關)을 지나갔다

 3월 30일 오전 막 출근을 했을 무렵 베이징의 한 친구로부터 전화가 와 나에게 말했다. 《광밍일보》, 《베이징일보》 모두가 《선전특구보》의 장편 통신인 〈동쪽에서 바람이 불어오니 눈에 봄이 가득하다(東方風來滿眼春) - 덩샤오핑 동지의 선전 현장기록(鄧小平同志在深圳紀實)〉을 전재했다는 것이었다.
 나는 이 소식을 들으면서 나도 모르는 사이에 마음속이 밝아지는 것을 느꼈다. 왜냐하면 전화 한 통으로 우리들의 정치 운명이 결정되기에는 비록 부족했지만, 수도의 신문, 특히 《광밍일보》가 전재했다는 것은 중앙과 전국 각지에 주는 영향이 아주 컸기에 이것이야말로 '광명'을 주는 신호가 아닐까 하고 생각했기 때문이었다. 《광밍일보》는 간부급에 상당하는 중앙신문으로 그 급수는 중공 중앙기관보인 《런민일보》의 반 급수에 해당하는 신문이었던 것이다.
 이날 선전은 오전 11시부터 시당위원회 선전부가 회의를 열어 분관처실分管處室의 처장과 주임을 만나는 날이었다. 선전텔레비전방송국의 국장 루샤오자오(盧曉昭)가 달려와 시당위원회 선전부로 나를 찾아오더니 서둘러서 말했다.
 "우 부장, 중앙텔레비전방송국이 덩샤오핑이 선전에서 시찰한 텔레비전 자료를 달라고 하는데 동의해야 합니까? 어쩝니까?"
하는 것이었다. 원래 선전텔레비전방송국의 이들 자료는 비밀리에 봉인되어 보존되고 있었는데 이 봉인을 뜯어 열면 먼저 반드시 내가 근무하는 이곳이 관리하고 있었기 때문이었다. 내가 물었다.

"중앙텔레비전방송국 개인 전화인가, 아니면 중앙텔레비전방송국에서 정식으로 통지해 온 것인가?"

루 방송국장이 대답하기를

"예, 정식으로 통지가 온 겁니다."

하였다. 나는

"아니, 그러면 빨리 보내게."

하고 말해주었다. 루 국장은 머리를 끄덕이더니 곧바로 방송국으로 돌아갔다.

나는 회의를 곧바로 끝내고 이 상황을 양광후이에게 보고했다. 당시 우리들은 비록 베이징으로부터 이미 발생한 상황에 대해 알지는 못했지만 그러나 모두가 흥분해 하고 있었다. 왜냐하면 《광밍일보》 등 대 신문이 전재했다는 것은 이미 아주 특별한 신호였기 때문이었다. 거기에다 중앙텔레비전방송국에서 덩샤오핑의 선전에서의 활동상황을 찍은 영상자료를 정식으로 요구해 왔다는 것은 중앙이 《선전특구보》가 덩샤오핑의 선전 시찰에 관한 장편 통신에 대해 이미 정면으로 인정했다는 태도를 명확히 한 것으로 볼 수 있었기 때문이었다.

과연 그날 저녁 신화사는 〈동쪽에서 바람이 불어오니 눈에 봄이 가득하다(東方風來滿眼春) - 덩샤오핑 동지의 선전 현장기록(鄧小平同志在深圳紀實)〉인 장편 통신 전문을 한 자도 빼지 않고 타전했다.

어떤 원인 때문인지는 몰랐으나 신화사가 그날 밤 드물게 자신들의 동정 소식을 보충해서 타전했다. 즉 "'신화사 베이징 3월 30일 발' 본사는 오늘 국내외에 《선전특구보》가 3월 26일 발표한 통신문인 〈동쪽에서 바람이 불어오니 눈에 봄이 가득하다(東方風來滿眼春) − 덩샤오핑 동지의 선전 현장기록(鄧小平同志在深圳紀實)〉을 타전했다"는 내용이었다. 《선전특구보》의 이 통신문은 1만 자가 넘는 방대한 분량이었다. 이 통신에는 덩샤오핑이 1월 19일에서 23일까지 선전 방문 기간 동안 한 주요 언행이 상세하게 기술되어 있었고, 특히 그의 개혁개방에 대한 중요한 담화가 담겨 있었다. 2월 27일《양청만보(羊城晩報)》, 28일의 상하이 《원후이보》, 오늘 저녁의《광밍일보》,《베이징일보》가 모두 초판 중요한 곳에 이 통신문을 전재한 것이다. 그 중《원후이보》와《광밍일보》는 덩샤오핑의 선전 활동과 관련한 사진 한 장도 실었다.

중앙인민라디오방송국은 신속하게 신화사가 타전한《선전특구보》의 〈동쪽에서 바람이 불어오니 눈에 봄이 가득하다(東方風來滿眼春) − 덩샤오핑 동지의 선전 현장기록(鄧小平同志在深圳紀實)〉원고 전문을 방송했다.

그러나 그날 저녁 중앙텔레비전은 7시 뉴스시간에《선전특구보》의 장편 통신문을 완전히 방송하지를 않았다. 우리들은 7시 30분 뉴스시간이 끝날 때까지 기다렸다가 중앙텔레비전이 비로소 방영하는 것을 볼 수가 있었다. 방영시간이 무려 45분이나 되었다. 당시의 대표적인 간판 아나운

중앙텔레비전의 유명한 아나운서 싱즈빈(邢質斌)이 〈동쪽에서 바람이 불어오니 눈에 봄이 가득하다〉를 방송하고 있는 모습

제23장 한 통의 전화—봄바람은 이미 위먼관을 지나갔다

서 싱즈빈(邢質斌)의 입을 통해 방영되었다. 그러나 마지막까지 보았으나 우리들은 덩샤오핑의 선전 시찰에서 한 중요한 내용이 비교적 적다는 느낌을 받았다. 어느 곳은 내용이 제대로 전달되지 않기도 했다. 그리고 마지막 자막에서는 광둥텔레비전방송국 제공이라는 설명이 나왔다.

계속 텔레비전 앞에 앉아 있던 나는 답답해서 곧바로 선전텔레비전국장 루샤오쟈오에게 전화를 걸어 어찌된 일이냐고 물었다.

루 국장은 전화로 열변을 토하면서 상황을 설명한 후에 검토하여 말하기를 "방송국 안에 여러 생각하는 자들이 많아서 임무를 맡은 후 곧바로 중앙텔레비전에 영상자료를 전해주지 않고 우리 선전텔레비전 방송국 얼굴을 알리려고 매 중요한 화면에 '선전텔레비전방송국'이라는 표시를 넣느라 시간이 결과적으로 많이 지나버리게 되자, 중앙텔레비전방송국에서는 기다리지 못하고 오후에 광둥텔레비전방송국을 찾게 되었다"고 말하는 것이었다.

나는 화가 나서 루 국장에게 말했다.

"당신들 어찌 그리 작은 마음으로 일을 하시오. 작은 것을 탐하다가 큰 것을 잃지 않았소. 약간의 차이로 큰일을 저질렀소이다. 대국을 놓쳤소이다 그려."

그러나 나의 마음은 편하기 그지없었다. 왜냐하면 마음이 아주 깨끗해졌기 때문이었다. 이미 대국은 안정되어 있었던 것이다.

후에 나는 중앙텔레비전방송국이 《선전특구보》의 장편 통신의 방영을 뒤로 물리게 된 원인이 선전텔레비전방송국이 덩샤오핑의 선전 시찰 시의 장면을 늦게 전송하여 시간이 안 맞는 것 외에도 중앙텔레비전이 《선전특구보》의 장편 통신인 〈동쪽에서 바람이 불어오니 눈에 봄이 가득하다(東方風來滿眼春) — 덩샤오핑 동지의 선전 현장기록(鄧小平同志在深圳紀實)〉를 재편집해서 방영하려 할 때 몇 군데 틀린 글자와 한 곳의 이름이 틀린 것을 발견하였기 때문이라고 들었다. 이 특수한 시기의 특별한 원고였기에 중앙텔레비전은 매우 신중하게 다루었고, 주관부문의 동의를 기다려 적당히 수정한 후에야 비로소 방영을 해야 했기에 장편통신의 방영시간이 지연되었던 것이다.

나는 이미 선전특구보사 동지의 도움을 받아 그해 3월 26일《선전특구보》에 발표된 문장을 3월 31일《런민일보》에 전재된 문장과 비교하면서 상세하게 대조해 보았다. 그러자 8곳의 부호와 틀린 글자가 고쳐졌음을 발견할 수 있었다. 예를 들면,《선전특구보》의 장편 통신 제5부분에 덩샤오핑이 선전 시앤후 공원의 희귀한 식물들을 참관할 때, "여러 종류의 아주 많은 희귀한 식물, 수많은 나무들이 눈길을 끌어 눈을 돌릴 틈이 없었다"고 썼는데, 그중의 "눈길을 돌릴 틈이 없었다"를 "눈길을 뗄 수가 없었다"로 고쳤다. 또《선전특구보》의 문장에서 덩샤오핑 동지가 말한 대단히 큰 메타세쿼이아(水杉)가 산샤(三峽) 부근의 허베이성 '리촨현(利川縣)'에 있다고 한 것을 '리촨시(利川市)'로 고친 정도였다. 비록 이들 수정이 기본상 기술적인 문제에 속했지만, 그해 사람들이《선전특구보》의 문장에 대해 얼마나 중시했었는가를 알려주는 것이었고, 당연히 중앙의 뉴스 단위가 문자 방면에서 얼마나 엄격하고 진지하게 파악하고 있었는가를 볼 수가 있었던 것이다.

그 다음 날인 3월 31일《런민일보》는 첫째 면 가장 위에《선전특구보》의 장편 통신인〈동쪽에서 바람이 불어오니 눈에 봄이 가득하다(東方風來滿眼春) — 덩샤오핑 동지의 선전 현장기록(鄧小平同志在深圳紀實)〉을 전재했다. 동시에 덩샤오핑이 선전 특구를 시찰할 때의 사진 4장(1장은

1992년 3월 26일 《선전특구보》 제1면에 장편의 통신문인 〈동쪽에서 바람이 불어오니 눈에 봄이 가득하다―덩샤오핑 동지의 선전 현장기록〉이 실려 있는 모습

제4판에 실었다)을 실었다. 《지예팡군보(解放軍報)》, 《공런일보(工人日報)》, 《농민일보》, 《중궈칭니앤보(中國靑年報)》 등 수도의 큰 신문과 전국 각 성시의 거의 모든 신문들도 또한 이날 첫째 면 가장 중요한 위치에 실었다. 각 성과 시의 방송국 및 텔레비전방송국 등도 서로 앞다퉈가며 방송했다. 재미있는 것은 베이징의 한 친구가 3월 31일 오전 나에게 전화를 해서

"오늘 《런민일보》와 수도 각 신문들 모두가 자네들 《선전특구보》에 실린 덩샤오핑 동지의 선전 시찰과 관련한 장편 통신을 모두 전재했다네. 사진 안에 두 노인네들 가운데 서 있는 사람이 자네하고 비슷하던데 혹 자네 아닌가?"

하는 것이었다. 나는 그의 말을 들은 후에 수화기에 대고 웃었다.

"나를 닮았다고? 그래 그렇다네, 바로 나일세 나, 우송잉."

전화 속의 친구가 놀라면서

"정말이야?"

"그래 조직에서 나를 샤오핑 동지를 수행하며 기록하는 일을 시켰지

뭔가?"

하였다. 친구는 아주 좋아하면서 말했다.

"그래 그거 아주 좋군 그래. 정말 얻기 힘든 일을 했네. 베이징에 오면 나에게 그 때 있었던 이야기들을 생생하게 들려주게나."

그 다음 날 나는 우편물로 온《런민일보》를 받아들었다. 그리고 얼른 펼쳐놓고 보았다.《런민일보》에는 '동쪽에서 바람이 불어오니 눈에 봄이 가득하다(東方風來滿眼春)'는 문장과 함께 덩샤오핑이 선전에서의 사진을 함께 싣고 있었는데, 그 사진은 덩샤오핑과 양상쿤이 함께 찍은 사진이었다. 그 사진 아래에는 '신화사 원고'라고 밝히고 있었고 이 사진의 작자로 천지앤화(陳建華, 셰페이의 비서), 니우정우(牛正武, 신화사 광둥분사), 량바이취앤(梁伯權,《난팡일보》)으로 되어 있었는데,《선전특구보》의 촬영부 주임 장스까오의 사진은 채용되지 않았다. 장스까오는 덩샤오핑이 선전을 시찰할 때 전 일정을 그를 수행하며 촬영을 했기에 그의 사진이 사실은 제일 많았고 가장 좋았던 것이다. 그러나 무슨 이유 때문인지 모르겠으나 아마도《런민일보》나 신화사가 급하게 사진을 제공하다 보니 모두《선전특구보》의 장스까오의 사진을 생각하지 못했던 것이 아닐까 하는 생각이 들었다. 그러나 그의 사진이 게재되지 않았다는 것은 역사적으로도 유감스러운 일이 아닐 수 없었다.

《런민일보》3월 31일 첫 면 중간에 덩샤오핑과 양산쿤이 함께 대화하고 있는 사진이 실려 있었는데, 내가 그 중간에 서서 그들의 대화를 들으면서 기록할 준비를 하고 있는 그 사진은 광둥성위원회 서기 셰페이의 비서 천지앤화가 촬영한 것이었다. 나는 곧바로 그에게 전화를 걸었다. 그가 나의 전화를 받자 천지앤화는 곧바로 나에게 8촌 크기의 대형 사진 한 장을 보내주었다. 지금까지 이 사진은《선전특구보》빌딩

38층에 있는 나의 판공실에 걸려 있다.

  미국 연합통신사, 로이터사, 교도통신사 등 외국 통신사들은 3월 30일 중국에서 여론 상 중대한 변화가 발생했음을 모두 십분 민감하게 포착했다. 그리하여 그날 저녁에 '3월 30일 베이징 발' 형식으로 전 세계를 향해 "신화사, 국가텔레비전방송국은 뉴스시간에 모두 첫 번째로 덩샤오핑이 1월에 화남에서 담화한 것을 발표했다", "중국의 선전 매체들은 오늘 전국 1억 인구를 향해 덩샤오핑이 남방에서 한 담화를 선전했다"고 보도했다.

  이것은 정말로 중국 뉴스사상 전무후무한 성대한 일이었다.

  '평정'의 두려움은 마침내 사라졌다. 사람의 마음을 놀라게 했던 폭풍은 정말로 '동쪽에서 바람이 불어오니 눈에 봄이 가득하다〔東方風來滿眼春〕'라는 것처럼 사라져 버렸고 봄빛만이 무한히 내리쬐고 있었다.

  4월 1일 일본을 방문한 중공 중앙 총서기 장쩌민 주석이 일본기자들과 회견할 때《선전특구보》가 발표한〈동쪽에서 바람이 불어오니 눈에 봄이 가득하다〔東方風來滿眼春〕〉라는 장편 통신에 대해서 평가해 달라는 요청에 장쩌민은 충분히 다음과 같이 인정하는 대답을 했다. "덩샤오핑 동지가 남방 시찰 때 한 중요한 담화는 일찍이 전 당과 전국에 전달되었습니다. 현재 발표한 덩샤오핑 동지의 선전 시찰에 대한 보도는 전국민으로 하여금 그의 담화정신을 더욱 잘 이해하게 할 것이며, 이를 통해 전면적인 성과를 거두게 될 것입니다"라고 했던 것이다. 신화사는 당일로 즉시 전 세계에 이 소식을 전하였다. 이에 이르러서야 모든 사정은 원만하게 해결되었던 것이다.

제24장

덩샤오핑이 위성텔레비전에 출현하다

20년 전 높은 산과 넓은 대양의 장애를 받지 않는 위성텔레비전방송 송출은 선진 국가와 지역에는 이미 보급이 시작되어 이를 보는 가정이 천만 호에 이르고 있었다. 그러나 중국 대륙에서는 여전히 신선한 일이었을 뿐이었다.

덩샤오핑의 사상 이론을 선전하기 위해서 선전경제특구의 진정한 형상이 어떤 것인지를 수립하고 중국의 개혁개방을 추진시키고자 우리들은 덩샤오핑의 선전시찰을 촬영한 필름을 계속해서 정성을 쏟아 만들어냈고, 또한 덩샤오핑의 모습을 위성텔레비전을 통해 어느 지역에서든 볼 수 있도록 하여 전 세계에 전파를 보내고자 하였다.

1992년 2월 중순에 선전시당위원회 선전부는 〈선전이 덩샤오핑 동지〉라는 제목의 프로그램을 제작하는 촬영조를 조직했다. 이를 촬영 제작하고 출판하는 일에 대해 조직하고 영도하는 책임은 나에게 주어졌다. 그러나 구체적인 임무는 선전 텔레비전과 선전음향공사에게 주어졌으며, 동시에 그들에게 서로가 서로를 지원해 줄 것을 요구했다. 나와 천스톈은 이 프로그램의 원고를 쓰는 일을 맡았다.

신문에 쓰는 문장보다 덩샤오핑의 중요 담화정신을 선전하는 비디오에 넣는 문장은 자신만의 독특한 특징을 갖춰야 했다. 그것은 문자에 의한 설명만이 아니라 화면에다 녹음을 하는 등 사람들이 덩샤오핑의 시찰과정에 대한 진실된 상황을 직접적으로 이해할 수 있도록 해야 했다. 그래서 우리들은 이 큰일에 대해서 정성을 다해 만들어 내기로 했다.

특구보의 천스톈은 덩샤오핑이 선전을 시찰할 때 전 일정을 수행하며 취재한 기자였고, 또한 유명한 문필가였다. 그래서 신문기사를 잘 쓰는 것 외에도 영상에 넣은 해설문 원고를 쓰는 데도 지정되었다. 3월 20일 천스톈이 9천 자로 된 〈선전의 덩샤오핑 동지〉라는 해설서 제1고를 나에게 주었다. 나는 그에게 집중적으로 덩샤오핑이 선전에서의 활동에 대한 장편의 통신을 쓰게 한 바가 있다. 〈선전의 덩샤오핑 동지〉라는 비디오테이프의 해설문을 그래서 내게 보충하고, 수정하여 완전한 원고를 써달라고 했던 것이다.

4월 초에 〈동쪽에서 바람이 불어오니 눈에 봄이 가득하다(東方風來滿眼春) - 덩샤오핑 동지의 선전 현장기록(鄧小平同志在深圳紀實)〉이 전국에 대해 미친 엄청난 영향의 흐름을 타고 시당위원회 선전부는 〈선전의 덩샤오핑 동지〉라는 비디오에 대해서 심사하고, 수정하여 기본적으로 원고를 완성한 후 성과 중앙의 주관 부문에 보고하여 심사하고 허락을 받게 하였다.

4월 8일 〈선전의 덩샤오핑 동지〉에 대한 비디오가 정식으로 발행되었다. 선전텔레비전은 신속하게 공개적으로 방송했다. 국내의 수많은 지방에서 〈선전의 덩샤오핑〉 영상물을 앞다투어 구매했다. 그리고 각지의 텔레비전 및 각 직장 단위, 그리고 가정에서 방영됐다. 이로써 개혁개방에 의한 경제발전의 동풍이 더욱 많이 불게 되었고, 이 영상물을 통해 중국 대륙 구석구석까지 깊숙이 불게 되었던 것이다.

당시 선전텔레비전의 프로그램은 홍콩에서는 아직 볼 수가 없었다.

중국 대륙에는 아직도 위성텔레비전이 한 집도 없었다. 덩샤오핑의 남방에서 시찰하는 과정에서 행한 중요한 담화를 담은 영상물은 타이완, 홍콩, 마카오 등 지구에서는 모두 볼 수가 없었다. "담장 내에서 핀 꽃의 향기가 담장 밖을 넘어 가네"라는 시구처럼 덩샤오핑의 중요 담화가 활동의 영향을 더욱 확대시켜 중국 개혁개방의 모습을 한 걸음 더 수립하여 서방의 경제, 정치, 문화를 혁파시키고 봉쇄케 하기 위해 우리들은 반드시 건립된 지 얼마 되지 않은 홍콩위성텔레비전의 역량을 빌려 도움을 받기 위해 노력했다.

1992년 4월 초에 나와 시당위원회 선전부 신문처 황신화 처장이 함께 홍콩으로 갔다. 그리고 홍콩위성텔레비전 행정부총재 천뤄광(陳羅光) 선생과 약속하여 만나 〈선전의 덩샤오핑〉 비디오를 홍콩 위성텔레비전이 방영하는 문제에 대해 상의하였다.

홍콩위성텔레비전은 리자청(李嘉誠) 선생의 작은 아들인 리저지예(李澤楷) 선생이 투자하여 이제 막 건립한 지 얼마 안 되는 회사로 화룬(華潤)빌딩의 1층 판공실을 빌려 사용하고 있었기에 설비가 아직 간단했고, 뉴스 취재, 제작능력도 그다지 강하지 않았으며, 전문프로그램이나 옛이야기 등의 원천적 필름이 매우 적었다.

천뤄광 선생의 원적은 광둥성 동관(東莞)으로 이전 홍콩의 한 텔레비전에서 뉴스 총감독을 지낸 적이 있어서 홍콩과 내륙을 항상 오고갔던 인물로 나는 일찍부터 알고 있었다. 그는 자신의 판공실에서 우리를 열정적으로 접대해 주었다.

우리는 서로 보자마자 간단히 상황을 말해주고 나는 열린 문으로 산과 들을 바라보면서 천뤄광 선생에게 말했다.

"우리들은 중국의 텔레비전을 해외에서 볼 수가 없으므로 오로지 위성텔레비전을 통해서야 비로소 산과 바다를 넘어 발달한 국가와 지역의 민중들에게 덩샤오핑의 중요 담화 정신을 신속하게 이해토록 할 것입니다. 또한 중국 개혁개방의 실제상황을 이해시킴으로써 중국에 대한 각종 오해와 의구심을 해소시킬 수 있다고 생각하고 있습니다"라고 설명하였다.

천뤄광 부총재는 국내 상황에 대해서 충분히 이해하고 있는 사람으로 시각이 비교적 객관적이었다. 그는 나의 말을 들은 후 적극적인 태도를 보여주면서 온 힘을 다해 지지해주고 지원해 주겠다고 자신의 의견을 말해주었다. 그러나 반드시 자신의 사장인 리저지예 선생에게 보고한 후에야 결정할 수 있다고 했다.

그런 후 매우 빨리 천뤄광 선생이 우리들에게 통지해 주었다. 그들의 리 사장이 덩샤오핑의 영상물을 방영하는 것을 지지했다는 것이다. 다만 정치상의 민감한 문제와 관련되어 있기 때문에 구체적인 부문에 대해 진일보한 협상이 필요하며 나아가 홍콩은 하나의 상업사회이기 때문에 우리에게 저작권을 주어야 하느냐고 물어왔다. 그리고 우리에게 선전광고비를 그들에게 줄 수 있느냐고도 물어왔다. 그렇기 때문에 다시 한 번 이야기를 하자는 것이었다.

이후 우리들은 선전 혹은 홍콩에서 천뤄광 부총재와 몇 번을 만나 상의했다. 반복적인 협상을 통해 우리는 최종적인 합의에 이르게 되었다. 먼저 정치내용 방면에 대해서는 위성텔레비전 쪽에서 적당히 압축하나 절대로 수정은 안 하고 부분적으로 수정할 부분이 있으면 반드시 선전 방면에서 심사한 후 동의하여야 한다고 했다. 둘째로 경제상 문제는 위성텔레비전이 선전방면에 저작권 비용을 받지 않고, 또한 선전 방면에 선전광고비를 받지 않기로 했다.

이러한 노력을 한 후 홍콩위성텔레비전방송국에서는 방영할 방영물을 마침내 편집해 냈고, 우리들이 제작한 원래의 제작물 제목인 〈선전의 덩샤오핑 동지〉의 '동지'라는 말을 빼버리고 〈선전의 덩샤오핑〉이라고 했으며, 내용 방면에서도 국외의 실제상황에 맞게 적당히 압축하였다. 그런 것을 우리가 심사한 후 동의해 주었다.

〈선전의 덩샤오핑〉이 4월 중순에 홍콩위성테렐비전에서 몇 집으로 나누어 연속 방영되었다. 이것이 중국에서 첫 번째로 위성방송을 통해 덩샤오핑의 광채 나는 모습을 선전 보도한 첫 케이스였다.

당시 홍콩의 《싱다오일보(星島日報)》, 《화차오일보(華僑日報)》 등 매체는 타이완 동포와 해외의 여러 지방에 있는 화교들에게 위성텔레비전을 통해 처음 덩샤오핑의 모습을 본 후의 정서를 뉴스에 담았는데, 이들의 정서는 매우 격앙되어 있었다고 소개했다. 어떤 사람은 이 프로그램을 보고 곧바로 자신의 친척, 친구들에게 전화하여 "빨리 홍콩위성텔레비전을 보세요. 덩샤오핑을 봐요, 덩샤오핑을요!"라고 소리치기도 했다고 했다.

후에 알게 되었지만 많은 국가에서는 홍콩위성텔레비전을 통해 〈선전의 덩샤오핑〉의 영상을 녹화했고, 자신들의 텔레비전 뉴스에 번역하고 이를 재편집하여 전적으로 방송을 했다고 들었다. 덩샤오핑의 선전 특구 시찰과 그렇게 중요한 담화를 발표한 진실된 상황을 담은 영상은 당시 전 세계에 있어서도 중대한 일이었기 때문이었다. 이 방면에 대한 문자 보도는 이미 상당히 많이 있었다. 그렇지만 자신들을 위해 새로운 뉴스를 취하려고 했고 더 많은 텔레비전 시청자를 확보하고 싶었던 것이었다.

제25장

베스트셀러 책을 탄생시키다

1992년 3월 중순에 당시의 형세와 필요에 따라서 선전시당위원회 선전부는 덩샤오핑의 남방에서 한 중요 담화정신을 선전하기 위한 책을 출간하려고 기획하였다.

왜냐하면 책은 한 편의 통신 즉 너무나 긴 장편의 통신보다 더 내용을 풍부하게 할 수 있고, 또한 학습하고 휴대하는 데 편리하다고 생각했기 때문이었다.

책을 출간하기 위한 구체적 문제를 나는 하이톈(海天)출판사의 사장 루쿤(盧昆), 총편집 허윈화(何云華) 등과 협의하여 책임문제를 나눈 다음 다음과 같이 계획을 세웠다. 책의 주 편집은 시당위원회 상무위원회, 선전부 부장 양광후이 등이 맡아 그들로 하여금 관장토록 하였다. 나, 루쿤, 허윈화는 부주편을 맡았다.

3월 말 우리들은 여러 차례 논의를 거쳐 책의 이름을 《1992년 봄 덩샤오핑과 선전》으로 정했고, 하이톈(海天)출판사에서 출판 발행하기로 정했다. 책의 주요 내용은 덩샤오핑 동지의 남방 담화의 요점, 중앙정치국에서 개최한 덩샤오핑 동지의 중국 특색의 사회주의 이론과 경제건설을 더욱 빨리 나아가도록 한 회의에 관한 신화사의 소식, 《선전특구보》의 〈동쪽에서 바람이 불어오니 눈에 봄이 가득하다(東方風來滿眼春) – 덩샤오핑 동지의 선전 현장기록(鄧小平同志在深圳紀實)〉장편 통신과 〈원승이해의 신춘 8평〉, 《선전상보(深圳商報)》의 〈8론 용감하게 부딪치자〉 등이었다. 여기에 우리는 참고내용을 더욱 보충하기 위해 우리들은 《런민일보》가 설 이후 발표한 개방 확대와 발전을 신속하게 해야 한다는 몇 편의 평론 및 이론 문장, 홍콩 《원후이보》, 《즈징(紫荊)》 잡지의 관련 있는 보도와 문장 등도 수록했다. 모두 10만 자에 이르는 양이었고, 동시에 덩샤오핑이 1984년에 쓴 글과 1992년에 선전 시찰 시 찍은 몇 장의 사진도 안배해서 넣었다.

그럼에도 곧바로 여러 큰 문제에 부딪쳐야 했다. 주로 "우창, 선전, 주하이, 상하이 등지에서의 덩샤오핑 동지의 담화 요점"을 정리해 내는 일이었다. 당시에는 여전히 중앙이 내부 문건을 공개적으로 발표하지 않고 있었다. 만일 공개적으로 출판 발행하려 한다면 반드시 매우 엄격한 심사와 비준 수속을 밟은 후에야만 가능했다. 바로 중국 내지의 서적출판 규정에 따라 출판사는 먼저 성 일급의 정부출판 주관 부문에 제목과 내용을 보고하고 비준을 받은 후에야 비로소 출판을 할 수 있었던 것이다. 만일 평상시의 출판 과정이 달랐다면 먼저 계층별로 비준을 받으면 되었다. 즉 모든 것이 순리적으로 비준을 받았을 것이다. 그러나 중국의 국정에 따라서는 적어도 몇 개월 이후에나 가능한 것이었다. 그러나 많은 간부들과 군중이 오래 전부터 덩샤오핑의 이론 사상을 신속히 알고 싶어 했고, 중국이라는 이 거대한 함선이 항해하기 위해서는 필수적으로 덩샤오핑이 지도하는 바에 따라 정확히 항행할 수 있고 속도를 내며 앞으로 나아갈 수 있어야 했다.

덩샤오핑은 "선전의 경제는 바로 '용감하게 부딪치자'는 것"이라고 말했다. 이 말처럼 우리 선전 사람들은 당시 거의 모두가 어려운 관문을 뚫고 나아갈 수 있도록 강력하게 부딪쳐야만 했다. 주편과 몇 명의 부주편은 몇 번을 재삼 숙고하여 일상적인 규칙을 빨리 타파하기로 정하고 신속하게 책을 내는 데 최선을 다하기로 했다. 그러나 표면상으로는 '내부 출판 발행'으로 표명하기로 했다. 이는 실제적으로 아주 위험한 법의 허점을 이용하여 일을 처리한 것이었다.

3월 말과 4월 초에 중앙은 《선전특구보》의 '기존의 관례를 파괴하고' 덩샤오핑의 선전 시찰 담화정신을 발표한 문장에 대해 지지를 표했다. 이는 우리들로 하여금 적극적으로 일을 할 수 있도록 더욱 고양시켜 주었다. 책을 내는 일 또한 더욱 속도를 낼 수 있었던 것이다.

4월 8일 《1992년 봄 덩샤오핑과 선전》이라는 제목의 책이 정식으로 세상에 얼굴을 내밀게 되었다. 이는 곧바로 사회에서 큰 반응을 일으켰다. 선전 사람들만이 이 책을 구입하여 읽으려고 한 것이 아니라, 전국 각지의 많은 사람들이 선전의 친척 혹은 친구들에게 부탁하여 이 책을 사고자 하였다. 제1쇄는 10만 권이었는데, 각 방면의 요구를 만족시키기에는 너무나 모자랐다. 하이톈출판사는 다시 10만 권의 책을 인쇄하였고 소량은 정장본으로 만들었다. 이 책 첫판의 출간은 발행 후 당과 사회의 반응이 매우 좋았다. 더구나 상급기관으로부터의 비평도 없었다. 그래서 제2판을 인쇄할 때는 하이톈출판사가 '내부 발행'이라는 글자를 지워버렸다.

다시 인쇄한 10만 부의 책도 곧바로 팔려나가 떨어지게 되었다. 심지어 홍콩과 마카오, 해외의 동포, 화교, 화인들도 이 책을 요구하게 되었다.

20여만 권의 발행량은 당시의 상황에서는 이미 전 성, 심지어는 전국의 발행량 순서에서 아주 잘 팔려 나가는 그런 베스트셀러였다. 그러나 정치대국이 수요를 고려함에 의해 책값은 아주 저렴하게 하였다. 평장본 1책 당 2.2위안(元)에 불과했고, 정장본이 3.2위안이었다. 판매한 수량은 비록 많았으나 출판사의 경제적 측면에서는 그다지 남는 것이 없었다. 오로지 매우 양호한 사회적 효율성만을 올릴 수 있었던 것이다.

우리들은 이 특수한 시기에 특수한 방법으로 책을 발행했는데 결과적으로 상급의 선전 뉴스 출판기관으로부터 비판을 받지 않았고, 또한 어떤 찬양이나 장려에 관한 통보 또한 받지를 못했다.

《1992년 봄 덩샤오핑과 선전》이라는 책의 표지

제26장

한 폭의 초상화가 선전시의 표상이 되다

　1992년 4월 초 선전시는 덩샤오핑 동지가 남방에서 한 중요 담화 정신을 '불'과 '차茶'의 관계처럼 학습하도록 했다. 시당위원회는 실제와 결합토록 요구했고, 결과가 있는 행동을 통해 실질적인 효과를 얻어내길 요구했다. 시당위원회 선전부도 진지한 학습을 통해 스스로의 실제 업무와 연구 결합시켜 "실제적인 효과를 얻어내자"는 조치를 제시했다.

　시당위원회 선전부 외선처外宣處는 먼저 선전시 중심에 한 폭의 커다란 덩샤오핑의 초상화를 세우기로 했다. 그리하여 선전시 인민이 영원토록 덩샤오핑을 마음에 새길 수 있도록 하고 그를 존경하도록 하고자 했다. 동시에 타이완, 홍콩, 마카오와 해외 화교, 외국의 우인들로 하여금 덩샤오핑 위인의 형상을 우러러 볼 수 있는 기회를 제공해 주고자 했다. 나는 이를 주관하는 부부장으로서 신속하게 찬성과 지지를 표했다. 그리고 이러한 의견을 부무회部務會에 제시했다. 양 부장과 니(倪) 부장도 이 일을 매우 중시하면서 지지를 보내주었다. 또한 나에게 외선처와 함께 이 일을 잘 마치라고 하는 결정도 내려주었다.

　반복된 고찰과 연구를 통해 우리들은 먼저 초상화를 설치할 지점으로 선난대도(深南大道)와 홍링로(紅嶺路)가 교차하는 서북쪽을 잡았다. 왜냐하면 이곳은 당시 선전에서 가장 현대화가 된 시 중심이었고, 동쪽은 당시 선전에서 가장 현대화된 선전대극원이 있었으며, 동남쪽에는 공상(工商)은행, 젠서(建設)은행, 농이예(農業)은행 등 몇 개의 은행이 집중적으로 있던 금융 중심이었으며, 뒷면에는 리즈(荔枝)공원과 청소년활동 중심이 있었고, 그리고 이곳은 교통의 요지인데다가 사람들의 이동 흐름이 집중되어 있는 곳이었기 때문이었다.

제2보는 선전미술공사에게 구체적인 설계를 맡기는 일이었다. 그들이 제시한 방향은 화면 높이가 10미터이고, 길이가 30미터, 총 넓이는 300㎡였다. 이유는 이 정도의 크기로 제작하지 않으면 그의 기백과 영혼을 표현해 내기가 어렵고, 선전특구의 현대화된 용모를 그려 넣는 데 한계가 있다는 것이었다. 나는 이 의견에 동의하였다.

미술광고공사가 구체적으로 설계도안을 제시하였을 때 《선전특구보》의 촬영부 장스까오가 덩샤오핑이 선전 시찰 때의 각양각색의 사진을 제공하겠다고 전폭적으로 지지해 왔다. 나는 당시의 상황에 근거하여 한 폭의 덩샤오핑의 선전국제무역빌딩의 회전식당에 앉아 있는 사진을 골랐다. 한 손을 뻗어서 창밖을 바라보며 말하는 모습의 사진이고 동시에 사진 하단에 그의 대표적 어록을 배치했다. 그 내용은 "사회주의를 견지하지 않고 개혁개방을 하지 않으면 경제가 발달하지 못하고, 인민생활이 개선되지 않으면 오로지 죽음으로 가는 한 길만이 있을 뿐이다"라는 것이었다.

제3보 또한 중요한 절차였다. 우리의 방안을 보고받은 시당위원회 상무위원이며 선전부 부장인 양광후이의 동의를 구한 후 시당위원회 선전부 명의로 시정부에 재원을 요청했다. 동시에 시정부 국토기획부문에다 훙링로 입구의 토지 일부에 대한 임시사용권을 신청했다. 왜냐하면 시당위원회 선전부는 재정 면에서는 능력이 없기 때문에 정부에서 재원을 지원해 주지 않거나 그 곳의 토지에 대한 임시사용권에 대한 동의를 해주지 않으면 아무 일도 할 수 없었다.

용지문제는 당시 그 토지의 뒤에 있는 리즈공원 근처에 몇 층밖에 안 되는 한 동의 란웨이(爛尾)공사 건물이 있는 것 외에 주변은 거의 황지였기에 이곳을 선택했다. 우리들이 덩샤오핑의 대형 초상화를 세우고자 하는 것은 중대한 정치적 의의가 있는 것이었다. 그래서 시정부 기획국은 곧바로 우리의 계획에 동의해 주었다.

재원 문제는 선전시정부 비서장 리딩(李定)이 적극적으로 지지해 주었다. 그러나 그가 준 재원은 겨우 15만 위안이었다. 더 많은 것을 요구하려면 이를 주관하는 부시장 혹은 시장 판공실에다 신청을 해야 했는데, 이런 식으로 한 계단 한 계단씩 높은 곳에다 신청을 하게 되면 시간을 많이 흘려보내게 될 것이고, 또 반드시 더 많은 재원을 지원해 준다는 보장을 받을 수도 없는 일이었다. 그래서 결국 우리들은 리 비서장이 허락해 준 경비 14만 위안을 가지고 이 일을 본격적으로 시작했다.

선전미술공사는 시문화국에 소속된 국유기업으로 그들은 먼저 중요한 정치적 임무를 수행하는 데 얼마만큼의 예산이 필요하다는 등 금전적 문제에는 그다지 관심을 두지 않았다. 총경리인 황송펑(黃松鵬)은 반드시 이 임무를 수행할 수 있는 방법을 찾아보겠다고 했다. 그러나 그들은 종래 이런 거대한 선전광고판을 제작한 경험이 없었다. 그래서 이러한 대형 간판을 제작할 수 있는 장소가 큰 문제였던 것이다. 여기저기를 찾다가 결국 선전대극원(大劇院)의 지하 주차장을 찾아냈다. 당시에는 아직 개인의 자가용은 거의 없었다. 그저 대극원에 출연하기 위한 연출자들이 타고 온 차가 전부였다. 그래서 지하 주차장에는 공터가 많았던 것이다. 선전부와 문화국의 협조를 얻고, 대극원 측의 허락을 얻어 미술공사가 잠시 이곳의 한 귀퉁이를 빌려 작업을 할 수 있게 되었다.

황송평 경리는 신속하게 친히 미술공사의 직공들을 이곳으로 데리고 와 대극원 지하 주차장에서 작업에 들어갔다. 그러나 선진적인 제작 설비 즉 절단공구(切割), 용접기(燒焊), 보조장비(助裝) 등 기본상 모두 사람의 힘에 의존하여 일을 해야 했다. 그림은 살아 있는 듯해야 했는데, 마침 그때가 여름이었음에도 일하는 곳에는 선풍기 하나 없었다. 일하는 사람들은 거의 웃통을 벗어던진 채 일을 했으나 온 몸은 땀으로 범벅되기 일쑤였다. 질량과 진도를 보증하기 위해 나와 외선처外宣處의 황신화, 리샤오간(李小甘)은 대극원 지하주차장에 툭하면 와서 검사했고, 어떤 때는 미술광고공사 직공들과 함께 일하기도 했다.

5월 말에 이르러 황 경리가 공사의 직공들을 데리고 홍링로 입구의 지정한 곳에다 땅을 파서 기초를 다진 후 철제 기둥을 세워놓았다. 철제 기둥이 세워진 후 대극원지하주차장으로부터 이미 완성된 초상화의 철판을 하나하나 이곳으로 날라 왔다. 그런 다음 맞춰서 철기둥에다 용접하여 붙였다. 날씨가 더운데다 비가 계속 내렸다. 일하기가 매우 어려웠다. 6월 하순에 들어 시당위원회 선전부 오선처의 간부들이 전격 투입되어 미술광고공사의 직원들과 함께 시간을 넘기면서 일했다. 당시의 구호는 "7월 1일 전까지 반드시 완공시킨다"는 것이었다.

6월 26일 모든 화면이 이어져 거의 완공단계에 이르게 되었다. 당시 홍콩 중통사(中通社)의 기자가 와서 취재를 하였다. 그런 다음 〈선전 가두에 덩샤오핑의 대형 초상화가 세워졌다〉는 제목으로 보도했다.

6월 27일 홍콩의 《원후이보(文匯報)》, 《다공보(大公報)》, 《화챠오일보(華僑日報)》, 《톈톈일보(天天日報)》, 《밍보(明報)》, 《신보(信報)》, 《징지일보

邓 小 平 同 志 视 察 深 圳

1992년 6월 훙링로 입구에 세워진 덩샤오핑의 거대한 초상화 - 장스까오(江式高) 촬영 -

《經濟日報》및 홍콩의 텔레비전방송국, 라디오방송국 등 17개 뉴스기구가 동시에 중통사(中通社)의 이 소식을 보도하였다. 어떤 신문은 이 소식을 머릿기사로 다루기도 했다. 거기에다 평론까지 달았는데, "이는 중국의 새로운 개혁개방으로 이전의 개혁개방에다 바퀴를 단 중요한 신호"라고 했다.

1992년 6월 28일 훙링로 입구에는 〈선전의 샤오핑 동지〉라는 거대한 초상화가 세워져 세상에 그 모습을 드러냈다. 선전 본지의 신문, 라디오, 텔레비전에서 기자들을 파견하여 취재한 후 앞다투어 보도한 것 외에도 광둥성과 전국의 각 대 뉴스 단위의 기자들이 뛰어와 현장 취재 후 소식을 타전했다. 그 외에 우리는 국외 매체도 불렀는데, 다만 규정에 따라서 홍콩의 몇 개 주요 신문사 기자들에게만 취재를 허용해 주었다.

마침 그 날은 선전의 '리즈절(荔枝節)'이 개막되는 날이었기에 많은 외국 기자들이 와 있었는데, 그들은 이 기회를 잡게 되자 덩샤오핑의 초상화 아래서 취재하고 사진을 찍었다. 나아가 많은 시민들도 이곳으로 왔기에 선전 대극원 서측 방면의 홍링로는 인산인해가 되었다. 세계의 각 대 통신사들, 예를 들면 미연합통신사, 로이터통신사 등 홍콩 주재 기구들도 모두 원고를 타전했다. 마카오지역의《아오먼일보(澳門日報)》, 싱가포르의《중궈보(中國報)》, 태국의《스지예보(世界報)》,《중위앤일보(中原日報)》등 또한 각 통신사의 소식을 받아 편집 후 선전특구에 세워진 덩샤오핑의 거대한 초상화에 대한 소식을 보도하였다.

한동안 '선전에 세워진 덩샤오핑의 거대한 초상화'에 대한 뉴스는 국내외의 뜨거운 뉴스거리가 되었다. 선전시당위원회 선전부 신문처의 통계에 의하면 중국 대륙 외에 7월 10일까지 홍콩, 마카오, 타이완 지구와 외국 신문 매체가 이 소식을 다루었는데 모두 30여 사가 넘는 기관이 50여 편의 원고를 발송하고 보도하였다고 하였다.

홍콩의《밍보》는 보도를 통해 "선전에 세워진 덩샤오핑의 거대한 초상화는 선전특구의 '독특한 경관'이 되어 뜨거운 염천 하에서도 사람들의 발길이 그치지 않았으며, 다시 한 번 되돌아보고자 오는 사람들이 더 많았다"고 했다.

한편 이곳을 지나가는 사람들을 취재하면서 행인들의 말 중 "이 초상화의 정치적 의의는 너무나 크고도 깊다, 이는 한 시대를 대표하는 것으로 매우 기념비적인 가치가 있다"고 말했다고 했다. 확실히 이 말처럼 선난중로(深南中路)의 홍링로 입구에 있는 덩샤오핑의 초상화는 선전특구의 한 길을 밝혀주는 주요 경관으로 자리 잡았다. 많은 본지의 시민, 내지와 해외 여행객들 모두가 이 곳으로 와서 참관하면서 기념사진을 찍었다. 어떤 한 노인은 초상화 면전에 헌화하고 절을 하면서 그의 개혁개방정책이 인민들에게 가져다준 고마움에 감사를 표하기도 했다.

당연히 어떤 좋은 일이라 할지라도 모든 사람을 만족시킬 수는 없는 일이다. 예를 들면 홍콩의 《밍보》는 정면에 보도함과 동시에 또한 어떤 사람의 문장을 발표했는데, 그는 거기서 "다시 한 번 개인을 우상화 하는 현상이 나타나는 것은 아닌지 의심이 간다"고 말했다. 선전에서도 일부 사람들은 덩샤오핑의 대형 초상화의 화면 처리문제에 대해서 의견을 내놓기도 했다. 즉 덩샤오핑이 손으로 지적하는 것은 그가 말한 "사회주의를 견지하지 않고, 개혁개방을 하지 않으면 오로지 죽음으로 가는 길만이 있다"고 하는 것이라고도 비난했다. 홍링로 입구의 서남면의 한 호텔 사장은 잘 아는 사람을 통해 나에게 "우(吳) 부장 당신들이 세운 저 초상화에 있는 덩 백부의 손이 가리키는 것이 무엇인가요? 그러면서 또한 '오로지 죽음으로 가는 길' 그것 아닌가요? 그렇다면 우리들 장사는 어찌해야 하나요? 뭐 어찌할 방법이 없는 것 아닌가요?"하는 것 등이었다.

8월 10일 선전에서는 새로 상장한 주식이 공개, 공평, 공정 하지 않다고 하여 혼란이 일어나는 상황이 발생하여 일부 시위까지 하는 사람들도 있었다. 기차를 불태우고 상점을 약탈하는 등 국내외를 놀라게 하여 중앙과 광둥성 영도자들이 주시하게 되었다. 비록 시당위원회, 시정부가 신속한 조치를 취하여 이 '주식 풍파'를 안정시켰지만, 선전의 시장은 좌천되어 장시(江西)로 가서 부성장이 되었다. 선전특구의 활력과 명예가 모두 큰 상처를 입었다. 그리하여 말 잘하기 좋아하는 사람들은 선전이 유사 이래 가장 중요한 그림 속의 덩샤오핑이 가리키고 있는 것이 특구의 대동맥인 선난대도(深南大道)인데, 그러면서 '오직 죽음으로 가는 길'이라고 했으니 선전특구가 어찌 능히 살아날 수가 있겠는가?' 등등의 많은 유언비어들이 나돌았다. 홍콩의 어떤 매체들은 보도하기를 많은 봉건 미신적 색깔이 들어 있는 말로 혹평하기도 했다.

우리는 제작과 설계를 할 때 덩샤오핑이 국제무역빌딩에서 한 말과 손가락이 가리키는 힘과 이를 뒷받침해주는 사진을 선택하였고, 또한 특별히 "사회주의를 견지하지 않고, 개혁개방하지 않으면, 오로지 죽음으로 가는 길만이 있을 뿐이다"는 말을 각인시키기 위해서, 또 1989년의 정치풍파 이후 어떤 사람들이 개혁개방을 반대하는 상황에 대해서 일침을 가할 수 있는 그런 말과 그림을 통해 덩샤오핑의 높고 큰 형상으로써 개혁개방의 선전과 추진을 기대했던 것이지, 절대로 다른 의도를 가지고 이를 만들었던 것이 아니었으며, 사람들이 이러한 이해와 시각을 가지고 반감까지 가지리라고는 생각지도 못했다.

그해 9월 태풍이 선전을 휩쓸고 지난 다음 많은 집들과 나무들이 넘어지고 쓰러졌다. 홍링로 입구의 거대한 선전 초상화는 면적이 아주 컸기에 정면으로 바람을 맞아 지탱하던 철제 기둥으로는 견뎌낼 수가 없어서(당시에는 재원이 주는 한계 내에서 최대한 노력을 기울였지만……) 바람을 맞고 쓰러졌다. 이 일은 당연히 매우 큰일이었다. 태풍에 넘어져 버린 초상화가 있는 곳으로 나는 외선처의 두 명의 처장인 황신화와 리샤오간을 데리고 현장으로 갔다. 그리고 미술광고공사에 사람을 파견하여 화면의 손상된 부분을 가려 나쁜 영향이 조성되지 못하도록 조치했다. 그런 다음 어떻게 복원할 것인지, 어떻게 다시 세울 것인지를 논의했다.

시당위원회, 시정부는 이 문제에 대해서 매우 중시했다. 시정부 비서장 리딩이 친히 나서서 물은 후 곧바로 우리들에게 보고서를 제출하라고 했다. 이 비서장의 중시와 노력을 통해 시정부는 25만원의 재원을

1992년 국경절 전야에 선전시 중심에 세워진 덩샤오핑의 거대한 초상화 — 장스까오(江式高) 촬영 —

지원해 주는데 동의하여 이 거대한 선전을 위한 초상화를 수리복원토록 하였다.

  나는 시당위원회 선전부문에 대해 몇 차례의 회의를 통해 진지하게 토론 연구하고, 그동안의 경험을 총결하여 공정과 임무를 선전미술광고공사에게 맡기기로 확정했다. 그러나 비교적 좋은 재료를 사용하기를 요구했고, 철근 기둥 등 기초를 더욱 튼튼히 만들라고 주문했다. 동시에 새로운 모습으로 제작하기 위해 여러 사람들의 의견을 들었고, 더불어서 시당위원회 상무위원이며 선전부장인 양광후이에게 우리들은 "덩샤오핑이 선전을 시찰할 때 비교적 편안하게 미소 지으며 자상한 모습의 사진을 바탕으로 다시 제작하고, 위쪽에 써넣을 표어도 '당의 기본 노선은 1백 년 동안 동요되지 않도록 견지한다'로 바꾸겠다"고 보고했었다.

　1992년 국경일 전날 밤 〈선전의 샤오핑 동지〉라는 거대한 초상화가 다시 홍링로 입구에 세워졌다. 더불어서 참신한 면모로써 사람들 눈에 비쳐지게 했다. 중국 내지의 매체들이 보도를 한 외에도 많은 홍콩의 매체들도 보도하였다.

　1년이 지나고 또 1년이 지나 홍링로의 덩샤오핑의 거대한 초상화는 무수한 비바람의 세례를 받았지만, 또한 국내외 여러 매체들에 의해 보도되고 오염되고 퇴색되기도 했지만, 이미 세상에 이름을 날리게 되어 숭앙하고 공경하는 사람들 및 여행객들이 오늘도 이곳에 와서 그의 공적을 추앙하고 있다.

　1997년 2월 19일 덩샤오핑은 세상을 하직했다. 그러자 이 거대한 덩샤오핑의 초상화는 사람들에게 가장 진귀한 애도의 대상물과 상징이 되었다. 수많은 국내외의 추모자들이 이곳에 와서 헌화했고, 절을 했으며, 통곡하면서 이 위대한 세계적 위인인 덩샤오핑을 추도하였다.

일반 시민들이 덩샤오핑 초상화 앞에서 애통해하며 추도하는 모습

여러 해를 거치면서 홍링로 입구에 세워져 있는 덩샤오핑의 거대한 초상화는 선전시당위원회, 시정부의 중시와 계속적인 수선을 통해 선전에서 가장 아름답고 영원한 '명함'이 되었고, 선전경제특구를 가장 잘 보여주는 중요한 상징물이 되고 있다.

그러나 20년이 지난 오늘에 이르러 이미 여러 사람들은 이 거대한 초상화가 언제 어떻게 건립되게 되었는지 그 배경과 경과에 대한 사정을 잘 모를 것이다. 그래서 본 서에서 이처럼 자세하게 계통적으로 그 내력을 서술하는 것이다.

제27장

《역사의 선택》

1992년은 중국역사에서는 물론 중공당사에서도 모두 영원히 기억되어야 할 해이다. 왜냐하면 이 1년은 역사적으로 정확히 선택된 1년이었고, 새로운 찬란한 역사를 써 내는 해였기 때문이었다.

이 해에는 덩샤오핑이 남방에서 중요한 담화를 발표하였는데, 그 담화는 중화대지를 울리는 봄날의 천둥소리와 같은 것으로 중국 대지에다 다시 한 번 생기를 불어넣어주는 계기가 되었던 것이다. 이 한 해 동안 중공은 제14대 당 대회를 개최하여 덩샤오핑의 남방 담화정신을 근거로 하는 개방을 확대했고 개혁을 심화시켰으며, 사회주의 시장경제를 건립하여 이를 집정당이 결의함으로서 중국이라는 거대한 함선이 두 번 다시 좌우로 동요되지 않게 했으며, 바람과 파도를 타고 앞으로 빨리 나아가도록 하게 하였다.

이 1년 동안 봄바람의 훈풍이 남쪽으로부터 북쪽으로 강하게 불어왔다. 정치적인 밝은 빛이 중국의 대지를 비쳤고, 국내외의 매체들의 덩샤오핑의 남방에서의 담화를 보도하려는 열기는 일파만파로 높이 일어났으며, 선전시의 선전부문과 뉴스 매체들이 얻어낸 찬양도 갈수록 많아졌다. 5월 《선전특구보》가 창간 10주년을 맞이하자 장쩌민 총서기, 양상쿤 주석 및 당과 국가의 영도자는 모두 친히 《선전특구보》에 축하의 글을 써서 보내주었다.

장쩌민은 5월 20일《선전특구보》를 '개혁개방의 창구'라고 써주었다. 따라서 선전의 선전부문과 뉴스 매체들은 덩샤오핑의 사상 이론을 선전하는 것으로 인식되게 되었고, 개혁개방을 위한 구호의 고취는 갈수록 더욱 충족되게 되었으며 대담성도 점점 더 커지게 되었다.

1992년 7월 선전시 시당위원회 선전부는 광밍일보사, 중앙신문기록영화제작창 연합으로 대형 영상기록인《역사의 선택》이라는 기록물을 제작하기 시작했고, 중공 제14차 당 대회에 헌납하는 예물편으로 준비했다.

《역사의 선택》은 대형 영상기록물에 속하는 영화이면서도 텔레비전 방영물이다. 진실한 역사의 장면만을 위주로 하였고, 또한 뉴스 기록편하고는 달랐다. 그리고 서로가 통하는 간결한 기술과 이론은 영상으로 하여금 더욱 생동적이고 활발해졌으며, 더욱 전달력이 있게 되었다. 그런 점에서 이 영상물은 영화이기도 하면서 텔레비전의 창작물이라 할 수 있고, 예술적으로 제작된 신선한 것이었다.

《역사의 선택》의 주제사상은 선전특구의 13년 동안의 역정을 전 방위적으로 보여줌으로써 성공경험과 전국 개혁개방의 중요한 추진 작용을 통해 중공 제11회 3중 전회가 국가에서 진행한 개혁개방의 결정이 정확했고 중대한 역사적 의의를 갖는다는 것을 말해주고 증명하는 것이 되었다. 동시에 덩샤오핑의 중요사상과 이론의 정확성을 증명해 주는 것이 되었으며, 특히 1992년 봄에 재차 선전특구를 시찰하면서 한 중요한 담화의 위대한 의의를 증명해 주었던 것이다. 이를 귀결한 것의 한 가지로 '한 개의 중심, 두 개의 기본점'(경제건설을 중심으로 하여 4항의 기본원칙을 견지하고 개혁개방의 기본 국책을 견지하는 것)이 있는데, 이를 견지하는 것이야말로 역사적인 정확한 선택이었고, 이러한 결정은 절대로 동요되어서는 안 된다는 것이었다.

《역사의 선택》을 제작하는 팀은 류치광이 필름 제작을 담당하고, 나는 기획을 책임지며, 장성여우(張勝友)는 원고를 선별하며, 저우동위안(周東元), 양신(楊新), 여우리(由力)는 각본과 연출을 맡았고, 장창하이(張長海), 장지앤화(張建華), 양광후이(楊廣慧)는 감수를 맡았다. 실제상 구체적인 일은 시당위원회 선전부의 선전신문영시제작중심(深圳新聞映視製作中心) 주임인 류치광(維奇光)이 책임을 맡았다. 나는 기획을 총괄하고 협조해 주는 일을 담당했다.

이러한 영상물을 창작하고 참신성 있게 만들며, 예술적이면서도 정치사상의 주제를 고도적으로 통일시킨다는 것은 당연히 쉬운 일은 아니었다. 그만큼 많은 노력을 기울여야 했고, 많은 희생을 필요로 해야 했다. 또한 몇 개의 큰 기업과 합작을 하여 일을 함께 진행해야 하는 것도 큰 문제였다. 원고 쓰는 일을 책임진《광밍일보》의 기자 장성여우는 베이징에서 선전으로 와 체험생활을 하면서 자료와 소재를 수집했고, 선전영빈관에서 묵으면서 혹서에 시달리면서도 선전시의 유관부문을 찾아가 조사 연구를 했다. 선전시당위원회 선전부는 당시 오로지 전세 낸 차 한 대만이 있었지만 어떤 때는 이 차를 장성여우에게 보내 사용토록 했다. 어떤 때는 자전거를 이용해 자기가 원하는 대로 거리를 달리게도 했다. 우리들은 여러 차례 선전특구의 개척자와 여러 중대한 역사적 사건을 친히 경험한 사람들과 좌담회를 갖기도 했다. 그러면서 장성여우에게 살아 있는 역사이야기를 말해주도록 했다. 그에게 역사적 소재를 제공해 주기 위해서였다. 영상물 제작을 책임진 선전신문영시중심 주임인 류치광은 자신이 직장과 집이 모두 선전에 있었지만 '예물로서 헌납하는 영상물'을 제작하는데 조금의 틀림도 없도록 하기 위해서, 그는 영상물의 극본이 나오는 것을 기다리지 않고 베이징으로 가서 오래도록 있으면서 《역사의 선택》을 제작하기 위한 기획을 준비하고 이를 위한 조직을 만드느라 밤낮으로 바빴다.

'중공 제14차 당 대회에 헌납하기 위한 예물' 차원의 이 대사를 위해 나는 한편으로는 선전 입장에서 장성여우가 극본을 창작하는 데 필요한 지원과 서비스를 모두 해주었다. 그러는 사이에 빈번히 류치광으로부터 장거리 전화가 걸려와 베이징에 와서 일체의 계획과 편집하는 일에 참가해 달라고 계속 요구해 왔다. 그래서 한참 후에 양 부장과 함께 상경해서 영상물 제작과 계획하는 회의에 참여했다. 광밍일보사, 중앙신문기록영화제작창 등, 당위 서기, 총편집, 제작창 창장, 그리고 이 일에 참여하는 사람들 모두가 열심히 일을 했고 또한 합심해 주었다.

3개월간의 단결된 협조와 어려운 작업을 통해 《역사의 선택》의 창작, 제작과 이에 대한 배합은 9월 중에 어느 정도의 기본 형식을 갖추게 되었다. 전 영상물의 시간은 90분이나 되었다. 덩샤오핑이 두 번의 남방 시찰을 제작한 것인데 특히 1992년의 봄에 선전을 시찰한 것이 주된 내용이었고, 선전경제특구의 13년간의 분투노력한 과정을 생동감 있게 만들었다. 그리고 간략하게 덩샤오핑의 중국 특색이 있는 사회주의 이론 건설을 추구했다. 그런 후에 우리들은 또한 각 방면의 의견을 들었으며 반복해서 수정함으로써 질량을 계속해서 제고시켰다.

10월 8일 오후 대형 영상기록물인 《역사의 선택》은 중앙신문기록영화제작창에서 시사회를 가졌다. 중공중앙 선전부, 국가광전부(廣傳部) 유관 부문이 책임자들이 이를 본 후에 당장에서 결정을 내렸다. 정식으로 심사를 통과했고, 당의 14대 대회에 헌정하는 영상물로도 확정됐다. 신화사, 《런민일보》, 《원이(文藝)보》, 《광밍일보》 등이 모두 이 소식을 전하면서 《역사의 선택》을 "실제적, 문헌적, 정론적 삼위일체가 종합된 영상물로, 생동적이고, 내용이 충실하며, 기세가 드넓고, 논증함이 깊어 사람들로 하여금 중국현대화 건설의 찬란한 전경을 보여줌으로써 믿고 복종케 한다"고 찬양하였다.

그때가 마침 중공 제14대 당 대회가 곧바로 베이징에서 열리기 직전이었다. 덩샤오핑의 사상이론을 대대적으로 선전하고, 중국의 개혁 개방을 추진케 하기 위하여 촬영제작조는 심혈을 기울여 일에 임했고, 《역사의 선택》을 어떻게 널리 선전할 것인가에 온 관심을 집중시켜 이를 실행시키기 위해 대담하게 생각을 설정했고 계획을 세웠다. 8일 밤 우리들은 베이징 창안가(長安街)에다 "《역사의 선택》 영상기록편이 장차 방영될 것이다"라고 하는 표지판을 세워놓았다. 이는 덩샤오핑의 얼굴을 선전하는 표지 중에서 가장 뛰어난 것이었다.

그러자마자 베이징에서는 큰 반응들이 나타났다. 그 다음날 창안가를 지나가는 행인들은 대형 선전표지판의 거대한 덩샤오핑의 얼굴을 보고 신기하다고 느꼈는지 걸음을 멈추고 주목했다. 혹은 그에 대한 의견들이 분분했다. 많은 직장에서도 창안가에 덩샤오핑의 거대한 얼굴이 나타난 사정에 대해 의논이 분분했다. 베이징주재 해외의 많은 기자들도 창안가로 몰려와 《역사의 선택》 선전광고 표지판 아래서 사진을 찍으며 취재하기에 정신들이 없을 정도였다.

9일 오전 출근 시간이 좀 지나 중앙의 주관 부문에서 촬영조에 전화를 걸어와 먼저 물어왔다.

"당신들 창안가에 세운 거대한 선전 표지판과 덩샤오핑 동지의 초상은 누구의 허락을 받은 것입니까?"

나는 이 전화가 걸려온 후에 마음속에 지울 수 없는 긴장감이 지속되고 있음을 알았다. 원래 걱정하던 일이 그대로 나타났기 때문이었다. 그러나《역사의 선택》은 선전시당위원회 선전부, 광밍일보사, 중앙신문 기록영화제작소 3부문이 연합해서 촬영한 것이고 또한 몇 개 단위의 주요 책임자들의 이름을 걸고 있었다. 창안가의 이 거대한 선전광고 표지판을 철거하려면 선전시 시당위원회 선전부가 필히 여러 단위 기관과 상의하여 결정할 일이었다.

오후에 퇴근시간이 얼마 남지 않은 시각에 중앙의 주관부문에서 또 다시 촬영제작조에 전화가 걸려와 영도자가 말하기를 창안가에 있는 대형 영상기록물《역사의 선택》선전 표지와 덩샤오핑 동지의 초상을 계속 두어도 괜찮다는 허락을 받았다고 말해왔다.

이때서야 여러 사람들은 한숨을 내 쉬며 안도했다. 나는 심리적으로 반복되는 사고를 피할 수 없었다. 왜냐하면 커다란 형국은 완전히 확정된 것이 아니었기 때문이었다. 그러나 어떤 일이든지 무엇인가를 하고 나서는 스스로 반드시 마음 저 아래에 사심이 없어야 비로소 세상을 넓게 바라볼 수 있게 되는 것이고 좋은 일을 능히 해 낼 수 있다는 것을 깨달았다.

10일 오전《역사의 선택》은 전국정치협상회의 강당에서 방영되었다. 이를 본 사람들로는 전국정치협상회의 부주석 구무(谷牧), 청스위앤(程思遠) 및 일부 중앙 및 국가기관 책임자들, 해방군 총정치부 책임자, 수도 베이징의 사상이론, 교육, 문학예술, 신문계의 대표들이었다. 90여 분에 가까운 이 영상물을 본 사람들은 오랜 시간 동안 열렬히 박수를 쳐 댔다. 그야말로 온 장내에 크게 울려 퍼졌던 것이다.

《역사의 선택》이 방영된 후 촬영제작조는 현장에서 각 방면의 대표들과 좌담회를 가졌다. 인민해방군 총 정치부 부주임 위용보어(于永波)

가 말했다.

"이 영상물은 매우 좋은 영화이다. 관념을 바꾸게 하는 좋은 영상물이다. 또한 당의 14대 당 대회에 헌정할 수 있는 좋은 영화이다. 나는 부대를 따라서 이전에 선전지구에서 아주 오랜 기간 일한 적이 있다. 이 영화를 보니 선전의 변화된 상황을 충분히 알 수 있을 것 같다. 특별히 친절하고 큰 격려를 받는다."

중공중앙당교 부교육장 왕쥐우(王聚武)도 말했다.

"좋은 영화다. 내가 얼마 동안이나 보았는지 모르지만 보는 시간 내내 감격했다."

아주 신속하게 우리들은 홍콩의 협조를 통해, 또 많은 해외의 중요 매체들의 보도를 통해 다음과 같은 말들을 전했다.

> "중공 제14대 당 대회 전야에 《역사의 선택》이라는 대형 영상기록물을 방영하는 것은 그 의의가 매우 크다."
> "현재 개혁개방을 전력 추진하는 덩샤오핑 초상을 세우는 것은 중국이 개혁개방의 신시대에 들어왔음을 표하는 것이다."
> "이러한 중형 영상기록물은 선전시 매체들이 주관해서 촬영제작 했다는 것은 선전경제특구의 지위와 그의 거대한 영향력을 보게 해준다."

이는 실제적으로 덩샤오핑의 중요 사상과 이론을 선전하는 것이었고, 또한 중공이 소개한 제14회 당 대회를 통해 개혁을 심화하고 개방을 확대하려는 좋은 분위기를 만들고자 한 것이었다.

무릇 중앙에서는 정식으로 중요 회의를 소개하면서 일반적으로는 대회 비서처가 추천한 여러 '혁명 가곡'이나 '혁명 영상물'을 대회 주제와 배합시켜 선전 혹은 추진 작용을 하게 하는데, '혁명가곡'은 회의 전과 회의 후에 방송하고, '혁명영상물'은 저녁에 대표들이 거주하는 곳에서 집중적으로 방영하곤 했다.

중공 제14대 당 대회는 10월 12일에서 18일까지 열렸다. 리펑이 회의를 주재했고, 장쩌민이 정치보고를 했다. 매회 대회에서 하는 정치보고는 모두가 가장 중요한 의제였다. 이번 대회의 장쩌민 정치보고는 총체적으로 개혁개방이 14년 동안 거둔 거대한 성적을 인정하고, 덩샤오핑의 중국의 특색 있는 사회주의 이론을 관철할 수 있도록 진지하게 학습할 것을 강조하는 내용이었다. 특히 덩샤오핑의 남방에서 한 중요 담화정신을 관철할 수 있도록 진지하게 학습할 것을 강조하여 사회주의 시장경제체제를 건립하는 것이 개혁의 주요 목표가 되어야 한다고 했다. 장쩌민이 말한 4개 부분은 곧 14년간의 위대한 실천을 종합하여 90년대의 개혁과 건설이 주요 임무이고, 국제형세와 우리들의 대외 결책, 당의 건설과 당의 영도를 개선하는 것을 강화하는 것이었다.

동시에 장쩌민은 10대 임무를 제시했다. 사회주의 시장경제를 둘러싼 경제체제의 건립, 경제체제의 개혁을 위한 보폭을 더욱 빨리 할 것, 대외적 개방을 진일보하게 확대하고, 더 많고 더 좋게 국외의 자금, 자원, 기술과 관리경험을 이용해야 하며, 산업구조를 조정하여 더욱 우수하게 만들고, 농업을 고도로 중시하며, 기초공업과 기초시설, 그리고 제3산업을 신속히 발전시켜야 하고, 과학기술의 진보를 더욱 신속하게 하며, 교육을 발전시키는데 큰 힘을 기울여야 하고, 지식계층의 작용을 충분히 발휘할 수 있도록 해야 한다 등이었다. 또한 지역적 우위를 충분히 발휘케 하고 지역경제의 발전을 더욱 빨리 하도록 하며, 전국적인 경제의 포진을 합리화 하도록 촉진하며, 정치체제의 개혁을 적극적으로 추진하여 사회주의 민주와 법제를 촉진시켜 비교적 큰 발전이 있게 한다는 것 등이었다.

《역사의 선택》은 사상 내용상 완전히 장쩌민의 정치보고와 서로 일치함을 말해주었다. 다시 말해서 이를 구체적이고 생동감 있게 14대 당 대회의 주제를 전체적으로 해석해 준 것이었다. 따라서 회의를 주관하는 전문조에서는 대표들이 진지하게 이 영상기록물을 볼 수 있도록 안배해 주었다. 많은 14대 대표들은 《역사의 선택》을 본 후 감격하여 말하기를 이 영상물을 보면서 덩샤오핑의 남방에서의 중요한 담화정신을 더욱 잘 이해할 수 있게 되었다고 말했다. 동시에 장쩌민 총서기의 정치보고도 더욱 깊이 이해할 수 있게 되었다고 했다. 이들 많은 성과 시의 대표들은 《역사의 선택》을 본 후 이 영상물의 좋은 점을 칭찬해 주었을 뿐만 아니라, 동시에 선전경제특구에 대해 인정해 주고 찬양해 주었다.

광둥성위원회 서기 셰페이는 선전 대표들이 머무는 곳으로 와 우리들을 만났다. 그는 기쁜 표정으로 선전시당위원회 서기 리하오에게 말했다.

"《역사의 선택》을 우리는 모두 보았습니다. 정말 촬영을 잘 했습니다. 2년 전의 〈세기행〉도 전국에 큰 영향을 주었는데, 이를 보면 당신들 선전은 사상 정치 선전과 영상물의 문화 창작물을 정말 잘 만든다는 걸 인정하지 않을 수 없소이다. 더구나 요 몇 년 동안 매년 모두 새로운 것들을 만들었으니 정말 대단하오."

14대 기간 동안 선전시당위원회 선전부는 촬영 제작한 텔레비전 정론편인 〈세기행〉의 주제가도 대회에서 노래하는 혁명가곡으로 선정되었다. 그리하여 중공 14대 당대회 대표들은 항상 그 힘 있는 노래 소리를 언제나 들을 수 있었다.

"당신은 하나의 불씨이네. 이 잠자는 대지를 밝혀주는 불씨라네. 당신은 하나의 우언寓言이 되어 인류 사상의 궤적을 만들어 내는 우화가 되었네. 당신은 한 폭의 깃발일세, 펄럭펄럭 펼쳐져 바람과 비를 맞이하네……."

제14대 당 대회를 경축하고 14대 정신을 학습하는 과정 속에서 선전의 각 극장에서는 모두 《역사의 선택》을 방영했다. 선전의 각 대 매체들은 이 영상물의 주요 부분이 선전 사람들에 의해 창작되고 말해진 것으로서 14대 당 대회에 헌정된 영상기록물이라고 계속해서 보도했고 평론을 써댔다. 《선전특구보》는 11월 10일 〈대 기백, 대 사고, 대 시각〉이라는 평론을 기사로 내보냈는데, 그 내용은 다음과 같았다.

"《역사의 선택》은 14대 당 대회에 헌상된 영상물로 선전시에 각종 시장의 건립과 발전을 서술한 것으로 당의 14대 당 대회에서 제시된 경제체제 개혁의 목표에 정면으로 부합되는 것이고…… 영상물의 해설은 웅대하고 심후하며, 강철처럼 힘이 있으며, 사람들에게 쉽게 접근하게 하고, 논리성이 강하여 사람들이 분발할 수 있도록 촉진케 하고 심사숙고하게 만든다."

제28장

예측하기 힘든 내정

덩샤오핑이 1992년 봄에 선전을 시찰하면서 한 중요한 담화 및 그 시기 선전의 매체가 금기의 틀을 깨버리고 대담하게 덩샤오핑의 중요 담화를 공개적으로 선전 보도해야 했던 사정은 이미 역사가 되었다.

그것은 일종의 특수한 역사였으며 특수한 시기의 특수한 사건이었기에 많은 문제를 일반적 상규에 적용하여 이해하고 대답할 수가 없고, 많은 상세한 내용들을 정상적인 상황으로써는 이해할 수가 없는 일이었다.

더구나 그 당시의 '내정(內情)'은 과거부터 줄곧 대외적으로 상세하게 공개가 안 되도록 되어 있었다. 이는 국내외의 많은 사람들에게 덩샤오핑이 왜 베이징에서 담화를 발표하지 않고 남방의 상하이, 우창, 선전, 주하이까지 가서 담화했으며, 당시 중요 담화를 신화사나 《런민일보(人民日報)》 등 중앙 매체가 아닌 선전지방의 매체를 이용함으로써 그들이 왜 "공을 먼저 빼앗았는지" 등의 여러 가지 의문과 추측을 불러일으켰던 것이다.

이로 말미암아 여러 루트를 통해 소식이 전해지게 되었고, 주관적인 억측이 난무하게 되었다. 예를 들면 선전시당위원회 선전부가 미리 중앙의 모 주관 부문에 이를 내비쳐서 '좌왕(左王)'이라는 엄중한 비평을 받았다거나, 선전시 당위원회가 다른 루트를 통해 여러 차례 보도를 요구했는데 광둥성 성위원회의 주요 영도자가 동지들에게 의도를 비쳤지만 모두의 동의를 얻지 못했다거나, 《선전특구보》가 먼저 덩샤오핑의 담화를 발표한 후에 중앙으로부터 엄중한 비평을 들었다거나 하는 것들이 포함되어 있었다.

그리고 20년 전 덩샤오핑이 남방에서 발표한 중요 담화와 내용들을 선전한 모든 것을 포함하여 이미 많이 보도되었고, 몇 권이나 되는 책들이 출간되었다는 것이었다. 그러나 가장 슬펐던 것은 이들 책의 저자가 1992년 덩샤오핑이 남방 시찰 시 수행했던 당사자들 중 한 두 사람이었다는 것이었다. 그리고 이들 당사자들이 말하거나 저술한 시기도 그들의 기억에 의거한 것이고, 이를 보도한 기자 혹은 저자 등도 진상을 자세하게 조사하지 않고 보도했기에 결과적으로 시간, 지점, 인물, 자세한 일들에서의 차이 혹은 잘못된 부분까지 있게 되는 피할 수 없는 일이 벌어지고 말았다는 것이었다. 비록 이러한 차이점은 일반적으로 미미한 것들이었지만 역사는 역사인 것이다. 신문보도나 현장기록 서적은 서술할 때 반드시 진실된 것만 기술해야 하는 것이므로 정확하고 틀림이 없어야 했다. 잘못된 것에 대해 만일 올바르게 잡아놓지 않거나 수정해 두지 않으면, 보도 혹은 서적이 발표된 후 시간의 추이에 따라 사회상에 주는 불량한 영향이 장차 시간이 가면 갈수록 커지게 되는 상황을 만들게 되기 때문이었다.

20년이 지났다. 당시 덩샤오핑이 제2차 선전을 시찰하는 데 수행한 광둥성 및 선전시 책임자들 대다수는 이미 은퇴하였다. 어떤 사람은 이미 이 세상사람이 아닌 경우도 있었다. 당시 이 일에 참여했던 여러 사람들도 또한 계속해서 퇴직하고 있고 서서히 늙어 가고 있다. 이 일단의 진실된 역사를 보존하기 위해 2008년 중국 개혁개방 30주년을 기념할 때 한 중요 담화를 더욱 잘 종합 정리하여 우리들이 선전 보도하는 일을 더 정성껏 할 수 있도록 정리해 내려고 했다. 나는 2008년 5월 〈1992년 덩샤오핑 동지 선전 특구 시찰 시 발표한 중요 담화에 관한 선전 보도 상황〉이라는 자료를 써냈다. 모두 2만 자였다. 선전 경제특구 연구회가 주편한《경제특구연구간보簡報》2008년 6월 32기에다 실어 발간했다.

그리고 선전시에서 재직하고 있거나 자리를 떠난 사람, 퇴직한 각 영도자들, 선전에서 당시 접대 일을 하는 일에 참여했던 많은 당사자들에게 발송했다.

몇 개월 후에 선전경제특구연구회 판공실에서 나에게 제32기 간보를 본 모든 사람들이 자료가 구체적이고 매우 정확하며 확실하다고들 말한다고 전해왔다.

2010년은 선전경제특구가 건립된 지 30주년이 되는 해였다. 많은 이를 기념하는 글들이 신문과 잡지 등에 발표되었다. 전국정치협상회의에서 주관하고 있던《종횡縱橫》이라는 잡지는 〈경제특구연구간보〉 제32기에 쓴 나의 글 중에서 1만 자를 채록하여 실었고, 더불어서 〈1992년 덩샤오핑 선전 내정 시찰 - 비공개 시찰의 공개 보도〉라는 제목으로 2기에 걸쳐서 연재하여 큰 반응을 일으켰다. 또한《신민만보(新民晚報)》,《진만보(今晚報)》, 진민(人民)인터넷, 신화인터넷, 신랑(新浪)인터넷, 바이두(百度)인터넷 등에서도 이를 전재했다.

《신화즈자이(新華之摘)》라는 잡지는 2010년 제16기에다 또한 전문을 게재했다. 이에 대해 나는 의견을 개진했다. 왜냐하면 그들이 나의 글을 등재하려면 먼저 나에게 의논하여 동의를 구해야 했음에도 그러지를 않았기 때문이었다.

그러는 가운데서도 다행스러웠던 것은 이렇게 장문의 문장이 게재되고, 전파된 것을 보면서 어느 누구도 정치적으로 어떤 문제가 있다고 말한 사람이 하나도 없었다는 점이었다.

이 책을 제대로 쓰기 위해 나는 당연히 더 많은 자료, 당안, 내가 필기한 원고 모두를 번역하거나 읽어 더욱 자세히 관찰 분석했고, 또한 더 많은 사색을 하였다.

1992년 덩샤오핑이 선전을 시찰한 후 국내외에 이미 전해진 모든 억측 혹은 실질적이지 않은 말들에 대해서 나는 잘 알고 있었고, 이해하는 상황에 있었기에 이러한 나의 생각에 근거하여 이러한 문제점들이 설명되어져야 했고, 확실하게 규명되어져야 한다고 생각했다. 이러한 사정에 대해 보충해서 더욱 자세한 설명이 필요하다고 본다.

첫째, 구체적으로 말을 했지만 누구 한 사람 자리에서 물러나지 않았고, 또한 어떤 사람도 '좌왕左王'이라고 지적받은 사람이 없었다.

20년 후로 되돌아가 볼 때 1991년 봄 덩샤오핑 집안 식구들이 상하이에 와서 말했다. 그러나 많은 사람들은 이 말을 듣지 못했고 들은 사람도 이 말의 뜻을 제대로 이해하지 못했다. 혹은 어떤 사람은 근본적으로 그 말뜻을 이해하지 못했다. 상하이《지예팡일보(解放日報)》는 덩샤오핑의 말 가운데 '황푸핑'이 쓴 문장만을 피로했으나, 이 또한 사람들의 관심을 끌지 못했다. 그래서 '완전히 은퇴한' 덩샤오핑이 1992년 봄에 다시 자신이 '계획을 세운 곳을 한 바퀴 돌아보겠다는 의도'로 선전 경제특구에 와서 '휴식'을 취하게 된 것이며, 중국의 개혁개방과 국가의 발전 대국에 대하여 더 많이, 그리고 더욱 심도 있게 담화를 하게 된 것이다.

그러나 덩샤오핑은 위인이었다. 비평을 할 때 오로지 일에 대해서만 했고 구체적인 인명은 그 누구도 지적하지 않았다. 선전을 시찰하는 기간 동안 우리들은 그가 누구는 그만 두어야 한다는 말을 한 것을 한 번도 듣지 못했고, 어느 누구도 '좌왕'이라는 등의 말을 들은 적이 없었다. 1월 20일 오전 선전국제무역빌딩에서 담화할 때 뒤를 이어 일할 사람을 배양하는 문제에 대해서 말하면서, 그는 "그 두 사람은 모두 실패했다. 그러나 그것은 경제에 관해 일할 때 나타난 문제가 아니고 사회주의의 길을 견지하고 자본주의 계급의 자유화를 반대하는 문제 상에서 실패한 것이다"라고 말했다. 그는 오로지 '그 두 사람'이라고만 지적하고 더 이상 말하지는 않았다. 더군다나 당시 주도적으로 일하고 있는 장쩌민을 핵심으로 하는 새로운 영도계층에 대해서 덩샤오핑은 진심으로 지지해주고 사랑하고 보호해 주었다. 그는 1989년 5월 31일 리펑, 야오이린(姚依林)과 담화할 때, "여러분들은 장쩌민 동지를 핵심으로 아주 잘 단결하여 일을 해야 한다. 오로지 이 영도 집단은 단결하여 개혁개방을 견지해야 하며, 설사 평온하게 몇십 년을 발전하고 또한 중국에 근본적인 변화가 발생한다 해도 관건은 영도자들의 핵심에 달려 있다"고 했고, "이것이 바로 내가 정치를 여러분에게 교대해준 목적이다[1]"라고 말했다. 따라서 덩샤오핑은 중앙의 새로운 후계자들이 개혁개방을 견지하여 경제를 발전시키는 문제를 말할 때 당연히 아주 조금만 언질을 주었던 것이다.

둘째, 광둥성과 선전시의 주요 영도자들이 덩샤오핑의 남방을 순회하면서 한 담화에 대한 선전 보도 태도에 대해서 계속해서 줄곧 적극

---

1) 《등소평문선》제3권, 인민출판사, 1993, 301쪽.

적으로 지지해 주었다.

　회피하려는 것은 전혀 존재하지 않았다. 심지어 우리들에게 압력을 가하지 않는 선처를 베풀었다. 덩샤오핑이 선전과 주하이를 시찰하는 과정에서 광둥성위원회 서기 셰페이는 몇 번이나 덩 판공실을 향해, 심지어 덩샤오핑 본인에게까지 직접 광둥의 뉴스 매체에서 어르신의 중요 담화정신을 보도하기를 희망한다고 보고했었다. 그러나 얻은 대답은 "기존의 관례를 깨지 말라", "이 말은 공개하지 말라"는 말뿐이었다. 선전시당위원회 서기인 리하오가 덩샤오핑의 중요 담화정신을 선전시의 매체들이 능히 선전 보도를 위해 덩 판공실 및 덩샤오핑 본인에게 지시해 줄 것을 간청했으나 결과는 마찬가지로 "기존의 관례를 깨지 말라"라는 말만 들어야 했다.

　이러한 상황에서 성, 시 영도자들은 성과 시의 선전 담당 부문과 뉴스 매체에 종래 통지하지 않음으로써 이 일은 하지 못하거나 할 수가 없었다. 구체적으로 이 작업을 한 우리 간부들 모두의 마음도 편하지는 않았으나 직접적으로 상사들에게 항의하지 않았고, 지지받기만을 기다렸다. 선전시당위원회 서기 리하오는 이전에 이러한 말을 한 적이 있었다. "어떠한 개혁도 시작할 때는 모두가 왕왕 '상궤를 벗어나 도리를 어기는 일〔離經叛道〕'이 일어날 수 있다."

　우리는 비록 개인적인 이해관계는 없었으나 모든 하고자 하는 일이 형세에 순응되어야 하고 시대의 조류에 순응하는 것이 좋은 일이므로 곧 덩샤오핑이 그렇게 말한 것처럼 대담하게 투쟁해 나갔다. 그래서 덩샤오핑 담화를 공개적으로 보도하는 일을 성과 시의 영도자들에게, 특히 중앙의 어떤 영도자 혹은 부문에도 나타내 보이지 않았다. 왜냐하면 이러한 특수시기에, 또한 이러한 특수한 사건을, 덩샤오핑 본인이 말한 "전례를 깨지 말라"라는 말처럼 어느 누구에게라도 이러한 뜻을 내보인다는 것은 바로 '전례를 깨는 일'이 되고 마는 것이 되기 때문이었다. 또한 당시 성과 시의 영도자 혹은 중앙의 여러 부문에 이 뜻을 내비치지 않았던 것은 실제상 그들에게 제일 곤란한 고민스런 일을 주고 싶지 않아서였다.

선전시당위원회 선전부의 간부도 좋고, 선전의 신문사, 텔레비전방송국, 라디오방송국, 출판사, 신문출판센터 등의 책임자와 편집자, 기자들 가운데 덩샤오핑의 시찰 시 보여준 중요 담화정신을 선전 보도한다면 누구라도 상관없었을 것이지만, 나는 내 스스로가 당시 이를 담당하는 것은 일종의 영광스러운 일이고, 또한 커다란 어려운 책임을 져야 한다는 것을 알고 있었다. 만일 문제를 일으키게 되면 선전시당위원회 선전부를 주관하고 있는 부부장인 내가 가장 큰 책임을 감당해야 하는 것은 당연한 일이었다. 그 당시 우리들은 비판과 처분을 받을지도 모른다는 사상적 준비를 한 것 외에는 근본적으로 장래 어떤 공로를 세운다든가, 상을 받는다든가 하는 점에 대해서는 생각하지를 않았다. 오로지 중국의 개혁개방 사업을 위해 "용감하게 부딪치자"는 정신만으로 무장해 있었기에 우리들은 서로 맡은 바 일에 최선을 다할 수 있었고, 지지하고 단결하고, 친밀하고, 머리를 맞대고 온갖 아이디어를 짜내어 덩샤오핑의 중요 담화정신을 보도해 내는데 의견의 일치를 볼 수 있었던 것이다.

셋째, 1992년 선전시를 선전 보도하는 일이 성공할 수 있었던 까닭은 "위로는 하늘의 때를 얻고〔上得天時〕, 아래로는 땅의 이로움〔下得地利〕을 얻었기 때문"이었다.

먼저 하늘의 때를 얻었다는 점이다. 1989년 봄과 여름이 교차하는 시기의 정치적 풍파가 지나가던 중국은 절대다수인이 마음 아파했기에 더욱 개혁개방의 중요성을 간절하게 인식하게 되었고, 경제발전이 신속하게 이루어져 민족 중흥이 이루어지기를 희망하게 되었다. 덩샤오핑이 1992년 봄에 한 중요한 담화는 당심黨心과 민심에 순응하는 것이었고, 시대 발전의 요구에 부합하는 것이었다. 그해 설날을 맞이하며 친척 친구들은 서로 인사를 하고 절을 하며 모여서 담론하는 가운데 있어서 주요 화제는 덩샤오핑의 남방에서 한 담화에서 벗어나는 것이 없었다.

대보름날 전에 중앙의 핵심 영도자들은 덩샤오핑의 담화정신을 전달하기 시작했으며 이를 관철시키려 노력했다. 이는 정말이지 중국공산당의 행운이었고 중화민족의 대 행운이라고 말하지 않을 수 없었던 것이었다. 신화사는 1992년 2월 20일 이러한 중요한 소식을 발신했다. 즉 장차 출간되는 제4기 《반위예탄(半月談)》잡지의 편집부가 집록한 장쩌민, 양상쿤, 리펑과 기타 중앙영도자 등이 공개적으로 발표한 담화 요지를 뽑아서 실었는데, 그 제목은 〈사상 해방, 개혁 심화, 개방 확대〉였다. 이러한 것은 아래 사항을 설명해준다고 하겠다. 즉 "설을 쉰 다음 중공 중앙 핵심 영도자들은 덩샤오핑의 남방에서 한 중요 담화정신을 전달하고, 학습하며, 깨달아야 한다"는 것이었다. 3월 11일 신화사는 또한 "중앙정치국은 베이징에서 전체회의를 소집하여 전국에 대한 개혁과 발전에 관한 약간의 중대 문제를 토론한다"는 소식을 내보냈다. 그러면서 여러 곳에서 덩샤오핑의 중요한 남방에서의 담화 내용을 인용했다. 특별히 "전 당의 동지들, 각 계층의 영도 간부들은 덩샤오핑 동지의 중국의 특색 있는 사회주의 건설에 관한 여러 중요한 논술을 진지하게 열심히 배울 것"을 제시했다.

이는 바로 당시 모든 국가의 정치적 대 형국이었고, 대 조류였던 것이다. 만일 이러한 대 형세와 대 조류가 없었다면 하늘이 베풀어준 좋은 기회가 아닐 수 있었으므로, 선전시의 선전부문 혹은 뉴스 매체가 "용감하게 부딪치자"는 정신으로 대담하게 언론에 먼저 발표하고 소식을 보도하였다면 큰 화를 입었을 것이고, 아마도 엄청난 피바람을 불러왔을지도 모르는 일이었다. 나아가 후에 칭찬과 찬양을 받는 결과가 도래하지도 않았을 것이다.

이로 말미암아 나는 많은 것을 느낄 수 있었다. 즉 진정으로 좋은 뉴스는 종종 구할 수 없는 좋은 기회를 만날 수 있다는 것과 기회가 오더라도 그 기회를 잡지 못하면 안 된다는 것과 또한 진정으로 좋은 뉴스라면 온 마음과 몸을 바쳐서라도 써내고 편집해 낼 수 있어야 한다는 것이었다.

선전 특구가 성립된 후《런민일보》, 신화사,《광밍일보》등 중앙의 뉴스 매체와 광둥성의 주요 뉴스 매체는 아주 일찍부터 선전시에 자신들의 지국을 설립해 놓았고 전문 기자가 장기 거주하고 있었다. 1992년 1월 덩샤오핑이 선전을 시찰했을 때 중앙의 기타 뉴스 매체는 통지를 받지 못했기 때문에 기자를 파견해서 취재에 참여하지를 못했다. 그리고 신화사는 기자가 따라오기는 했지만 그는 아마도 '베이징 본부에서 원고 보내오는 것을 원하지 않았기 때문에' 그는 시간을 내서 원고 쓰는 것을 생각하지 못했을 것이다. 당시 시작하자마자 우리는 상급기관의 생각이 "보도는 필요 없다(원하지 않는다)"는 것을 이미 알고 있었다. 그러나 우리는 우리 일을 가볍게 보지 않고 일종의 책임감을 느끼기까지 하면서 처음시작부터 끝날 때까지 조금의 긴장감을 늦추지 않고 온 힘을 다해 기록했으며, 현장에서 새로운 뉴스거리를 밀접 취재했고, 하나라도 빠뜨리지 않고 기록했던 것이다. 덩샤오핑의 시찰을 수행하며 취재한《선전특구보》의 기자 천스톈는 기회를 잘 잡아 장편의 통신문을 쓰기에 이르러 마침내 이름을 드날리게 되었다. 촬영기자인 장스까오는 덩샤오핑을 수행하며 취재하던 중 아주 열심히 일해 수많은 국내외의 독자들에게 쉽게 느낌을 줄 수 있는 독자적인 사진을 촬영해 냄으로써 성과 시, 전국 뉴스의 촬영 대상을 받을 수 있었던 것이다. 광둥성위원회 기관지인《난팡일보》의 기자도 덩샤오핑을 따라 취재하는 가운데 마찬가지로 열심히 취재해서 3월 22일〈셴커공사 사람들 속의 덩샤오핑〉이라는 통신을 발표했는데, 이는《선전특구보》가 발표한 장편의 통신인〈동쪽에서 바람이 불어오니 눈에 봄이 가득하다〔東方風來滿眼春〕〉보다 4일 빠르게 발표할 수 있었던 것이다. 다만《난팡일보》가 보낸 통신 분량이 약간 상대적으로 가벼웠을 뿐이었다. 그래서 그 영향력은 그리 크지가 않았다. 내가 생각하기에 이는 전선에서 뛰는 기자의 문제가 아니라 신문사 편집부의 문제라고 여겨졌다.

두 번째의 "땅의 이로움을 얻었다"고 하는 것은 당시 선전과 홍콩은 강 하나를 두고 떨어져 있었기 때문에 덩샤오핑이 선전에다 경제특구를 창도한 것이고, 그러기에 그 어르신이 선전을 시찰하게 된 것이다. 우리들은 그의 신변에서 그의 진정어린 간절한 담화를 들을 수 있었기에 이를 기록하여 정리할 수 있는 기회를 가질 수 있었던 것이며, 먼저 솔선하여 선전 보도를 할 수 있었다는 의미에서 한 말이다. 선전은 홍콩 근처에 있음으로 해서 사상 문화와 뉴스 여론을 서로 쉽게 주고받거나 영향을 주고받을 수 있었기에, 1992년 봄에《선전특구보》가 발표한〈원숭이해의 신춘 8평〉을 신속하게 해외에 전파시킬 수 있었던 것이다. 그 결과 상하이의《계팡일보(解放日報)》가 1991년 봄에 발표한 '황푸핑'에 대한 글과는 크게 다를 수 있었던 것이다. 홍콩 및 해외의 다른 지역들도 "원래의 맛을 느낄 수 있는 덩샤오핑의 담화정신"이라는 《선전특구보》의 〈원숭이해의 신춘평론〉을 대거 전재하면서 말하기를 《선전특구보》가 용감하게 덩샤오핑의 담화정신을 전달하는 최고봉에 섰다고 평하였으며, 또한 이러한 평론은 그야말로 진정한 대 뉴스라고 했다.

《선전특구보》는 가장 빠른 시간에 장편의 통신문을 발표함으로써 장쩌민 총서기로부터 '개혁개방의 창구'라고 하는 영광을 수여받을 수 있었는데, 이것도 실은 마찬가지로 지리적 이로움과 아주 큰 관계가 있었던 것이다. 정상적인 상황 하에서 당과 국가 영도자의 뉴스 보도를 다루는 것은 종래에는 모두가 베이징의 중앙 뉴스기관만이 갖는 '전권'이었다. 그러나 선전 경제특구는 특수한 곳에 위치해 있었고, 특수한 환경과 가지고 있는 특수한 조건으로 인해 윗선에서는 선전의 매체가 다른 지역의 매체와는 다른 '비정상적 움직임'에 대해 "왜 저래"하고 묻게 되면 가볍지 않은 일이 벌어질 가능성이 있기에 항상 편하게 명령을 전달하곤 하였다. 이것이 가끔 선전 매체가 내지의 신문들이 아주 쉽고 빠르게 입을 닫아야 하는 경우와 달리 이러한 경우로부터 피할 수 있는 배경이 되었고, '비정상적 행위'를 저지르더라도 이를 실제상에서 증명할 수 있는 시간과 기회를 가질 수가 있어서 '정상적인 혁명 행위'였음을 증명할 수가 있게 되었던 것이다. 그래서 결국에는 위에서나 아래서나 모두 좋아하는 그런 결과를 만들어 낼 수가 있었던 것이다.

그러나 이러한 지리적 이로움이나 이러한 환경에 의한 것이라기보다는 선전의 어떤 선전 혹은 뉴스 매체, 개인 모두가 담이 컸고 능력이 강했으며, 본래 그러한 기질이 있었던 것이다. 또한 기회가 있다고 그러한 일들이 돌발적으로 나타날 수도 없는 것이었고 그러한 공로를 세울 수가 있는 것도 아니었다. 그것은 오로지 개혁개방 30년의 역사 속에서 남아 있게 된 것이었다.

그러나 반드시 중국의 전통 문화 관념은 규칙이 없고, 모가 나거나 둥글지도 않다. 중국공산당은 새로운 중국의 집정당으로서 계속해서 "하급자는 상급자에게 복종하여 따르고 전 당은 공산당 중앙에게 복종해야 된다"는 것을 강조해 왔다. 의식형태를 장악하기 위한 통제 면에서는 규칙에 따르고 기율을 지키는 것을 더욱 강조하였다. 그래서 1992년 4월 중공 중앙 선전부는 전적으로 전국 각 뉴스단위에 통지를 발송하여 "금후 중앙의 영도자 동지들은 각지에서의 활동에 있어서 신화사에 의해 원고를 발송하는 것으로 통일한다"고 강조했던 것이다.

선전이 덩샤오핑의 남방 담화에 대해서 공개적으로 보도한 것은 하나의 아주 특별한 '특례'였다. 즉 비록 "앞선 옛 사람 보이지 않고〔前不見古人〕"라고는 할 수 없으나, "뒤에 올 사람도 보이지 않네〔後不見來者〕"라고는 할 수 있었다.

넷째는, 덩샤오핑 가정의 화해和諧로움과 따스함이 넘치는 생활, 그의 건강함과 장수, 정신의 맑음으로, 그는 노쇠했으나 쇠약하지 않았다.

1992년 1월 19일에서 23일까지 덩샤오핑은 선전을 시찰했다. 나는 기록을 위해 요 짧은 며칠 동안 그를 수행했다. 그리고 여러 경우 그를 따라가지 못했고, 혹은 그를 따라 갈 수가 없었으며, 오로지 녹음을 한 것이나, 전달해 주는 말에 의지하여 들어야 했다. 그러나 나는 이미 깊이 이러한 점들을 느낄 수 있었던 것이다.

    덩샤오핑은 아들 손자들과 함께 있는 것, 가정의 원만함을 매우 중시했다. 선전을 시찰하는 며칠 동안 덩샤오핑은 모두 구이원 안에서 가족들과 함께 식사를 했다. 어디를 가서 참관을 하고 시찰을 하던 간에 그는 항상 가족들을 데리고 다녔다. 화차오성의 금수중화를 참관하면서 휘황찬란한 것을 보거나 '포탈라궁' 등에서 어르신은 "우리 식구들 사진 함께 찍자"고 자신이 주동적으로 요구하곤 하였다. 덩샤오핑의 부인 주어린 또한 '이앤안(延安)의 원로 간부'로서 덩샤오핑을 따라 함께 동거 동락하면서 남북을 전전한 위인이다. 그녀는 6, 70년대 덩샤오핑이 복권되거나 추락했을 때 같이 폭풍우 속을 헤쳐 나가며 50여 년의 부부애를 유지해오면서 은혜와 애정을 더욱 쌓아왔다. 덩샤오핑이 선전을 시찰하는 기간 동안 주어린은 언제나 그의 신변에 같이 있었다. 각양각색의 공중장소에서 여러 사람들은 덩샤오핑 가까이에서 주어린의 자상한 미소 띤 모습을 볼 수 있었다. 그리고 덩샤오핑이 담화하는 중간에 끼어드는 말을 들은 적이 없었다. 딸들도 자신의 부친을 아주 존경하였다. 그러나 부친의 위엄을 그다지 무서워하지 않고 심지어는 우스개소리까지 해대곤 했다.

    20년 전 인터넷이 아직 발달되지 않은 시기여서 나는 각종 서적과 신문 및 간행물을 통해 조사를 하면서 덩샤오핑의 가정생활과 관련 있는 자료를 통해 한층 더 이해를 할 수 있었는데, 나의 관찰이 맞았다는 것이 이 시찰기간 동안 증명되었던 것이다. 1992년 가을 나는 광둥의 《원밍다오보(文名導報)》상에 문장을 발표했는데, 이 글에서 덩샤오핑의 따스함, 화해스런 가정생활, 그의 건강함과 장수, 그리고 사고능력의

왕성함 등과 관계있는 중요한 내용을 소개했다.

　국내외에서 많은 매체들이 덩샤오핑의 남방 담화에 대해 자기들 입맛대로 추측 기사를 쓴 매체들은 이러한 '비밀'에 대해 그다지 관심을 두지 않았던 것 같았다. 사실 이러한 것은 덩샤오핑이 위인이 될 수 있었던 까닭을 알게 하는 것이고, 또한 90세가 넘도록 장수하는 중요한 조건과 원인이 되었던 것이다.

덩샤오핑과 부인 주어린이 함께 촬영한 모습 - 장스까오(江式高) 촬영 -

후기 ──────

끝없는 길 찾기

등소평은 일대의 위인이므로 일본의 저명한 학자 다케우치(竹內)는 실제로 《외교논단》(1992년 11월호)에서 다음과 같이 말했다. "덩샤오핑은 친스황(秦始皇), 콩쯔(孔子), 마오쩌둥(毛澤東)의 뒤를 잇는 중국역사상 네 번째의 위대한 인물이다.[1]" 미국의 《타임》지는 세 차례나 덩샤오핑을 표지인물로 등장시켰다. 국내외에서 덩샤오핑에 대해 평가한 것은 일일이 다 들 수 없을 정도다.

1997년 2월 19일 덩샤오핑은 세상을 떠났다. 중공중앙, 전국인민대표대회, 국무원, 전국정치협상위원회, 중앙군사위원회는 "전당, 전군, 전국 각 민족 인민에게 고하는 글" 중에서 덩샤오핑을 다음과 같이 평가했다.

> "그는 우리당, 우리 군, 우리 각 민족 인민 모두가 함께 숭고하고 위망한 탁월한 영도인, 위대한 마르크스주의자, 위대한 무산계급혁명가, 군사가, 외교가임을 인정하는 오랜 경험을 거친 공산주의 전사이며, 우리나라 사회주의 개혁개방과 현대화 건설의 총설계사이며, 중국의 특색 있는 사회주의 이론을 건설한 창립자이다."

---

1) 李羅力主編,《鄧小平全記錄》, 海天出版社, 1998年版, 378쪽.

사실상 상당히 많은 덩샤오핑에 대한 평가 중 그를 가장 특별하게 나타낸 특색 있는 평가는 '총설계사', '이론 창립자' 이 두 가지라고 할 수 있다.

세상 사람들은 덩샤오핑이 1978년에 시작한 중국 개혁개방 이후 비로소 개인의 위망과 실제 이론의 최고봉에 이르렀음을 알게 되었다.

1978년 중공 제11회 중앙전체회의 이후 덩샤오핑은 중공 제2대의 중앙영도 집체의 핵심이었다. 그가 실제적으로 영도하는 가운데 중국은 서서히 대외적으로 개방을 하는 방향으로 전환하기 시작하여 계획경제로부터 시장경제로 전향하게 되었다. 그리하여 국민경제가 신속하게 발전하는 쪽으로 진입하게 되었고, 국력은 신속하게 증강되었으며, 인민생활은 크게 개선되었으며, 국제적인 지위도 신속하게 제고되는 새로운 시대로 진입하게 되었던 것이다. 1980년대 말에서 1990년대 초기까지 동구, 소련 등 국가의 공산당 조직들은 모두 다 무너졌다. 이들 국가의 사회주의 제도 또한 이를 따라 무너졌다. 중국은 1989년 봄과 여름이 교차되는 시기에 심각한 정치적 풍파가 일어났다. 그러나 등소평을 핵심으로 하는 중앙의 영도집단은 굳건한 결정을 내려 이에 대한 적절한 조치를 취했다. 그리하여 중국의 안정된 국정을 보호하였으며, 그렇게 하여 사회주의 제도를 계속해서 유지할 수가 있었다. 덩샤오핑은 중국의 정치국면이 안정되게 되자 경제 건설의 신속한 발전을 위하여 역사적 공헌도에 있어서 지울 수 없는 불멸의 성과를 거두게 되었던 것이다(그는 스스로 "어떤 사람이 말하길 소련에는 덩샤오핑이 없다"고 했다고 한다. 더불어서 "나는 점화하는 작용만 했다"고 하며 이를 인정하지 않았다). 그리하여 중공14대에서는 덩샤오핑을 '중국 개혁개방과 사회주의 현대화 건설의 총설계사'라는 칭호를 부여했던 것인데, 이는 실로 매우 적절한 표현이었다.

　1992년 덩샤오핑이 남쪽 지방에서 필생의 정치적 지혜와 풍부한 정치적 경험을 쌓은 바를 통해, 그리고 장기적으로 곤란함에 쌓여 있었고 속박되어 있던 중국공산당 내외의 사상 인식에 대한 많은 중대한 문제를 계통적으로 완전하게 표현한 중요한 담화를 명확하게 선포했다. 즉

　　　"사회주의를 견지하지 않고, 개혁개방을 하지 않고, 경제
　　　를 발전시키지 않고, 인민의 생활을 개선시키지 않으면
　　　오로지 죽음으로 가는 길 하나를 갈 뿐이다."

라고 했던 것이다. 그러면서 '세 가지 유리한 국면'에 대해서 말했는데 (사회주의 생산력 발전에 유리한가, 아닌가? 사회주의 종합국력을 증강시키는 데 유리한가 아닌가? 인민의 생활수준을 제고시키는 데 유리한가, 아닌가?), 이에 대한 판단을 하는 것이 시비의 표준이라고 했다. 그리고 "자본주의에는 계획이 있어야 하고, 사회주의에는 시장이 있어야 한다"는 등의 중요한 이론을 건립해 놓았고, 덩샤오핑의 "중국의 특색 있는 사회주의 이론을 건설해야 한다"는 이론을 최고봉으로 올려놓아야 한다고 했다. 중공15대에서는 '덩샤오핑 이론'을 확립시키는 것을 당의 지도사상으로 확정했던 것이다.

　"끝없는 길을 닦아가는 것은 멀고도 먼 일이다. 우리는 아래 위 할 것 없이 이를 위해 찾아나서야 할 것이다." 옛날부터 지금까지 세상에는 곧바로 나 있는 길은 없었다. 특히 5천년의 문화를 가지고 있고, 인구 또한 많은 중화민족이 진흥하는 길에는 가는 곳마다 험난한 가시밭길이 놓여 져 있게 마련인 것이다. 앞으로 나아가려면 온 인민들이 한

마음으로 위아래 할 것 없이 그 살아갈 수 있는 길을 찾아나서야 할 것이고, 거듭해서 대담한 용기를 가지고 이를 실천해 나가야 할 것이다.

덩샤오핑은 1987년에 있었던 한 담화에서 "국외의 여러 사람들은 과거에 우리를 개혁파로 보았고, 다른 사람들은 보수파로 보았다. 내가 개혁파라는 사실은 틀린 말이 아니다. 만약에 4항의 기본원칙을 견지한다면 보수파라고 할 수 있다. 그런 면에서 나는 또한 보수파이기도 하다. 그래서 이러한 나에 대해서 비교적 정확하게 말한다면 나는 실사구시파라고 할 수 있다.[2]" 오늘 나는 덩샤오핑이 20년 전에 남쪽지방을 시찰하면서 발표한 중요 담화를 회고하면서, 이것이 중국이라는 큰 배가 앞으로 나아가는데 큰 영향을 주었다는 것을 기념하고 느끼는 것은, 가장 중요한 것이 이를 학습하는 것이고, 덩샤오핑의 실사구시 정신을 발양케 하는 것이며, 용감하게 나아가는 길을 찾는 굳건한 의지와 "용감하게 부딪치자"는 정신을 발휘하는 것이라고 본다. 국내외적으로 새롭게 전개되는 복잡한 형세 하에서 오로지 이러한 실사구시의 보배스러운 정신이 필요하고, 동시에 또한 굽히지 않는 의지를 가지고 용감하게 길을 찾고, 난관을 돌파하는 일에 과감히 도전해야만 비로소 모든 중화의 아들과 딸들은 '끝없이 멀리 길을 닦으며' 앞길을 헤쳐나아 갈 수 있을 것이며 중화민족 부흥의 서광을 보게 될 것이다.

(2011년 7월 10일 제1고를, 8월 9일에 제2고를, 8월 30일에 제3고를, 10월 3일에 제4고를 완성하다)

---

2) 《鄧小平文選》 제3권, 인민출판사, 1993년, 209쪽.

마치는 말 ────────

    2012년은 덩샤오핑 동지가 《우창(武昌), 선전, 주하이(珠海), 상하이 등지에서의 담화 요점》(간칭 '남방담화')을 발표한 지 20주년이 되는 해이고, 또한 덩샤오핑 동지가 서거한 지 15주기가 되는 해이다. 당대 중국의 전도에 대한 운명을 가름하는 데 영향을 미친 위대한 남방담화를 기념하기 위해 나는 천신만고 끝에 통계와 공문서를 찾아 검증하고, 거듭해서 많은 당시대의 사람들을 방문하였으며, 분석하고 생각하고 하는 데 근 1년여의 시간을 보냈다.
    그리하여 마침내 이 역사기술 논저를 완성하게 되었다. 그래서 이 책을 나는 "역사적 기술과 논저"라고 하는 것인데, 이 책은 역사적 사건을 간략하게 회고하여 놓은 책이 아니라 저자의 평가와 논점을 서술하는 가운데 기술하였기에 독자들에게 당시의 역사적 배경을 명확하게 이해할 수 있도록 했으며, 20년 전에 덩샤오핑이 남방을 시찰한 위대한 의의를 인식할 수 있도록 기술하였다. 동시에 또한 현실에 대해 직면하면서 이를 극복해 나아갈 수 있고, 용감하게 미래를 향해 나아갈 수 있도록 해야 한다는 점에서 이 책을 기술하였다.
    이 책을 저술하는 과정에서 나는 시종 20년 동안 선전시를 선전하고, 뉴스를 제공하는 전선에서 일하면서 중국의 개혁개방 사업을 위해 덩샤오핑의 중요한 담화정신을 통해 비장한 격려를 받았기에 몸을 돌보지 않고 선전 보도하는데 전심전력을 기울여 왔다.

여기서 나는 그러한 활동을 해온 여러 사람들에게 감사를 표하고, 또한 선전 특구신문사의 전 촬영부 주임이며 저명한 신문촬영기자인 쟝스까오(江式高) 등 동지들에게 감사를 드린다. 그들은 나에게 사심 없이 많은 진귀한 역사성 있는 사진들을 제공해 주어 본서의 내용을 생동감 있고 더 좋은 책이 될 수 있도록 해주었다. 또 선전신문인재기금회의 후즈민(胡志民), 왕쉬원(王旭文)에게도 감사를 드린다. 그들은 내가 통계자료를 찾는데 많은 도움을 주었고, 원고에 대한 수정, 편집을 도와주어 내가 원고를 쓰고 생각하는 데만 집중할 수 있도록 해주었다. 인민출판사의 송쥔화(宋軍花) 등 동지는 본서가 편집 출간될 수 있도록 하는 데 많은 마음고생을 하였다. 그리고 많은 영도자, 친구들도 본 서를 저술하는 중에 많은 진귀한 참고의견을 제시해 주는 등 많은 도움을 주었으나 겨우 이 자리를 빌려 충심으로 감사하는 마음을 표시할 뿐이다.

저술하는 과정에서 두루 다 자료를 볼 수가 없었고, 더구나 본인의 수준 또한 한계가 있어서 잘못된 곳이 많다고 본다. 존경하는 독자들께서 많은 질타와 의견을 주시기를 바란다.

우송잉(吳松營)
2011년 11월

옮긴이 소개

1955년생. 경기도 안성安城 출신.
동국대(문학학사), 타이완국립정치대학(문학석사), 일본규슈국립대학(문학박사)을 졸업한 후, 현재 동아시아경제연구원 수석연구원, 3·1운동기념사업회 공동회장, 민족음악원 부이사장 등으로 활동하고 있다.
그동안 70여 권에 달하는 동아시아 문화사와 교류사 방면의 저서와 역서, 그리고 50여 편의 논문을 통해 한중문화 교류 및 중국문화를 소개한 공로를 인정받아, 2012년 베이징국제도서전을 주관하는 중국 정부기관인 신문출판총서로부터 중화도서특수공헌상 수상자로 선정되었다.

덩샤오핑의 남방순회 담화실록

2012년 8월 20일 초판 1쇄 발행

지은이 우 송 잉
옮긴이 김 승 일
펴낸이 윤 형 두
펴낸데 종합출판 범우(주)

등 록 2004. 1. 6. 제 406-2004-000012호
413-756 경기도 파주시 문발동 출판도시 525-2
전 화 031)955-6900, 팩 스 031)955-6905

ISBN 978-89-6365-084-5 03300   교정·편집 / 김영석·박은성
홈페이지 www.bumwoosa.co.kr   이메일 bumwoosa@chol.com

* 잘못된 책은 바꾸어 드립니다.

이 도서의 국립중앙도서관 출판시 도서목록(CIP)은
e-CIP홈페이지(www.nl.go.kr/cip.php)에서 이용하실 수 있습니다.
(CIP제어번호 : CIP2012003684)